GÉOGRAPHIE

ANCIENNE

HISTORIQUE ET COMPARÉE

DES GAULES

CISALPINE ET TRANSALPINE

SUIVIE

DE L'ANALYSE GÉOGRAPHIQUE DES ITINÉRAIRES ANCIENS,

ET ACCOMPAGNÉE

D'UN ATLAS DE NEUF CARTES;

PAR M. LE BARON WALCKENAER,

MEMBRE DE L'INSTITUT DE FRANCE
(ACADÉMIE DES INSCRIPTIONS ET BELLES-LETTRES).

TOME TROISIÈME.

A PARIS,

LIBRAIRIE DE P. DUFART,
RUE DES SAINTS-PÈRES, N° 1;

A St.-PETERSBOURG, CHEZ J.-F. HAUER ET Cie.

1839.

GÉOGRAPHIE

ANCIENNE

HISTORIQUE ET COMPARÉE

DES GAULES

CISALPINE ET TRANSALPINE.

TOME III.

DE L'IMPRIMERIE DE CRAPELET,
RUE DE VAUGIRARD, Nº 9.

INTRODUCTION
A L'ANALYSE GÉOGRAPHIQUE
DES
ITINÉRAIRES ANCIENS POUR LES GAULES

CISALPINE ET TRANSALPINE.

Parmi les études, peut-être trop variées, auxquelles je me suis adonné, il n'en est aucune qui ait usurpé un plus grand nombre de mes momens de loisir que celle de la géographie. J'ose dire que j'ai toujours suivi avec une studieuse constance les grands progrès que cette science a faits de nos jours; j'ai tâché de les seconder par mes travaux et par ma participation aux travaux des autres. Pourtant je n'ai encore rien fait paraître sur une des branches de la science géographique qui a été l'objet principal de mes efforts : quelques Mémoires de moi sur la géographie ancienne insérés dans les volumes de l'Académie des Inscriptions et Belles-Lettres sont les résultats de discussions qui se sont élevées dans le sein de cette savante compagnie, et ils ont été composés le plus souvent entre deux séances :

ils ne font point partie des ouvrages en ce genre qui ont consumé plusieurs années de ma vie : celui que je publie aujourd'hui pourra seul faire concevoir ce que sont les autres, et initier les lecteurs dans la méthode que j'ai suivie dans tous. Elle me paraît la seule propre à substituer des résultats positifs à ces conjectures vagues et incohérentes, ou à ces aperçus incertains, dont on est trop habitué à se contenter dans cette portion des connaisssances humaines.

Je consacrerai cette Introduction à développer les principes de cette méthode, à tort méconnus ou combattus, par des auteurs qui ne se sont pas aperçus qu'il est certaines questions de la science antique que l'érudition peut encombrer, mais qu'à elle seule, elle ne saurait résoudre.

Pour quiconque comprend bien le but et les moyens de la science géographique, elle ne consiste pas seulement dans les derniers renseignemens obtenus sur le globe que nous habitons, mais elle est la réunion de toutes les connaissances acquises sur ce sujet depuis les premiers temps de l'histoire jusqu'à nos jours. C'est par cet ensemble de notions que nous pouvons avoir quelque idée des régions où les modernes n'ont point pénétré ; que nous recueillons des détails plus circonstanciés, et plus exacts, sur celles qui, souvent parcourues dans les siècles passés, ont aussi, à différentes époques, été mieux décrites qu'elles ne peuvent l'être dans le siècle qui s'écoule. C'est aussi par la seule étude des temps précédens que nous pouvons assigner aux nations qui ont vécu dans les différens âges la place qu'elles ont occupée sur le globe, et connaître les divisions, et les dénominations, des diverses contrées de la terre, selon les temps, les lieux et les dialectes.

Ainsi la science géographique ne peut se scinder. Elle est incomplète lorsqu'on ne la considère qu'à une seule époque; et la dernière époque s'enrichit de tous les faits et de toutes les découvertes qui ont eu lieu dans toutes les autres : de même sur les plus anciennes époques se reflètent les lumières acquises dans toutes celles qui les ont suivies.

Mais pour mettre à profit les notions modernes, il suffit de les réunir à celles dont on est redevable au temps qui les a immédiatement précédées. Il n'en est pas ainsi des connaissances acquises dans des siècles très éloignés de nous. Elles n'ont pour nous de valeur qu'autant que nous les comprenons bien, et que nous pouvons les comparer avec le dessin actuel de la terre, exécuté avec le degré de perfection et avec tous les détails que la science moderne comporte. Ici est la difficulté. Les révolutions des empires, les changemens de religion et de langage, ont fait disparaître les anciens noms. Des villes antiques ont été anéanties; de nouvelles villes ont été construites; là où il n'existait que des déserts, habite une nombreuse population; des régions autrefois florissantes, couvertes de riches et splendides habitations, n'offrent plus aujourd'hui que des terrains incultes et une effrayante solitude; partout le temps a changé la face de la terre. Pour former l'ensemble des notions qui complètent la science géographique, il est donc nécessaire de rattacher entre eux les anneaux brisés de cette science; d'établir une comparaison analytique entre la géographie ancienne et la géographie moderne.

L'identité des lieux, comme la réalité des faits, se démontre par les monumens et les témoignages de l'histoire. Nous avons un assez grand nombre de régions, de peuples, de villes, et de lieux antiques dont l'emplacement nous est donné d'une manière incontestable par les monumens historiques; mais il en est aussi un bien plus grand nombre sur lesquels ces monumens se taisent. Il est donc nécessaire de découvrir, s'il est possible, un moyen qui supplée à celui des récits de l'histoire pour déterminer les positions des lieux antiques, ou, ce qui est souvent la même chose, la correspondance des noms anciens avec les noms modernes des mêmes lieux.

S'il nous restait des siècles passés des cartes géographiques assez rapprochées de la perfection de nos cartes modernes pour pouvoir y reconnaître les sinuosités des côtes, les chaînes de montagnes, le tracé des rivières, la position des villes, il suffirait de comparer ces cartes avec celles du temps présent, pour constater l'identité de tous les objets désignés sous des noms différens; et il n'y aurait aucune difficulté pour coordonner entre elles les notions géographiques que les siècles nous ont transmises.

Nous ne possédons point de telles cartes; mais pourtant il en existe qui sont les résultats de la science plus ou moins grossière, plus ou moins perfectionnée, des siècles qui nous ont précédés.

Une différence notable et singulière, mais dont il est facile de rendre raison, se fait remarquer entre ces cartes. Celles qui ont été faites dans les siècles les plus rapprochés de celui où les navigations des Portugais ont commencé à déterminer les bases sur lesquelles devait s'élever le système de la géographie moderne, sont sans rumbs de vents, sans graduation; elles sont dessinées d'une manière si grossière qu'on ne peut presque en tirer aucun parti pour les comparaisons à établir. On s'aperçoit que les meilleures cartes de ces temps, copiées de celles des Arabes, sont dressées d'après des itinéraires tronqués et incohérens, répartis dans les bandes des climats dont on a déterminé la largeur d'une manière très imparfaite d'après la longueur des jours.

Si l'on rétrograde dans les temps antérieurs à

ceux où la science des Arabes fut introduite en Europe avec leur domination dans la péninsule hispanique, on trouve des cartes contemporaines de ces siècles, qui sont plus grossières encore que celles dont nous venons de parler. Ce sont des planisphères informes sans aucune de ces divisions par climats, qui déterminaient au moins d'une manière générale la latitude des diverses régions de la terre; c'est une confusion, un chaos, où l'on a de la peine à reconnaître l'ensemble même des continens.

Mais si l'on recule encore plus dans la série des âges jusqu'au temps de l'empire romain, jusqu'au second siècle de l'ère chrétienne, on trouve enfin sous cette date la géographie de Ptolémée, qui nous enseigne comment on peut, d'après des calculs rigoureux, dessiner la figure globuleuse de la terre sur une surface plane, d'après une savante projection. Cet ouvrage donne des tables de longitude et de latitude, et assigne à tous les lieux, à tous les objets géographiques, leurs positions sur le globe par le moyen de leur plus courte distance à l'équateur et à un premier méridien; ce qui fournit des données suffisantes pour figurer sur une carte toutes les parties de la terre alors connues, d'une manière assez détaillée et assez exacte pour qu'on puisse y reconnaître le plan même de la nature.

La géographie de Ptolémée, qui était le résumé, incomplet et imparfait, de la géographie mathématique des anciens, fut le seul modèle qu'on se proposa, le seul guide que l'on suivit, lorsque les premiers progrès de l'astronomie eurent donné les moyens d'apprécier l'excellence de la méthode qui avait présidé à sa rédaction. Ni les planisphères des siècles d'ignorance, ni les cartes divisées par climats des géographes arabes, ni les portulans des marins, où les côtes reconnues par eux se trouvaient dessinées avec tant de détails, où les gisemens étaient déterminés d'après les rumbs de vents, ne pouvaient, même en les réunissant, donner les moyens de coordonner entre elles, selon un système de proportions déterminées, les diverses régions de la terre. On s'aperçut que la seule voie pour atteindre ce résultat était, à l'exemple de Ptolémée, de fixer les positions des lieux géographiques, d'après leur distance à l'équateur et à un premier méridien.

Mais comme les observations astronomiques n'étaient pas assez précises, qu'on manquait également de mesures itinéraires exactes, on fut dans l'incapacité de pouvoir exécuter ce plan; on ne put former un ensemble, un système géographique. Pour échapper à cette difficulté, on adopta celui de Ptolémée; et alors, ce ne fut pas la science ancienne que l'on chercha à mettre en rapport avec la science moderne, pour éclairer la première par la dernière, ce fut la science moderne que l'on essaya d'asseoir sur les bases de la science ancienne. On interpola dans les Tables de Ptolémée les positions modernes dont on croyait connaître la longitude et la latitude, et on les inscrivit sur les cartes dressées pour cet auteur. Les manuscrits les plus récens du géographe d'Alexandrie, comme les premières éditions qui ont été imprimées sur ces manuscrits, offrent de fréquens exemples de ces interpolations.

Lorsque la géographie, aidée de l'invention de la boussole et des perfectionnemens de l'astronomie et des instrumens, eut fait, à la fin du quinzième siècle et au commencement du seizième, de si prodigieux progrès; lorsqu'on eut doublé le cap de Bonne-Espérance, découvert le Nouveau-Monde, on ne crut pas pouvoir mettre un autre système géographique à la place de celui de Ptolémée, qui se trouvait contredit cependant, et réfuté dans sa plus importante hypothèse, je veux dire la prolongation de la côte orientale d'Afrique jusqu'à l'extrémité de l'Asie, faisant de la mer des Indes une mer méditerranée. Ce fut à cause de l'excès des longitudes de Ptolémée vers l'orient que l'on se persuada que les terres nouvellement découvertes dans l'océan Atlantique appartenaient à l'Inde, et que Christophe Colomb mourut sans savoir qu'il eût abordé dans un nouveau monde au delà duquel était encore un océan qui le séparait de l'ancien monde, bien plus vaste que celui qu'il venait de traverser. Lorsque les conquêtes des Fernand Cortez et des Pizarre eurent détrompé l'Europe à cet égard, on ne voulut pas renoncer à croire que Ptolémée eût tout connu, eût tout déterminé. Le Pérou devint la chersonèse d'Or du géographe d'Alexandrie, et *Catigara* fut placé sur les cartes à l'extrémité des côtes occidentales connues de l'Amérique, de même qu'il se trouvait sur les cartes de Ptolémée à l'extrémité orientale des côtes connues de l'Asie. Enfin, quand il fut bien avéré que les anciens n'avaient eu aucune notion du Nouveau-Monde, si ce n'est par les conjectures de leurs géographes spéculatifs, on publia des cartes de ce vaste continent assez détaillées pour former un atlas séparé sous le titre de *Supplément à Ptolémée.*

Le système de géographie moderne est donc sorti des corrections faites au système géographique de Ptolémée; mais, pour l'étendue et la précision des connaissances, il est devenu tellement supérieur à son modèle qu'on n'a plus dû se servir de l'ouvrage du géographe d'Alexandrie pour tracer sur les cartes aucune des régions du globe. Cependant, encore au milieu du dix-huitième siècle, D'Anville a cru devoir l'employer pour l'intérieur de l'Afrique, jugeant cette contrée mieux connue des anciens et des Arabes qu'elle ne l'était de son temps. Mais la géographie de Ptolémée, devenue inutile pour les progrès de la science moderne, maintint sa prééminence pour éclairer la géographie des siècles passés. C'est en la comparant avec la géographie moderne qu'on chercha à faire reparaître la géographie des temps antérieurs à celui où cet ouvrage fut composé; et, avec elle, celle des temps qui l'ont suivie, jusqu'à l'époque où elle a cessé de dominer la science moderne.

La géographie de Ptolémée ne nous donne pas les seules cartes, ou plutôt les seuls matériaux de cartes, qui nous restent des anciens. Nous savons, d'après leurs propres témoignages, qu'indépendamment de celles où les méridiens et les parallèles étaient tracés par des lignes courbes, et des cartes à projection plates avec des méridiens et des parallèles en lignes droites, ils avaient des portulans pour l'usage des navigateurs d'après les rumbs de vents et des observations célestes. Ils avaient des cartes itinéraires où étaient tracées les grandes routes avec leurs diverses ramifications, avec les noms des lieux que ces routes traversaient, et les chiffres indiquant les distances intermédiaires entre ces différens lieux, qui, dans plusieurs, se trouvaient distingués par des couleurs, et où étaient indiqués les montagnes, les fleuves, les lacs. Ils avaient encore des livres pareils à ceux que nous intitulons *pilotes*, qu'ils nommaient *périples*, où se trouvaient toutes les distances et les indications nécessaires pour tracer ces cartes marines, ou plutôt qui étaient écrits d'après ces mêmes cartes. Ils possédaient enfin des routiers pareils à nos livres de poste, où tous les noms de lieux qui se trouvaient sur les routes des cartes itinéraires se lisaient écrits avec les distances à la suite, les uns des autres : on en donnait des copies détachées ou isolées comme feuilles de route aux généraux d'armée, aux soldats, aux courriers et aux messagers. Des passages de Properce, de Strabon, de Pline, de Frontin, de Végèce, d'Athénée, d'Aristide, de Saint-Ambroise, du Code Théodosien, de Dicuil, et d'autres auteurs, ne laissent aucun doute sur ces différentes assertions. Ces livres peuvent être considérés comme ayant été les matériaux élémentaires des cartes géographiques, des cartes itinéraires, ou plutôt ils n'en étaient que le relevé.

Si, d'après tous ces matériaux, et tous ceux de même nature, on pouvait rétablir les cartes des anciens selon le plan perfectionné des cartes modernes, on assignerait à chaque lieu géographique mentionné par les auteurs et les monumens de l'antiquité sa position sur le globe; on aurait le nom des lieux modernes qui occupent le même emplacement, et qui correspondent aux noms anciens. De telles cartes éclaireraient d'une vive lumière l'histoire de l'antiquité, et donneraient des moyens d'interpréter exactement nombre de textes anciens, mieux que ne pourraient le faire des volumes de discussions.

Ainsi donc, déterminer les vraies positions des lieux dont Ptolémée dans sa géographie a donné les longitudes et les latitudes, ou, en d'autres termes, dont il a établi les distances respectives en degrés, minutes et secondes ; déterminer aussi les vraies positions des lieux dont l'Itinéraire d'Antonin, l'Itinéraire maritime, l'Itinéraire de Bordeaux à Jérusalem, la Table Théodosienne, ont donné les noms et les distances, ce serait réellement rétablir les cartes géographiques des anciens selon un plan plus parfait que celui qu'ils ont connu ; ce serait expliquer, dans tout ce qui est purement géographique, tous les auteurs de l'antiquité : car les anciens ne nous ont transmis aucun monument qui renferme autant de notions précises sur la géographie positive et mathématique que ceux qui viennent d'être mentionnés. C'est avec eux qu'il faut coordonner les autres documens antiques moins exacts, moins étendus, moins détaillés.

Ce rétablissement de la carte antique, au moyen des nombreuses données qui nous en restent, est difficile, mais il n'est pas impossible. S'il était facile, il serait fait. On s'écarte des routes hérissées d'obstacles ; on se précipite dans celles qui sont ouvertes et aplanies. Pour se dispenser d'entrer dans celle-ci, on a nié qu'elle fût praticable. Dans de volumineux ouvrages, dans de simples dissertations, des hommes, d'ailleurs très érudits et justement célèbres, ont déclaré que les latitudes et longitudes de Ptolémée n'étant point d'accord avec celles de nos cartes modernes, il ne fallait point y avoir égard ; que les itinéraires anciens, ainsi que la Table Théodosienne, n'offraient qu'un amas d'erreurs ; que les chiffres donnés par ces monumens géographiques méritaient rarement d'être pris en considération, et, conformément à cette doctrine facile, on a vu paraître des traités de géographie ancienne où sur les points difficultueux toutes les opinions qu'on a émises ont été réunies, sans que l'auteur paraisse seulement soupçonner celle que l'on doit préférer, ni s'en inquiéter.

Mais une science ne peut faire de progrès que par des moyens qui lui sont propres. La géographie est la science de l'espace, et le géographe est tenu de se rendre compte des moyens employés pour le définir.

Pour pouvoir mettre à profit la géographie de Ptolémée, les itinéraires anciens et la Table Théodosienne, il est essentiel d'examiner comment ces ouvrages ont été composés, quelle est la cause des erreurs réelles ou apparentes qu'on y découvre, et quels secours ils peuvent nous fournir pour déterminer mathématiquement les positions des lieux antiques.

Lorsque nous considérons attentivement les cartes dressées pour la géographie de Ptolémée, nous sommes frappés de voir que presque tous les lieux dont l'identité avec les lieux modernes nous sont connus, ceux des côtes exceptés, ne se trouvent pas, les uns à l'égard des autres, dans leurs vrais rapports de position, et que plusieurs s'en écartent extrêmement ; de telle sorte que telle ville est placée au nord de telle autre, tandis qu'elle devrait être au sud ; telle autre est mise à l'orient d'une autre ville, tandis que dans la réalité elle est à l'occident. Sur les côtes, au contraire, nous remarquons que les caps, les ports, les baies, les embouchures des fleuves, les stations, les villes, sont dans l'ordre qu'ils occupent réellement à la suite les uns des autres, et que les intervalles qui les séparent indiquent qu'ils sont dans un certain rapport avec leurs distances réelles, telles que nos cartes modernes nous les donnent.

Cette remarque nous enseigne qu'il est possible, pour les côtes, de découvrir la mesure qui a servi à déterminer les intervalles des lieux antiques. Si en effet, pour les côtes que l'on veut soumettre à une analyse géographique, on calcule dans Ptolémée les distances qui se suivent, et qu'on fasse la même supputation pour la carte moderne de la même région, on trouve souvent exacts des rapports de distance entre les deux cartes, et par là on détermine facilement le module de la mesure qui sur la carte antique a servi pour telle ou telle côte.

Ainsi pour les côtes occidentales de la mer Rouge, pour les côtes méridionales de l'Arabie, Ptolémée, d'accord avec le périple de la mer Érythrée, nous montre que la mesure qui a servi à déterminer les distances est égale à la 500me partie d'un degré de grand cercle de la sphère.

Les côtes de l'Inde, celles du golfe Persique, quelque défigurées qu'elles paraissent sur la carte de Ptolémée, correspondent, par le calcul des distances pour les lieux qui y sont placés, à une mesure qui aurait pour unité la 1111 $\frac{1}{9}$ partie d'un degré de grand cercle.

Sur d'autres côtes de l'Orient comme de l'Occident, on retrouve l'emploi d'un module de mesure de 833 $\frac{1}{3}$ au degré.

D'autres côtes, telles que certaines portions des rivages méridionaux de la Gaule, offriront, dans la carte de Ptolémée, une concordance parfaite avec la carte moderne, si les distances sont calculées d'après un module de mesure de 666 $\frac{2}{3}$ au degré.

Pour d'autres côtes, telles que certaines portions de l'île d'Albion et de l'Ibérie, on n'obtiendra la correspondance des positions de Ptolémée avec la carte moderne qu'au moyen d'une mesure qui est la 700me partie du degré; et pour celles de la Germanie et de la Sarmatie, qu'avec une mesure qui en est la 600me partie.

Dès lors nous sommes autorisé à conclure que les périples particuliers qui ont servi à dresser la carte du monde connu ont été construits avec des mesures différentes, et dans les rapports que nous avons indiqués. Nous n'aurions pas besoin de prouver autrement que l'usage de ces mesures a existé chez les anciens, puisque leur existence est démontrée par l'emploi même qui en a été fait sur de longues étendues de côtes, et pour des séries de distances qui se suivent sans interruption, mesurées avec le même module.

Mais lorsque nous apprenons que ces mesures sont celles-là mêmes que les Grecs désignaient sous le seul nom de stades, quoiqu'elles différassent entre elles, selon les rapports que nous avons indiqués, nous ne doutons plus que ces mesures n'aient servi à la construction de leurs systèmes géographiques, et ne soient une des principales causes des erreurs et des aberrations qu'on y remarque.

Ainsi, lorsque Aristote nous dit que le périmètre de la terre est de 400,000 stades, nous en déduisons le stade de 1111 $\frac{1}{9}$, que notre analyse géographique nous a fait reconnaître en Orient.

Quand nous lisons dans Archimède qu'une mesure donnait 300,000 stades à la circonférence de la terre, nous obtenons, par le calcul, le stade de 833 $\frac{1}{3}$ au degré, dont l'emploi a été vérifié par nous.

L'évaluation d'Eratosthène, d'Hipparque, de Strabon, de 252,000 stades pour le périmètre de la terre, nous donne aussitôt le stade de 700 au degré.

Celle de 180,000 à la circonférence d'après Ptolémée nous fournit le stade de 500 au degré.

Aucune des déterminations de la circonférence de

la terre données par les anciens ne nous indique le stade de 600 au degré, dont nous avons aussi cependant reconnu l'emploi dans le système géographique de Ptolémée. Mais on sait l'origine de ce stade, dont les Romains ont fait un si grand usage, et dont huit formaient leur mille. On le nommait le stade olympique, parce qu'il était composé de 600 pieds grecs ou 625 pieds romains, module qui servait à mesurer la course à pied aux jeux olympiques. Ainsi, ce stade se trouvait contenu 216,000 fois dans la circonférence de la terre.

Tous les faits que nous venons d'énoncer se trouvent démontrés, avec une grande conscience de calculs et une rigoureuse précision, dans les quatre volumes de *Recherches sur la Géographie des anciens*, par M. Gossellin. A ces faits, qui sont indépendans de toute théorie, de tout système, nous pourrions en ajouter d'autres fondés sur nos propres travaux qui ne seraient pas, nous osons le dire, moins rigoureusement démontrés. Nous nous sommes assuré que les distances données, dans les itinéraires anciens, pour la Perse et pour l'Inde, se trouvent parfaitement d'accord avec celles de nos cartes modernes, et nous fournissent les moyens d'assigner avec une rigoureuse précision les positions de toutes les villes antiques qui s'y trouvent mentionnées. Nous pouvons démontrer que les distances indiquées par Strabon, Pline et la Table Théodosienne, pour ces mêmes positions, donnent des mesures semblables avec des chiffres différens, parce qu'elles représentent toutes un des stades que nous avons indiqués.

M. Gossellin ne s'en est pas tenu à la démonstration de la diversité des mesures chez les anciens, à l'exactitude de leur emploi en géographie. Il a voulu aller plus loin encore par cette méthode d'analyse qu'il s'était créée. En examinant les bases du système géographique des Grecs antérieurement à Ptolémée, en recherchant celles d'après lesquelles Eratosthène avait dressé sa carte; en faisant disparaître les causes évidentes d'erreurs produites par des mesures différentes confondues sous un même nom, M. Gossellin a trouvé que les plus grandes distances en longitude entre cinq ou six points, pris sous le 36e parallèle, présentaient avec nos cartes modernes un accord surprenant. Il reconnaît cependant que les Grecs, qui ont déterminé les latitudes assez exactement, n'ont jamais pu faire d'observations qui eussent quelque valeur pour les longitudes; et comme les déterminations des lieux plus rapprochés et intermédiaires présentent d'énormes erreurs et diffèrent fortement, sous ce rapport, de celles dont nous venons de parler, il en conclut que le système géographique des Grecs provient de quelque peuple inconnu de l'Asie chez lequel l'astronomie se trouvait poussée à un haut degré de perfection. Cette conjecture, qu'aucun texte ancien n'autorise, n'est nullement nécessaire pour rendre compte des faits que M. Gosselin a su si bien discerner; on peut en donner une explication bien plus simple et plus naturelle, et qui est suivant nous la seule vraie.

M. Gosselin n'a travaillé en détail que les côtes de la carte antique; jamais il n'a porté son analyse dans l'intérieur des continens; jamais il n'a tenté de comparer les cartes modernes des pays levés topographiquement, ou assez exactes et assez détaillées pour qu'on puisse leur appliquer les mesures anciennes données par les itinéraires et la Table Théodosienne. Ce travail était tout différent de celui auquel M. Gosselin s'est livré; il exigeait la réunion d'un grand nombre de feuilles géographiques, et des recherches historiques sur des localités obscures, qui n'importaient en aucune manière à l'histoire des découvertes dans les temps antiques, et à l'explication des différens systèmes de géographie, objets principaux des recherches de M. Gosselin.

Du point de vue où M. Gosselin s'était placé, il considérait les différentes mesures données par les anciens pour le périmètre de la terre comme des mesures astronomiques, et toutes les grandes distances transmises par l'antiquité dans un des stades employés pour évaluer le périmètre terrestre comme les résultats d'observations astronomiques. Il imaginait dans le système primitif des anciens en géographie une exactitude et une perfection qui n'y existèrent jamais. La méthode qu'il a employée pouvait très bien se passer de cette théorie, mais ceux qui ont combattu cette théorie n'ont pas su voir qu'elle n'affectait pas l'exactitude de ses résultats.

Si M. Gossellin avait étudié les progrès de la géographie chez les modernes avec cette constance qu'il a mise à rechercher ceux des anciens dans cette science, l'illusion qu'il s'était faite sur la cause de l'exactitude de certaines mesures des cartes anciennes se serait évanouie. Il aurait vu que chez les anciens, comme chez les modernes, ce n'est point par les observations astronomiques que l'on est parvenu à déterminer, assez approximativement, la longitude et la latitude d'un nombre de lieux suffisant pour pouvoir asseoir les bases d'un système géographique, mais par les itinéraires. Seulement il y a cette différence entre les anciens et les modernes, que les géographes de l'antiquité, les Eratosthène, les Marin de Tyr, les Ptolémée, quand ils ont voulu former un système régulier des connaissances géographiques acquises de leur temps, ont eu à leur disposition, pour accomplir cette tâche, un ensemble de mesures bien plus nombreuses, bien plus exactes, que les géographes des temps modernes qui les premiers ont fait de semblables tentatives.

Nous avons déjà remarqué que jusqu'à l'époque où la découverte du cap de Bonne-Espérance et celle du Nouveau-Monde firent faire de si grands et de si rapides progrès à la géographie, cette science dans l'Europe moderne s'était traînée dans une sorte d'enfance sur les pas des Arabes.

Les savans cosmographes qui, au début des grandes découvertes des Vasco de Gama et des Colomb, s'attachèrent à réunir et à coordonner ces notions acquises en géographie virent très bien que les cartes dressées avec tant de détails et d'habileté, par les pilotes et les hydrographes qui avaient coopéré à ces navigations, ne pouvaient s'adapter aux planisphères grossiers dont on s'était contenté jusqu'alors. Ces cartes plates des pilotes, n'embrassant qu'une zone peu étendue, pouvaient, par la nature de leur projection, ou plutôt malgré leur défaut de projection, suffire aux besoins de la navigation; mais quand il fallait les réduire toutes pour les rendre parties intégrantes d'une mappemonde représentant toutes les terres connues, alors les distances marquées sur ces cartes et les dimensions des côtes se trouvaient d'autant plus erronées que les régions auxquelles elles appartenaient étaient plus éloignées de l'équateur.

C'est alors que les cosmographes étudièrent dans Ptolémée l'art des projections géographiques, et que le livre de cet auteur fut la base sur laquelle ils essayèrent de construire leur système.

Pour les contrées nouvellement découvertes, les cosmographes avaient quelques observations imparfaites et les journaux nautiques pour base; mais dans les contrées plus anciennement connues ils manquaient de matériaux : ils n'avaient ni itinéraires ni routiers, ni aucun moyen de déterminer les distances respectives des lieux et leurs positions sur le globe. Ils s'approprièrent donc pour l'Europe et pour une partie de l'Asie les cartes de Ptolémée, et ils rectifièrent ce plan général à mesure que des renseignemens encore imparfaits, mais recueillis dans les pays mêmes, leur en donnaient les moyens.

De ce mélange des connaissances anciennes avec les notions modernes devait résulter une confusion et des erreurs dans la géographie de l'ancien monde, dont celle du nouveau monde était exempte. C'est ainsi que, de nos jours, les côtes de la Nouvelle-Hollande, le dernier des continens qu'on ait explorés, ont été relevées avec tous les moyens de la science moderne perfectionnée, et qu'elles présentent moins d'inexactitude et d'imperfection dans leur tracé que les côtes de la Méditerrannée, les plus anciennement connues de toutes, et celles qu'on a le plus souvent dessinées, mais dont la carte générale est le résultat d'explorations faites dans différens siècles, et par des navigateurs ou des hydrographes de différentes nations.

On est pénétré d'admiration lorsqu'on suit les travaux des Nunez, des Vanegas, des Appian, des Santa-Cruz, et d'autres cosmographes de Charles-Quint, pour vaincre les obstacles que leur présentait l'état de la science, surtout pour subvenir à son besoin le plus impérieux, la détermination des longitudes, sans laquelle il leur était impossible de former un ensemble des connaissances acquises, de créer en un mot un système géographique dégagé des fautes énormes qu'ils trouvaient dans celui de Ptolémée. Perfectionnement des instrumens, calcul des éclipses, table des déclinaisons et des étoiles, variations de la boussole, longueurs des ombres, horloges marines, levées trigonométriques, multiplicité des projections, cartes réduites; ils essayèrent tout, ils pensèrent à tout, ils inventèrent tout, avant les Mercator, les Wright, les Halley et leurs successeurs. Mais à l'époque où parurent ces hommes si recommandables, dont la mémoire est aujourd'hui effacée, la mécanique et l'optique n'étaient point assez avancées pour prêter des secours efficaces à l'astronome et au géographe, et, nonobstant leurs savans efforts, le système géographique des modernes resta encombré par les erreurs dues aux cartes de Ptolémée.

Quoique dans le seizième et le commencement du dix-septième siècle les instrumens se fussent bien perfectionnés, que l'astronomie eût fait de grands progrès, que l'on eût gravé des cartes nautiques et des cartes géographiques de diverses régions, on manquait encore de mesures et d'observations précises pour déterminer, même approximativement, la distance des points extrêmes en longitude des terres connues du globe ; et le système géographique moderne, qui s'était dégagé enfin de celui des anciens, se ressentait encore de la trop grande extension que Ptolémée avait donnée à l'ancien monde connu de son temps.

Nicolas et Guillaume Sanson, les plus grands géographes de leur époque, en 1652 et en 1668, se trompaient de quinze degrés sur la longueur de la Méditerranée, et de trente-deux degrés sur la distance du premier méridien au cap Comorin. La première erreur était quinze fois plus grande, et la seconde erreur quatre-vingts fois plus grande, que celle qui existait entre les mêmes points géographiques sur la carte des anciens ramenée à son exactitude primitive.

Nicolas Sanson eut cependant l'heureuse idée de s'aider des itinéraires romains pour rectifier ses cartes ; mais ce moyen même ne pouvait que le confirmer dans ses erreurs, ou lui en faire commettre de plus grandes. Il considérait le mille romain comme égal au mille marin de 60 au degré ; il le faisait donc trop long d'un cinquième, ce qui contribuait à exagérer toutes ses distances dans la même proportion.

Enfin, par l'intervalle de plusieurs bornes milliaires antiques qui furent découvertes, la longueur du mille romain ancien fut connue ; on sut que cette mesure était la même que celle des pilotes grecs de la Méditerranée, qui, dans leurs navigations, calculaient les distances parcourues par un mille égal à la soixante-quinzième partie du degré d'un grand cercle de la sphère terrestre. Delisle profita de cette découverte, et au moyen des itinéraires romains, il resserra la Méditerranée de trois cents lieues en longitude, et l'Asie de cinq cents lieues : ces corrections hardies se trouvèrent d'accord avec les observations astronomiques qu'on commençait déjà à multiplier sur divers points du globe. L'habile géographe s'occupa avec beaucoup d'ardeur à coordonner à ce petit nombre de points, astronomiquement déterminés, tous les itinéraires anciens et modernes, les relations de voyages, et les journaux de navigation. Il parvint ainsi à faire disparaître les fautes énormes de ses prédécesseurs, et il fonda un système de géographie entièrement moderne, dégagé des fausses notions que celui de Ptolémée avait si long-temps consacrées.

Le système géographique moderne dont Delisle avait posé les bases fut perfectionné par D'Anville. A l'exemple de Delisle, mais avec bien plus de succès encore, D'Anville se servit de la géographie ancienne pour hâter les progrès de la géographie moderne. Ce fut avec les itinéraires anciens que D'Anville rectifia la forme fautive que l'on donnait à l'Italie ; qu'il détermina, au moyen de ces antiques documens, les distances entre les lieux modernes de cette célèbre péninsule. Pline, dans la partie géographique de son grand ouvrage, dit quelque part : « J'ai honte d'emprunter à des Grecs les mesures de l'Italie. » Notre grand géographe, qui n'était ni compilateur, ni bel esprit, n'a jamais été tenté de dire qu'il rougissait, pour dresser une carte de l'Italie moderne, d'avoir recours aux anciens Romains, et à des monumens géographiques vieux de dix-huit cents ans. Il savait que les vérités une fois acquises à la science ne cessent jamais de lui appartenir, quels que soient le siècle, le climat, la contrée qui les a vues naître ; et que c'est leur exactitude, et non leur origine, qui constitue leur valeur et le degré de confiance qu'elles méritent.

Les cosmographes de l'école d'Alexandrie, les Ératosthène, les Marin de Tyr, les Ptolémée, pour accorder entre eux les résultats des découvertes faites et les connaissances acquises de leur temps en géographie, ne se trouvèrent pas, comme les cosmographes modernes, dans la nécessité de faire de vains efforts pour arranger et concilier les notions incohérentes et fragmentaires de vingt siècles et de vingt peuples différens.

A deux époques diverses, mais analogues, dans des siècles de civilisation perfectionnée et devenus célèbres par les succès du génie et la haute culture des sciences et des lettres, deux grands empires se formèrent. Ils renfermèrent, l'un en Orient, l'autre en

Occident, presque toutes les terres du globe qu'il a été donné aux anciens de parcourir et de connaître. Des mesures furent prises pour déterminer l'étendue et les dimensions de ces empires : on en releva les côtes, on en dessina les provinces, on en traça les routes, on en écrivit les périples et les itinéraires ; et ces vastes et riches documens, recueillis, publiés par les deux puissans gouvernemens auxquels ils étaient dus, offraient aux géographes un moyen facile de former un ensemble de toutes les connaissances géographiques. Il n'y avait d'incertitude que pour les contrées situées hors des limites de ces empires, sur lesquels on n'avait que des renseignemens moins certains.

Alexandre-le-Grand, en traversant toute la portion de l'Asie comprise entre l'Europe et l'Indus, eut soin de faire mesurer, par ses *bématistes* ou ingénieurs mesureurs, les longues routes parcourues par lui et par ses lieutenans. Pline et Strabon ne nous ont pas laissés ignorer les noms des hommes utiles qui exécutèrent ce grand travail. Il fut continué sous les successeurs immédiats d'Alexandre, par Séleucus Nicator et Antiochus Soter, qui prolongèrent ces itinéraires jusqu'à l'embouchure du Gange et dans la presqu'île de l'Indoustan. D'un autre côté, la flotte, partie de l'Indus par les ordres d'Alexandre, arriva heureusement à Babylone après avoir reconnu les côtes de la Perse et du golfe Persique. Néarque et Onésicrite, qui commandaient cette flotte, avaient écrit la relation de ce voyage de découvertes, et donné les résultats des calculs de leurs *stadmodotes* ou ingénieurs chargés de mesurer la longueur du trajet parcouru par leurs vaisseaux. Les côtes méridionales de l'Indoustan et de Ceylan furent ensuite visitées par des navigateurs grecs, de sorte qu'il existait des cartes générales et particulières de tout l'Orient. On possédait encore des itinéraires écrits, des relations de voyages, des périples, des descriptions particulières de certaines régions ou de certaines provinces, ou même des topographies de certains cantons importans, tels que celui de la Troade par exemple : les titres de quelques uns de ces ouvrages et les noms de leurs auteurs sont cités par Strabon et par Pline. Il y avait, ainsi que nous le démontrerons ailleurs par tout ce qui nous reste de tous ces documens, dans Pline, Strabon, Arrien, la Table Théodosienne, beaucoup d'unité et d'ensemble dans les connaissances géographiques sur l'Orient : un même peuple en était l'auteur; un même siècle les avait vues naître; un même module de mesure avait servi à déterminer l'étendue des plus vastes régions.

Il en fut de même en Occident. Les Romains, en englobant dans leur vaste empire toutes les contrées situées entre la mer Atlantique et l'Euphrate, y projetèrent leurs longues voies fermes et indestructibles, afin d'établir de faciles communications entre Rome et les provinces les plus éloignées. On commença sous Jules César à procéder à un mesurage exact de toutes ces routes, à déterminer l'intervalle des stations ou relais de postes et des villes capitales. Cette grande opération fut continuée sous Auguste : on y employa trente-deux ans ; elle s'exécuta sous la direction de quatre ingénieurs en chef dont Æthicus nous a conservé les noms. L'un eut le Nord dans son département, l'autre le Midi, un troisième l'Orient, un quatrième l'Occident. Les côtes de la Méditerranée furent mesurées par les voies de terre qui bordaient leurs rivages, et aussi par les nombreuses navigations que nécessitaient la guerre et le commerce. Les périples qu'on publia, ou les portulans qu'on dressa pour l'usage des navigateurs, étaient minutieusement exacts, précisément parce qu'avant l'invention de la boussole les navigateurs craignaient de s'éloigner des côtes. La navigation chez les anciens était réduite à un cabotage presque continuel. Nous savons aussi que dans l'antiquité on avait inventé une machine qu'on adaptait à des voitures et à des vaisseaux, et qu'au moyen de cet odomètre, que Vitruve a décrit avec beaucoup de clarté, on mesurait les trajets de mer et de terre : ainsi, les voies non militaires, que les ingénieurs n'avaient pas mesurées pouvaient l'être de cette manière.

Il fut facile, en rejoignant les opérations faites sous

Alexandre-le-Grand avec celles qu'avaient fait exécuter Jules César et Auguste, de former un ensemble de ces deux grandes portions de la science géographique. Agrippa s'en occupa, et sa carte du monde, continuée d'après ses mémoires, fut exposée aux regards du public dans ce portique dont Polla, sa sœur, légua l'achèvement à l'infatigable activité d'Auguste. Ce n'était pas, au reste, un exemple sans précédent que cette exposition publique et monumentale d'une carte géographique, puisque depuis long-temps, selon le témoignage de Tite-Live, on voyait la carte de l'Italie peinte sur le mur du temple de Tellus, la Terre : *in pariete pictam Italiam*. Ces cartes peintes n'étaient que des cartes générales; mais nous apprenons par Frontin, dans les *Scriptores rei agrariæ*, qu'il existait, en outre, des ouvrages de géographie spéciaux pour chaque pays, des espèces de cadastre où la forme des provinces et des villes, les mesures qui les concernaient, étaient accompagnées de descriptions et de règlemens sur les possessions territoriales. Un nommé Balbus, mesureur ou ingénieur impérial, se trouve cité pour la province de *Picenum* comme un des auteurs de ces sortes d'ouvrages. Ces ouvrages, comme aussi les descriptions générales de la terre, furent accompagnés de cartes dessinées sur parchemin et sur toile : *Metiano Pompeiano quod depictum orbem terræ in membrana circumferret* (Sueton.). Mais bientôt, pour que ces cartes eussent plus de durée, on les grava sur cuivre. Sous Trajan surtout, qui, par la conquête de la Dacie et de la Mésopotamie, fit faire de nouveaux progrès à la géographie, ce procédé fut souvent mis en pratique par ordre exprès de l'empereur : *Libros æris et typum perticæ linteis descriptum (sic) secundos suas terminationes... hujus territorii forma in tabula æris ab imperio Trajano jussa est describi.* (Scriptores rei agrariæ.)

Ainsi, le monde d'Orient mesuré, décrit par les Grecs ; le monde d'Occident mesuré, décrit par les Romains, tels étaient les grands et magnifiques monumens géographiques que Ptolémée avait à sa disposition pour construire l'édifice de la science, pour former un système géographique. Il semble qu'il n'y avait qu'à rejoindre ces deux grandes portions du domaine cosmographique, qu'à les assujettir à une échelle de mesure uniforme, pour obtenir un dessin exact de toutes les terres connues, selon le degré de perfection où la science était alors parvenue. Mais cela ne pouvait suffire à Ptolémée, qui aspirait à une perfection plus grande, et qui voulait avec les seules observations existantes, avec les seuls travaux longimétriques qu'on avait exécutés, asseoir la géographie sur des bases plus scientifiques et plus solides. Ptolémée prétendait réaliser les idées d'Hipparque et déterminer l'emplacement de chaque lieu sur le globe par sa distance à l'équateur et à un premier méridien, c'est-à-dire sa latitude et sa longitude. Il voulait substituer à des distances données en stades des distances en degrés, minutes et secondes d'un grand cercle de la sphère. Les observations souvent répétées sur la hauteur des principales étoiles, sur la durée du plus long jour, sur la longueur des ombres, avaient suffi pour déterminer les distances à l'équateur d'un assez grand nombre de lieux; à diviser l'hémisphère terrestre en climats ou en bandes proportionnelles.

La latitude d'Alexandrie, telle que la donnaient les observations d'Hipparque, ne différait que de trois minutes quarante-six secondes des observations modernes. Ératosthène avait déterminé la latitude de Rhodes à sept minutes cinq secondes près, et si on joignait, par un calcul commun, son observation à celles d'Hipparque, on n'aurait plus qu'une minute et demie de différence entre les observations des anciens et celles des modernes.

Mais s'il est prouvé que les anciens pouvaient apprécier assez exactement la latitude des lieux, leur impuissance à fixer leur longitude d'une manière tant soit peu exacte est également démontrée.

Ptolémée, dans le calcul d'une éclipse de lune pour déterminer la longitude entre Arbelles et Carthage, se trompe de quarante-cinq minutes de temps ou de onze degrés quinze minutes (675 milles géographiques) sur une distance qui n'excède pas trente-trois degrés quarante-cinq minutes (2025 milles géographiques).

C'est dans les itinéraires des Grecs et des Romains que Ptolémée trouvait les moyens de déterminer les longitudes des points extrêmes dont les latitudes avaient été observées; et il n'est pas étonnant que pour ces grandes lignes, qui servaient de base à ses cartes, la compensation des petites erreurs partielles ait produit quelquefois des résultats tels qu'en les comparant avec les observations astronomiques modernes, on les ait trouvés exacts. Ces résultats ont fait illusion à M. Gossellin, et lui ont fait croire à une perfection dans l'astronomie des anciens que démentent les ouvrages qui nous restent d'eux sur cette science.

Mais hors de ces grandes lignes et à l'exception de ces points principaux, Ptolémée ne trouvait que des moyens insuffisans dans les itinéraires écrits ou dessinés des Grecs et des Romains. Des observations de latitude mal faites, ou incomplètes, reportaient souvent sur une route un lieu qui appartenait à une autre, ou même le plaçait hors de toutes les routes connues; il en résultait une perturbation continuelle dans les documens géographiques dont Ptolémée était pourvu pour l'intérieur des continens.

Je dis pour l'intérieur des continens, car les mêmes causes d'erreur n'existaient pas pour les côtes. Là, les itinéraires suivaient une ligne déterminée par les rivages mêmes. Les contours et les sinuosités étaient tracés, dessinés, décrits dans les périples, et placés sur les cartes d'une manière claire, invariable; les rumbs de vents déterminaient la direction à suivre : ici, nul croisement comme dans les itinéraires terrestres, qui, tracés parallèlement et en lignes droites, n'indiquaient ni les sinuosités de la route ni sa direction. Il en résulte que pour les côtes, les distances données par Ptolémée peuvent être comparées avec les distances modernes, tandis que ces distances ne sont plus comparables dans l'intérieur des continens, parce que les itinéraires se trouvent déplacés, et que les longitudes et les latitudes assignées aux lieux qui y étaient mentionnés ne sont plus en rapport avec ces itinéraires, ni avec les distances vraies déterminées par les documens géographiques dont on s'est servi pour fixer ces positions. Aussi, pour ce qui concerne cet intérieur des terres, les Tables de Ptolémée offrent-elles une masse d'erreurs inextricables. Elles ne sont plus pour nous qu'un catalogue (précieux il est vrai) des divisions et des subdivisions des régions terrestres, avec les noms des fleuves, des montagnes, des villes et autres lieux qui leur appartenaient.

Une des grandes causes d'erreur que Ptolémée et ses prédécesseurs pouvaient difficilement éviter, c'était la nécessité de traduire dans le module de mesure qu'ils avaient adopté les différentes mesures des itinéraires qui leur servaient à dresser leur carte générale, formant l'ensemble de leur système géographique. Ces mesures diverses portant toutes le nom de stades ou de milles, faisaient croire qu'il n'existait entre elles aucune différence, et on les employait comme si elles étaient pareilles. Quelquefois aussi les longueurs des stades et des milles connus des géographes anciens se trouvèrent changées à leur insu par leurs combinaisons géographiques, soit parce qu'ils transportaient des lieux à un degré de latitude différent de celui que ces lieux occupaient, et où les distances avaient été mesurées, soit enfin, ce qui produisait le même effet, parce qu'ils reportaient les distances données en stades ou en milles d'une carte plate à une carte dressée d'après une projection stéréographique. Mais comme les anciens nous ont donné en degrés la valeur de tous ces stades des géographes spéculatifs, il est toujours possible de corriger l'erreur et de découvrir, par le chiffre du stade erroné, le chiffre vrai du stade primitif qui a servi à mesurer la distance indiquée.

Mais ceci suppose nécessairement que la mesure du degré d'un grand cercle de la sphère a été connue des anciens, et donnée par eux dans un ou plusieurs des stades dont on trouve dans leurs écrits la valeur en degrés, puisque ce n'est qu'à l'aide d'une semblable mesure qu'on peut connaître la valeur longi-métrique des autres, les comparer entre elles, et reconnaître leur exactitude, ou leur conformité avec les mesures modernes.

Que le degré d'un grand cercle de la sphère terrestre ait été mesuré avec succès dans l'antiquité et avec une exactitude suffisante pour les besoins de la géographie, au moins une fois, c'est ce dont on ne peut douter, d'abord par les assertions positives des anciens eux-mêmes, confirmées par le grand nombre de distances en stades dont ils ont déterminé la valeur en portions de degrés, et qui se trouvent exacts en les réduisant ainsi. Ces distances s'enchaînant entre elles dans de longs et nombreux itinéraires, écartent toute idée de hasard ou de rencontres fortuites dans leur conformité avec les cartes modernes. Ensuite l'expérience des modernes nous apprend que dès qu'on a su comprendre dans l'antiquité le besoin d'une telle opération pour les progrès de l'astronomie et de la géographie, elle a dû être exécutée avec une perfection suffisante pour les besoins de cette dernière science.

Qu'on ne s'y trompe pas : les plus simples opérations manuelles, quand on veut arriver à une rigoureuse exactitude, sont d'une extrême difficulté; les plus compliquées, au contraire, s'accomplissent sans beaucoup d'effort, quand on veut se contenter d'une exactitude approximative.

S'assurer par des observations de la grandeur de

l'arc céleste compris entre les zéniths de deux endroits, mesurer ensuite leur intervalle sur la terre, telle est l'opération à exécuter pour obtenir la mesure du degré d'un grand cercle de la sphère. Les gros volumes de chiffres et les longs détails d'opérations géodésiques qui accompagnent l'exposé de semblables entreprises, faites en France, en Piémont, en Laponie, au Pérou, dans l'Indoustan, attestent assez les difficultés qui accompagnent une telle opération, quand on aspire à une grande précision.

Pourtant le médecin Fernel, dans le milieu du seizième siècle, et avec des instrumens d'observation sans doute bien grossiers en comparaison de ceux d'aujourd'hui, a exécuté cette opération avec un tel succès que la valeur approximative du degré qu'il en a conclu approche tellement de la vérité qu'elle a été un sujet d'étonnement pour les astronomes de nos jours, et dans le savant ouvrage où Fernel a donné le détail de son opération, ce détail n'occupe pas une page entière.

Vers la dernière moitié du dix-septième siècle, Picard, avec plus de science astronomique que Fernel, mais sans beaucoup de temps et de difficulté, détermina aussi la longueur d'un degré moyen du grand cercle de la sphère terrestre ; et cette mesure a suffi à Newton pour calculer le système du monde, à D'Anville pour l'exécution de ses admirables cartes géographiques.

De nos jours en France, de grandes sommes ont été dépensées, les hommes les plus savans et les plus habiles ont été mis à l'œuvre, pour mesurer avec toute l'exactitude possible un degré du grand cercle de la sphère, dont la valeur moyenne, d'après cette opération, a été fixée à 57,008 toises ou à 57,012 toises. Mais ce chiffre n'est encore qu'une approximation, et si l'on voulait recommencer aujourd'hui cette même opération, qui a été faite dans des temps de troubles et de désordre, et avec des instrumens moins parfaits que ceux qu'on possède, des méthodes géodésiques moins faciles et moins sûres que celles actuellement employées, il n'y a guère de doute qu'on n'obtînt encore un chiffre différent de celui de la précédente opération. Je fonde cette croyance sur le chagrin profond qu'avait conçu un des deux astronomes chargés de son exécution, par la persuasion où il était d'une erreur que lui-même avait commise dans ses observations, par les critiques qui ont été faites récemment de certains calculs relatifs à cette même opération, critiques, si je ne me trompe, qui sont restées sans réponse.

Mais, en supposant que les opérations faites en dernier lieu en France et les calculs qui en ont été la suite pour déterminer la longueur exacte d'un degré moyen d'un grand cercle de la sphère, soient parfaitement exacts, il est toujours bien certain aujourd'hui qu'on n'a pas atteint par eux le but qu'on s'était proposé, celui de placer sur le globe que nous habitons le type primitif de toutes les mesures de longueur, de capacité et de pesanteur. Il ressort évidemment de toutes les mesures des degrés terrestres, et des expériences qui ont été faites avec le pendule, que les divers méridiens diffèrent de longueur sous les mêmes latitudes; que la terre, dont la densité est diverse selon les divers points de sa surface, n'est pas un sphéroïde régulier : on ne peut donc, d'après les mesures d'un ou plusieurs méridiens quelconques, déduire un degré moyen. L'élément unique d'une mesure toujours vérifiable ne peut s'obtenir que sous l'équateur, et en mesurant un degré de ce grand cercle, qui est unique. Mais une telle opération présente une excessive difficulté, non seulement à cause du climat, des pays et des habitans, dont il faudrait subir les inconvéniens, mais encore par elle-même, puisqu'au lieu d'avoir à déterminer les latitudes des deux extrémités de la portion de cercle à mesurer, ce seraient les longitudes de ces deux points extrêmes qu'il s'agirait d'obtenir, ce qui ne pourrait se faire que par un grand nombre d'observations.

Ainsi, tout ce qui s'est passé dans nos temps modernes relativement à la mesure d'un degré terrestre doit nous porter à croire que l'opération de même nature qu'avait exécutée Ératosthène en Égypte, et dont Pline parle en termes si magnifiques, a réellement eu lieu, et qu'elle fut assez exacte pour suffire aux besoins de la géographie. En Égypte, cette opération était plus facile que dans toute autre contrée du globe. L'Égypte est une longue vallée qui s'étend du nord au sud, c'est-à-dire dans le sens du méridien même qu'il fallait mesurer : Syène, un de ses points extrêmes au sud, est située sous le tropique; les jours du solstice à midi les corps n'y jettent aucune ombre ; la hauteur solsticiale d'Alexandrie était connue : un passage de saint Clément d'Alexandrie nous apprend que la chorographie de l'Égypte était l'objet d'un travail spécial qu'on ne cessait de perfectionner, et qui rentrait dans les attributions du collége des prêtres ; et les *bématistes* d'Alexandre n'avaient pas négligé de mesurer les chemins de cette contrée.

Le module de la mesure dont Ératosthène se servit, et à laquelle on donnait, comme à toutes les autres du même genre, le nom de stade, était probablement une mesure itinéraire très usitée en Égypte. Ératosthène trouva que le degré d'un grand cercle contenait 694 $\frac{4}{9}$ de ces mesures selon Cléomède; mais, soit qu'Ératosthène ait rectifié ce premier calcul, soit que Cléomède se fût trompé, soit qu'on ait mieux aimé altérer la mesure itinéraire pour la commodité du calcul, il résulte des témoignages de tous les auteurs de l'antiquité, excepté Cléomède, qu'Ératosthène comptait 700 stades au degré.

Si les évaluations du degré d'un grand cercle

à 500 stades et à 666 ⅔ ne sont que les résultats d'une observation inexacte de Posidonius, combinés avec la mesure itinéraire entre Rhodes et Alexandrie donnée par Ératosthène dans sa géographie, dont Posidonius se servait dans son calcul, il n'est pas étonnant de voir les géographes spéculatifs, qui, comme Ptolémée, avaient adopté, d'après Posidonius, le stade de 500 au degré, confondre l'emploi de ce stade avec le stade de 666 ⅔ ; et l'on conçoit pourquoi il est facile de ramener les chiffres des distances à leur valeur réelle et primitive, en les convertissant en stades d'Ératosthène, de 700 au degré.

Toutes les distances relatives à l'Asie données dans Ptolémée peuvent être ramenées à leur exactitude primitive, lorsqu'on remarque que Marin de Tyr avait converti les mesures qui lui étaient données en stades de 1111 ⅑, en stades de 700, pour les assujettir à son système.

Je soupçonne que ce stade de 1111 ⅑ est une mesure locale de la Babylonie, et qu'elle a été portée par les Babyloniens dans l'Inde et dans toute l'Asie. Le chiffre qu'il a produit pour la mesure du degré me paraît être le résultat d'une opération exécutée, dans les plaines de la Chaldée, pour déterminer la longueur du degré d'un grand cercle. Il est le seul qui convienne aux marches d'Alexandre, à la navigation de sa flotte. Au temps d'Aristote, les Grecs n'avaient fait aucune tentative pour mesurer un degré terrestre. Aristote aura appris que les astronomes babyloniens avaient exécuté cette opération, et comme les *bématistes* avaient appliqué à la plus courte des mesures itinéraires de Babylonie le nom de stades, Aristote répéta d'après eux que les astronomes avaient trouvé que le stade était contenu 1111 $\frac{1}{9}$ dans un degré d'un grand cercle, ne se doutant pas qu'il évaluait ainsi le périmètre de la terre près du double de ce qu'il était réellement.

Ce stade de 1111 $\frac{1}{9}$ ou de 400,000 à la circonférence de la terre est celui dont l'usage a été le plus étendu, le plus universel. Cosmas Indicopleustes dit que les Indiens donnaient 400,000 coss à la circonférence de la terre. Ainsi, dans l'Inde, cette mesure était la plus usitée, la plus anciennement connue.

Elle aura donc été souvent confondue avec d'autres, surtout avec le stade de 833 $\frac{1}{9}$ mentionné par Archimède, qui me paraît aussi une mesure d'origine asiatique. Selon Hérodote, l'enceinte de Babylone était de 480 stades; selon Ctésias, cette enceinte était de 380 stades. Ces deux évaluations paraissent très différentes; cependant elles sont semblables : 480 stades de 1111 $\frac{1}{9}$ égalent juste 380 stades de 833 $\frac{1}{9}$.

Pline donne en milles romains deux mesures qui semblent dissemblables entre l'embouchure occidentale du Gange et le cap Comorin; ces deux mesures sont pareilles, si on évalue les milles (toujours de 8 stades) en stades de 700 pour le chiffre le plus faible, et en stades de 1111 $\frac{1}{9}$ pour le chiffre le plus fort.

Voyez, je vous prie, comme on retrouve dans l'emploi des différens stades l'histoire même de la géographie et des progrès des découvertes.

Dans notre Europe, le stade qui seul peut nous faire retrouver les distances données par les Tables de Ptolémée, pour les côtes de l'Ibérie, du détroit de Gibraltar et des environs de Cadiz, c'est le stade de 1111 $\frac{1}{9}$, le plus ancien des stades, le stade de l'Asie; et l'histoire nous apprend que ces côtes ont d'abord été colonisées par des peuples asiatiques, les Phocéens et les Tyriens, qui les premiers ont écrit sur la géographie de l'Europe.

De même, le seul stade qui puisse s'adapter aux distances données par Ptolémée pour les côtes de la Germanie est le stade olympique, le stade de 600 au degré, le stade des Romains, dont huit formaient leur mille. Or, nous savons que ce sont les Romains qui ont les premiers découvert et décrit ces côtes. Ainsi, ces deux stades nous donnent, par leur emploi, les deux époques extrêmes des explorations maritimes dans l'antiquité, la plus ancienne et la plus récente.

Le stade grec proprement dit, qui servait à mesurer la course aux jeux olympiques, n'a été pris pour base d'aucun des systèmes géographiques dont il nous reste des traces dans les auteurs, mais l'on sait par les anciens qu'il était la huitième partie du mille romain.

Les itinéraires romains offraient un moyen certain de déterminer la valeur géographique de ce mille. En comparant les chiffres de ces itinéraires avec les distances que nous donnent les meilleures cartes modernes pour les environs de Rome, le nord de l'Italie, la Gaule et l'Égypte, nous avons acquis la preuve que la valeur géographique du mille romain est de 760 toises 7 pouces ou 1481 mètres, faisant la 75me partie d'un degré. La moyenne des mesures prises entre plusieurs bornes milliaires et trouvées sur place a confirmé ce résultat. Il a été vérifié aussi sur les modules de mesures qui font partie intégrante du mille romain, tels que les pieds romains : les mieux conservés ont été trouvés conformes au calcul de longueur moyenne de tous ceux précédemment découverts. Cinq de ces pieds formaient un pas, et cette mesure de cinq pieds multipliée par mille se trouve être contenue soixante-quinze fois dans le degré, de sorte qu'il n'y a pas de mesure, même moderne, dont l'exactitude soit mieux démontrée que celle du mille romain à 75 au degré, et de sa partie intégrante le stade olympique, le stade de 600 au degré.

Il est fait mention dans l'Itinéraire, et dans Strabon, de l'emploi, en Italie même, d'un stade contenu dix fois dans le mille romain, pour un petit nombre de distances qui sont exactes dans ce stade. Les itinéraires anciens font aussi mention de ce stade, qui serait, par conséquent, de 750 au degré. Les différentes espèces de schœnes de 30, ou les parasanges, et les schœnes de 40 et de 60 stades dont il est fait mention dans les auteurs, se trouvent dans un certain rapport avec le stade de 750 et avec celui de 1111 $\frac{1}{9}$. L'emploi de ces différentes mesures et leur usage pour retrouver les positions des lieux antiques ne peuvent résulter que de la comparaison faite des distances énoncées dans les anciens.

Nous en dirons autant du mille dont parle Polybe, cité par Strabon, qui était composé de 8 $\frac{1}{3}$ stades. Il n'y a que des mesures comparées, prises sur les portions de la route dont parle Polybe, exactement levées, qui puissent nous apprendre si, dans cette occasion, c'est le mille ou le stade qui diffère. Si c'était cette dernière mesure, nous aurions une preuve de l'emploi géographique d'un stade de 625 au degré; si c'était le mille, le pied grec aurait été substitué au pied romain pour former le module générateur du mille romain.

Nous sommes dans la même incertitude relativement au mille de 7 $\frac{1}{2}$ stades mentionné par Suidas, Photius et Agathias, et pour un mille des 7 stades dont parlent Hiéron d'Alexandrie, Saint-Epiphane, Hésychius. Le premier mille donnerait un stade de 562 $\frac{1}{2}$ au degré, et le second un stade de 525 au degré. Si c'était le stade qui variât, les 7 stades olympiques nous donneraient un mille de 69 au degré, ce qui est, à très peu près, le mille-moderne des Anglais, qui se subdivise aussi en 8 *furlongs* auxquels on a quelquefois donné le nom de stades. Les 7 stades ½ donneraient un mille de 70 $\frac{5}{16}$ au degré.

Il y a dans l'Itinéraire ancien sur la côte d'Égypte une station nommée *Pentaschoeno* ou Cinq-Schœne accompagné du chiffre xx, qui semble indiquer sur cette côte un schœne composé de 4 milles romains; il serait un peu plus fort que la parasange ou le schœne de 30 stades, puisqu'il contiendrait 32 stades.

Ce n'est, ainsi que je l'ai dit, que par la juste application de ces différentes mesures sur des cartes modernes dressées sur une grande échelle, et qui nous présentent une exacte configuration du sol, que nous pouvons assigner l'emploi de ces mesures et en déterminer la valeur.

Un habile et savant ingénieur-géographe, M. Puillon-Boblaye, en comparant les mesures des anciens avec celles qu'il avait prises lui-même sur le terrain, ou obtenues par les travaux des autres ingénieurs, dans le Péloponèse seul (la Morée), a reconnu l'emploi de trois ou quatre mesures différentes. Les grandes mesures que Strabon donne de cette presqu'île sont en stades de 700, tandis que les distances des villes de l'intérieur sont en stades olympiques de 600 au degré. La distance de 660 stades donnée par Pausanias entre une colonne située à Olympie et une colonne placée à Sparte, en passant par Mégalopolis, mesurée avec une rigoureuse exactitude, est en stades de 700; et cependant la distance particulière de Mégalopolis à Sparte est en stades de 600.

La mesure que donne Strabon pour le contour des côtes du Péloponèse est en stades de 700; et cependant pour la mesure de ces mêmes côtes Scylax se sert du stade olympique. Ce dernier paraît avoir été le stade usuel des Grecs, l'autre le stade géographique.

L'analyse géographique de la seule Gaule transalpine nous fait découvrir l'emploi de cinq mesures différentes dans cette région. Pour les côtes septentrionales, le stade olympique de 600, et le stade de 500. Pour les côtes méridionales le stade de 500, et celui de 666 $\frac{2}{3}$. Dans l'intérieur, pour les itinéraires et la table, nous trouvons deux espèces de mesures, le mille romain de 75 au degré, et la lieue gauloise, qui était de 1,500 pas romains, ou un mille et demi, ou de 50 au degré. Le double de cette mesure est exactement la lieue des géographes français modernes de 25 au degré. Nous sommes avertis par la Table Théodosienne et par d'autres textes anciens que l'usage de cette lieue gauloise commençait à Lyon, et trouvait son emploi dans la Celtique et dans la Belgique, tandis que dans la Province romaine et dans l'Aquitaine, on se servait du mille romain.

Mais ici se révèle une cause de confusion de mesures qui a égaré D'Anville. Dans un grand nombre d'itinéraires, on trouve devant les noms dont ils se composent deux chiffres distincts, un en lieues gauloises, un autre en milles romains. On ne peut douter qu'il n'en fût ainsi pour tous les itinéraires où les lieues gauloises étaient en usage; mais les copistes se sont lassés de donner ces deux nombres pour exprimer la même distance; ils ont supprimé un de ces chiffres, mais quelquefois ils ont accompagné celui qu'ils transcrivaient d'une indication erronée. Quelquefois, le chiffre indiqué comme étant des milles exprime réellement des lieues, et celui qui est donné comme des lieues représente des milles. Par la même raison, une distance isolée en lieues gauloises se trouve quelquefois intercalée au milieu d'un itinéraire en milles romains, ou une distance en milles romains au milieu d'un itinéraire en lieues gauloises. Enfin, tous les itinéraires de la Belgique et de la Celtique ne sont pas toujours en lieues gauloises. Sur les bords du Rhin, le mille romain paraît avoir été plus particulièrement employé. C'est pour n'avoir pas su discerner cela, que D'Anville s'est fortement trompé pour les itinéraires anciens de la Hollande, qui sont presque tous en milles romains.

De tout ce que nous venons de dire il résulte que celui qui aspire à hâter les progrès de la géographie ancienne, à enrichir la science de notions positives et certaines, doit, d'abord avant tout, chercher à rétablir, par le moyen des mesures anciennes, la carte de Ptolémée, la Carte Théodosienne et les itinéraires anciens, sur le plan de la carte moderne de la contrée qui est l'objet de ses travaux.

Pour Ptolémée, on doit d'abord reconstruire, d'après les Tables de cet ancien, la carte des côtes de cette contrée, et indiquer, sur le dessin, les variantes du texte grec et celles du texte latin, car tous les deux sont des textes anciens, et l'un n'est pas toujours la reproduction de l'autre. Les cartes de Mercator, qui accompagnent les meilleures éditions de Ptolémée, peuvent suffire quand on ne veut que consulter l'ouvrage du géographe d'Alexandrie; mais quelquefois elles ne s'accordent ni avec le texte grec ni avec le texte latin, et il est nécessaire d'avoir une carte qui soit en parfait accord avec ces textes. Par cette reconstruction de la carte de Ptolémée, on obtiendra la plus grande distance entre chaque lieu réduite en degrés ou en portions de degré. Si les distances réelles données par la carte moderne ne s'accordent pas avec celles de Ptolémée réduites en degrés de 500 stades, on découvrira par des essais répétés, entre des lieux connus, le module du stade qui a servi particulièrement à dresser le périple de cette côte, et l'on rétablira les mesures de la carte ancienne dans leur exactitude primitive, et par leur moyen la vraie correspondance des noms et des positions anciennes, avec les noms et les positions modernes. Les quatre volumes de recherches géographiques de M. Gossellin nous présentent les meilleurs modèles en ce genre.

Ptolémée, par les raisons que j'ai indiquées ci-dessus, ne nous donne pas pour l'intérieur les moyens de retrouver, par ses mesures, la correspondance des noms anciens avec les noms modernes. C'est à la Table Théodosienne et aux itinéraires qu'il faut avoir recours pour cet objet.

Les meilleures cartes hydrographiques et géographiques ne suffisent plus pour cette pénible tâche ; il faut travailler sur les topographies les plus détaillées et les plus exactes, quand il en existe. Ce n'est qu'en s'éclairant par un plan détaillé du sol que l'on peut discerner la véritable direction des routes qui se joignent et se croisent dans tous les sens ; qu'on peut assigner avec certitude l'emplacement des lieux anciens.

Le module des mesures employé par les itinéraires ne peut se découvrir que par son application sur des cartes modernes de la nature de celles que nous venons de désigner. La Table Théodosienne conduit ses itinéraires jusque dans l'Inde, et à l'embouchure du Gange ; et pour toute la portion qui est au delà de l'Euphrate et du Tigre elle offre avec les itinéraires d'Alexandre et de ses successeurs, tels qu'ils nous sont donnés dans Pline et dans Strabon, un accord qui démontre l'identité d'origine de toutes ces mesures.

Nous sommes certain que les chiffres de la Table Théodosienne et des itinéraires anciens écrits expriment des milles romains en Égypte, sur la côte occidentale d'Afrique, en Italie, dans les Alpes, dans la Souabe et l'Autriche jusqu'au Danube, dans les Gaules, mais dans cette dernière contrée avec le mélange des lieues gauloises. Nous l'affirmons parce que, muni des cartes les plus détaillées, nous avons porté les mesures anciennes dans toutes ces contrées ; mais nous ne pourrions assurer que les mêmes modules de mesures peuvent s'appliquer aux autres contrées de l'Europe, de l'Asie et de l'Afrique connues des anciens, ou que, comme dans les Gaules, l'analyse géographique ne nous y ferait pas découvrir d'autres mesures locales désignées sous la dénomination de milles romains.

De tout temps, et dans tous les pays, les mêmes noms donnés à des mesures analogues ont été, en géographie, une cause féconde en erreurs.

Nous avons en Europe un très grand nombre de mesures nommées *lieues* qui diffèrent de plus de moitié, depuis la lieue de Saxe et de l'Ukraine, de 12 au degré, jusqu'à la lieue nautique d'Espagne, de $17\frac{1}{2}$ au degré, et la lieue de poste, de 2,000 toises ou de $28\frac{1}{2}$ au degré, dans cette partie du monde, la plus petite de toutes. Nous avons un bien plus grand nombre encore de mesures itinéraires nommées *milles*, depuis le mille d'Allemagne, de 15 au degré, jusqu'au mille nautique des pilotes grecs de la Méditerranée, de 75 au degré, l'ancien mille romain. Ces mesures différentes, comprises sous une seule et même dénomination, ont produit de la part des géographes mêmes une masse énorme d'erreurs. Les dénominations anciennes mal appliquées contribuent quelquefois aussi à en augmenter le nombre. Nous avons remarqué dans des relations de missionnaires le mot *stade* employé pour les *werstes* de Russie, et les *li* de la Chine.

C'est à démêler les erreurs et les confusions de ce genre qui pourraient avoir eu lieu parmi les géographes de l'antiquité, que celui qui voudra rétablir la carte antique s'attachera principalement. Quand il aura établi la concordance des itinéraires anciens avec la carte moderne, il ne faut pas que des ruines antiques plus ou moins considérables, ou même l'existence de lieux anciens, lui fassent déranger cette concordance. Bien des lieux antiques existaient dont on ne retrouve aucune mention dans les auteurs et dans les itinéraires : ceux-ci ne donnent que les noms et les distances des grandes villes, celles des stations ou lieux de relais des grandes routes qui y conduisaient. Les ruines antiques, ou les vestiges d'une ville ou d'un lieu considérable, ne peuvent donc faire preuve contre l'exactitude des mesures ni les entacher d'erreur, ou nécessiter leur correction, que quand des documens historiques, ou géographiques, nous révèlent le nom qui doit être attaché à ces ruines ou aux vestiges de la ville antique.

C'est lorsque la carte antique a été ainsi rétablie d'après Ptolémée, les itinéraires et la Table, que l'on retrouve facilement les positions des autres lieux dont il n'a pas été fait mention dans ces monumens géographiques, qui sont mentionnés dans les auteurs anciens, sur les médailles et sur les inscriptions. C'est alors aussi qu'on peut parvenir à concevoir clairement l'importance des diverses divisions géographiques des peuples dont les anciens auteurs ont parlé; qu'on peut, d'après eux, marquer leurs emplacemens et tracer leurs limites.

Les Delisle, les D'Anville, les Rennell, les Gosellin, les Vincent, tous ceux qui ont voulu dresser des cartes de géographie comparée, n'ont pas douté de la confusion des diverses mesures dans les écrits des anciens; il n'y a que les savans qui de nos jours ont cru qu'on pouvait faire de la géographie sans employer le compas qui aient voulu nier une vérité aussi évidente. Ils supposent dans l'antiquité une uniformité de mesures qui serait vraiment admirable. Selon eux, il n'a jamais existé chez les Grecs de mesures itinéraires, sous le nom de stades, de différentes grandeurs; il n'y eut jamais qu'un seul stade, le stade olympique. M. Gosellin, lui-même, qui a si bien démêlé la confusion des différens stades chez les anciens, pense que les Grecs n'ont pas soupçonné que les mesures qui leur étaient données pouvaient être exprimées en stades de différentes longueurs ; et de là il conclut que ces différens stades sont des stades purement astronomiques. Ainsi, dans son opinion, ce n'était point le stade, mais le degré, dont les Grecs faisaient varier la grandeur. Sans doute ceux qui substituaient un stade à un autre ignoraient l'erreur qu'ils commettaient; car alors ils ne l'auraient pas commise : mais que les anciens n'aient pas su qu'il existait des mesures sous le nom de stades dont les grandeurs étaient différentes; qu'ils n'aient pas soupçonné qu'on pouvait commettre beaucoup d'erreurs en géographie par la confusion de ces mesures, voilà ce qui n'est pas exact; et il est facile de démontrer le contraire par des textes irrécusables.

Indépendamment des diverses espèces de stades et de milles mentionés par les anciens dont nous avons rapporté des exemples, nous remarquerons que Censorinus, auteur grave et instruit, dit qu'il y a diverses espèces de stades, et il cite en exemple l'olympique, le pythique, l'italique, de 600, 625 et 1000 pas. *Stadium autem in hac mundi mensura id potissimum intelligendum est, quod italicum vocant, pedum* DCXXV, *nam sunt præterea alia longitudine discrepantia : ut olympicum, quod est pedum* DC, *item pythium pedum* M. Hérodote fait mention d'une coudée de Samos égale à la coudée royale : par conséquent le stade de Samos devait être différent du stade olympique; Héron d'Alexandrie fait mention d'un pied et d'un stade philitérien ou royal différent du pied et du stade italique; enfin, Aulugelle dit, qu'indépendamment du stade olympique, il y a dans la Grèce même d'autres stades de 600 pieds, mais que ces pieds sont plus courts.

L'autre assertion, que les auteurs anciens ont ignoré qu'on pût commettre des erreurs en géographie par la confusion des mesures, est également réfutée par eux. Pline met au nombre des plus grandes causes d'erreurs en géographie les faux calculs des mesures, et le nombre des pas plus ou moins grands. *Magnos errores computatione mensuræ sæpius parit, alibi provinciarum modo, alibi itinerum auctis aut diminutis passibus.* Si Pline ne parle pas ici de stades, il en fait mention implicitement. Le pas chez les Romains était la mesure itinéraire génératrice de toutes les autres, et ce mot désigne d'une manière générale toutes les mesures quelconques, des stades comme des milles. Le même auteur dit aussi que l'inégalité des mesures produit les contradictions entre les auteurs : c'est ainsi, ajoute-t-il, que les Perses admettent des schoenes et des parasanges de longueurs différentes. *Inconstantiam mensuræ diversitas auctorum facit, cum Persæ quoque schœnos et parasangas alii alia mensura determinent.*

Un savant voyageur anglais, qui a publié tout récemment un mémoire sur le stade, s'étonne que l'on puisse supposer que les anciens aient pu donner la longueur d'un pays ou d'un continent selon un stade et la largeur selon un autre; et moi je serais fort surpris si deux dimensions géographiques qui ont dû provenir nécessairement d'élémens très différens, dont l'un était maritime et l'autre terrestre, se trouvaient évalués selon un seul et même stade.

Je pourrais remplir des pages entières des erreurs énormes commises par les compilateurs en géographie et par de vrais géographes, qui ont eu pour cause la confusion des mesures; mais, pour démontrer combien les fautes et les bévues les plus fortes en ce genre sont faciles à commettre, combien l'intelligence vive et constante des combinaisons géographiques est chose rare, je rapporterai seulement deux exemples qui me dispenseront d'en citer d'autres.

Ces deux exemples concernent deux savans, grands contempteurs de la géographie mathématique des anciens, grands panégyristes de celle des modernes.

M. Barbié du Bocage, choisi par l'abbé Barthélemy pour exécuter l'atlas de son Anacharsis, s'acquit une juste réputation en géographie par la manière dont il exécuta cette tâche. La Grèce en était l'objet principal. M. Barbié du Bocage ne cessa point de faire des efforts pour perfectionner la géographie de cette contrée : à lui aboutissaient toutes les levées topographiques, les itinéraires des voyageurs et les journaux de navigation qui étaient relatifs à la Grèce ou à la Turquie d'Europe. Le gouvernement lui remit, en 1807, de nombreux documens sur la Morée et le chargea de dresser une carte semi-topographique de cette région, qui fut gravée. M. Pouqueville, quand il voulut publier son grand Voyage en Grèce, chargea M. Barbié du Bocage de mettre en œuvre tous les matériaux géographiques qu'il avait rassemblés sur cette contrée. Dans l'avertissement du premier volume, qui parut avant tous les autres, il est dit que ces matériaux sont si considérables que, n'ayant pu les employer tous dans le Voyage, M. Barbié du Bocage se proposait de publier dans le plus grand détail une topographie générale de la Grèce.

Le cinquième volume de cet ouvrage ne put pas paraitre à l'époque annoncée par le prospectus, parce que M. Barbié du Bocage faisait attendre pour la carte générale de Grèce, qui était le résumé des études des travaux d'une vie presque uniquement consacrée à ce seul objet. M. Barbié du Bocage venait de publier dans le *Journal Militaire,* imprimé aux frais du département de la guerre, un historique des projections. Sa carte générale de Grèce pour le voyage de M. Pouqueville fut enfin terminée et annoncée sur le titre comme le résultat des observations d'un grand nombre de voyageurs et de navigateurs, comme assujettie aux dernières observations astronomiques. Un géographe, ami de M. Pouqueville, à qui celui-ci avait remis une épreuve de cette carte si bien et si soigneusement gravée, s'étonne de voir prendre à une contrée qui lui est connue une forme si alongée; il en cherche la cause, et il découvre facilement que, par une inconcevable distraction, M. Barbié du Bocage avait dessiné la Grèce sous une projection calculée pour la latitude moyenne de 45° au lieu de 40°, ou, en d'autres termes, qu'il avait transporté Constantinople sous la latitude de Paris; de sorte que dans cette carte les intervalles entre les méridiens sont trop courts d'un neuvième : c'est précisément le genre d'erreur dont le savant voyageur anglais nie la possibilité chez les anciens. Dans cette carte, selon les chiffres de la graduation, les lieux sont assujettis astronomiquement à leurs véritables positions, mais le stade qui peut servir à mesurer la longueur du nord au sud est différent de celui qui sert à obtenir la largeur de l'est à l'ouest.

On fit remarquer cette erreur à M. Barbié du Bocage, qui fut obligé d'en convenir. Il était impossible de la corriger; le volume, long-temps retardé à cause de cette carte, parut avec elle, mais sans l'analyse géographique qui avait été promise dans l'avertissement du premier volume. M. Pouqueville eut le bonheur de pouvoir donner peu de temps après une seconde édition de son voyage. Il supprima la carte de la première édition, et en fit dresser une autre par un célèbre géographe, à qui nous avions été assez heureux pour faire comprendre l'importance de l'emploi des itinéraires anciens, et qui en a fait depuis un si utile usage.

Passons à M. Delambre. Ce grand astronome, dans son *Histoire de l'Astronomie ancienne* (t. 2, p. 556), entreprend de parler de la géographie de Ptolémée. Il ne discute nullement la théorie de M. Gossellin à ce sujet, qu'il connaissait très bien : nous en avons la preuve par un Mémoire manuscrit, qui est entre nos mains, où M. Delambre cherche à réfuter cette théorie, Mémoire composé à la prière de M. Gossellin lui-même. M. Delambre procède plus dédaigneusement. Il veut prouver par la comparaison des cartes de Ptolémée et des cartes modernes que toutes les latitudes et les longitudes de Ptolémée sont fausses. Ce qui assurément, si on se rappelle tout ce que nous avons dit, ne devait pas paraître difficile, ni demander beaucoup de calcul. Mais M. Delambre, sans faire aucune mention des travaux des autres sur ce sujet, veut calculer; il veut faire de la géographie comparée. En conséquence, il dit, p. 544 : « Nous extrairons les positions des lieux les plus célèbres, et dont l'identité avec les lieux connus aujourd'hui ne peut laisser aucune équivoque. »

Et voici une portion de son étrange liste, eu nous

renfermant dans la Gaule, le pays de l'auteur, celui qu'il devait le mieux connaître :

> *Aginnum*, Angoulême;
> *Augusta Nemetum*, Nevers;
> *Ratiastum*, Limoges;
> *Aqua Augusta*, Bayonne;
> *Atuatucum*, Anvers;
> *Ruessium*, Saint-Flour;
> *Acusiorum Colonia*, Grenoble;
> *Bagunum*, Tournay;
> *Rigiacum*, Arras.

M. Delambre se donne ensuite la peine de relever la longitude et la latitude de ces lieux de Ptolémée dans l'ouvrage même de cet ancien, et de rechercher dans la *Connaissance des temps* et sur les cartes modernes la longitude et la latitude des lieux modernes qu'il y fait correspondre. Puis il calcule les différences, et il ajoute d'un air triomphant (t. I, p. 544) : « En voici plus qu'il ne faut pour convaincre tout lecteur non prévenu que la géographie des anciens n'offre aucune position sur laquelle on puisse compter. » On reste confondu en trouvant de si lourdes bévues, débitées avec une telle assurance, dans les ouvrages d'un homme si justement célèbre, si éminent dans la science, surtout lorsqu'on sait que, sans se donner la peine de recourir aux savans ouvrages des Valois ou des D'Anville, le Dictionnaire latin qu'on met dans les mains des écoliers, ou le moindre traité de géographie, suffisait à M. Delambre pour les éviter.

Si j'ai tant insisté sur ces considérations, c'est qu'elles sont essentielles pour justifier la méthode que j'ai constamment employée dans les plus grands travaux littéraires dont je me suis occupé.

Persuadé que la géographie ancienne, comme la moderne, pouvait s'appuyer sur des déductions mathématiques, j'ai d'abord soumis à une analyse géographique tous les environs de Rome et toute l'Italie centrale, afin d'obtenir par ce moyen une exacte détermination du mille romain, ou sa valeur moyenne établie par la comparaison d'un grand nombre de distances données dans les itinéraires anciens comparées avec celles de nos cartes modernes. Ce travail n'a jamais été publié; il a été imprimé pourtant sous format in-4°, et avec un luxe typographique que je regrette bien de n'avoir pu donner à l'ouvrage que je publie aujourd'hui. M. le comte de Tournon, dans son estimable ouvrage sur la statistique du département de Rome, en a donné un extrait.

Les travaux de la commission d'Égypte m'ont ensuite permis de donner, sans beaucoup d'efforts, un assez grand degré de perfection à l'analyse géographique des itinéraires anciens de l'Égypte. Cet ouvrage était terminé, et, après avoir été soumis à la censure (telle était la liberté de la presse dans ce temps si vanté de Napoléon), il allait être livré à l'imprimeur, lorsque les événemens qui survinrent me forcèrent à en suspendre l'impression ; mais j'avais fait tirer cent épreuves des deux cartes de géographie comparée qui devaient accompagner ce volume : l'une était la carte de l'Égypte, l'autre une carte particulière du Delta. Des épreuves de ces deux cartes furent déposées à la Bibliothéque du Roi, et offertes à l'Académie des Inscriptions; le reste fut donné à tous ceux qu'elles pouvaient intéresser.

A la même époque, je fis graver une carte de *Corsica antiqua*, pour accompagner un Mémoire sur la géographie ancienne de cette île, qui est aussi resté manuscrit.

Des Mémoires accompagnés de cartes sur les itinéraires anciens de la Perse, et sur les connaissances géographiques au sud-est de l'Asie, ont été lus à l'Académie des Inscriptions, et il en a paru des extraits dans les comptes rendus des travaux de cette Académie, à l'époque où elle n'avait pas perdu l'utile usage de publier ces comptes rendus.

L'analyse géographique des itinéraires de l'Inde n'a point été lue encore à l'Académie, mais ce Mémoire a été communiqué à sir William Ouseley et à sir John Malcolm, connus par de beaux ouvrages sur l'Orient. L'approbation qu'ils donnèrent à ce Mémoire était suffisamment attestée par le désir qu'ils me témoignèrent de le voir achevé et mis au jour :

c'est sans doute à cette circonstance que l'on doit une sorte de notice de mes travaux, encore manuscrits, sur la géographie qui parut dans un des numéros du *Classical journal*.

Le dernier Mémoire que j'ai composé sur cette géographie ancienne, qui a eu tant d'attrait pour moi, est pour déterminer les limites du monde connu des anciens. C'est sans contredit le plus important de tous par son objet, et je crois aussi par ses résultats; mais s'il voit jamais le jour, ce ne peut être qu'après tous les ouvrages du même genre que j'ai composés, et dont il forme le complément.

Mais parmi les ouvrages sur la géographie ancienne qui m'ont le plus long-temps occupé, je dois surtout placer l'*Analyse géographique des Itinéraires anciens pour les Gaules cisalpine et transalpines* : ce pénible travail venait d'être terminé, lorsque l'Académie des Inscriptions et Belles-Lettres proposa, pour le prix qu'elle devait adjuger en 1811, la question suivante :

Rechercher quels ont été les peuples qui ont habité les Gaules cisalpine et transalpine, aux différentes époques de l'histoire antérieures à l'année 410 de Jésus-Christ. Déterminer l'emplacement des villes capitales de ces peuples et l'étendue du territoire qu'ils occupaient; les changemens qui ont eu lieu dans les divisions des Gaules en provinces.

La réponse à ces questions fut *la Géographie*

ancienne, historique et comparée des Gaules cisalpine et transalpine, que je publie aujourd'hui, sans changement très notable, et telle qu'elle fut présentée à l'Académie, qui lui adjugea le prix il y a vingt-huit ans.

J'ai joint à cet ouvrage un extrait de mon *Analyse géographique des Itinéraires anciens pour les Gaules cisalpine et transalpine.* Le format de cette édition m'a forcé de supprimer la colonne des mesures en toises ou palmes, telles qu'elles résultaient des cartes topographiques ; ce qui indiquait avec une rigoureuse précision l'intervalle des villes et des stations anciennes en fractions de mille, que ne donnent jamais les itinéraires ni la Table.

J'ai été aussi obligé de supprimer, par le même motif, la colonne d'observations qui contient le détail de tous les lieux modernes où passe la route, et celui des accidens du terrain qui l'allongent ou l'abrégent.

Les différens itinéraires d'une même route se trouvent, dans mon ouvrage manuscrit, placés à côté les uns des autres, de manière à ce que les mêmes noms sont sur les mêmes lignes ; mais ils ont dû, à cause du format, être imprimés à la suite les uns des autres. J'ai seulement eu soin de ranger ces itinéraires sous un même numéro, et de les marquer d'un astérisque, pour indiquer au lecteur qu'ils sont arrangés de manière à ce que les noms des stations et les distances se correspondent et se confirment mutuellement.

Mon Analyse géographique des itinéraires anciens des Gaules cisalpine et transalpine contient un Mémoire séparé pour chaque route, accompagné d'une carte spéciale de cette route. Je ne publie ici que le tableau des distances qui termine chacun de ces Mémoires. Dans ceux-ci, je discute et je justifie les combinaisons géographiques dont les tableaux ne sont que les résumés. Je réfute toutes les combinaisons contraires qu'on a essayées, et dont j'ai eu connaissance, soit par des ouvrages imprimés, soit par des Mémoires manuscrits. Je fais connaître tous les monumens anciens ou du moyen âge qui confirment les positions déterminées par les mesures itinéraires, et je passe en revue les lieux les plus anciens du moyen âge qui peuvent éclairer la topographie antique des Gaules.

Il n'en est pas de cet ouvrage sur les itinéraires anciens comme de la Géographie historique que je publie, à laquelle j'ai trouvé, après plusieurs années écoulées, peu d'additions à faire. Les travaux nombreux des antiquaires locaux m'ont forcé d'ajouter sans cesse d'intéressans détails à ceux que j'avais recueillis pour cette Analyse géographique. Elle est trop volumineuse pour être publiée telle qu'elle a été rédigée, quoique cependant cela serait utile. Il serait peut-être préférable de la rédiger sous la forme d'une Notice alphabétique ou d'un Dictionnaire. J'avais commencé à exécuter ce projet, mais cette transformation exigerait un assez grand labeur, et j'ai déjà perdu tant d'années aux poursuites de l'érudition, qu'à l'âge où je suis arrivé, il vaut mieux peut-être songer à faire un meilleur emploi du peu de jours que la Providence peut me réserver encore.

Ainsi, en supposant que, nonobstant ses nombreuses et fortes préoccupations, le public se montrât disposé à encourager mes efforts, je suis puni du peu d'empressement que j'ai mis à rechercher ses suffrages dans cet âge où ils sont d'un si grand prix, par l'impuissance où je me trouve de pouvoir, même dans ce cas, prendre aujourd'hui aucun engagement envers lui, pour la publication des travaux qui m'auraient acquis le plus de titres à sa bienveillance.

ANALYSE GÉOGRAPHIQUE

DES

ITINÉRAIRES ANCIENS

POUR

LES GAULES

CISALPINE ET TRANSALPINE.

ANALYSE GÉOGRAPHIQUE

* 1. *Itinéraires de* Faventia (*Faenza*) *à* Mediolanum (*Milan*), *à* Bergamum (*Bergame*), *et à* Patavium (*Padoue*).

Itinéraire d'Antonin. Wesseling, p. 126.	Milles romains.	Cartes modernes de Bacler d'Albe.	Milles romains.	Itinéraire de Jérusalem. Wesseling, p. 616.	Milles romains.	Cartes modernes.	Milles romains.
Faventia civitas...	»	Faenza.........	»	Civitas Faventia..	»	Faenza.........	»
Foro Cornelii civit.	10	Imola..........	10	Civitas Foro Corneli..........	10	Imola..........	10
....	...	....	...	Civitas Claterno...	13	Maggio et Quaderna..........	13
Bononia civitas...	24	Bologne........	23½	Civitas Bononia...	10	Bologne.........	10
....	...	....	...	Mutatio ad Medias.	15	Manzolino sur la route.........	15
....	...	....	...	Mutatio Victuriolas.	10	Modène.........	10
Mutina civitas....	25	Modène.........	25	Civitas Mutena...	3	Modène près Brescula, extrémité du territoire de la ville.......	2¾
....	...	....	...	Mutatio Ponte Species..........	5	Passage de la Secchia à Rubiera..	5
Regio civitas.....	18	Reggio.........	17½	Civitas Regio.....	18	Reggio.........	10
....	...	....	...	Mutatio Canneto..	10	Un mille avant S.-Ilario, ou 1 mille avant Tenero, entre Campeggio et Tenero........	10
Parma civitas....	19	Parme..........	18	Civitas Parmæ...	8	Parme..........	8
....	...	....	...	Mutatio ad Turum.........	7	Castel Guelfo....	7¾
Fidentiola vicus (confondu avec Florentia)....	20	S.-Donino (confondu avec Fiorenzola¹)......	20	Mansio Fidentiæ..	8	S.-Donino.......	7½
....	...	....	...	Fonteclos.......	8	Fontana........	10
Placentia civitas..	24	Piacenza, au nord du Pô........	24	Placentia........	13	Plaisance........	13
....	...	....	...	Mutatio ad Rota..	11	Orio...........	11
....	...	....	...	Mutatio Tribus Tabernis........	5	Borghetto.......	5
Laude civitas....	24	Lodi vecchio....	24	Civitas Laude....	9	Lodi vecchio....	8½
....	...	....	...	Mutatio ad Nonum.	7	Melegnano......	7
Mediolanum civitas..........	16	Milan, au centre..	16	Mediolanum, à partir de Fluvio Frigido à la porte orientale......	7	Milan, aux murs actuels.......	9
....	...	....	...	Mutatio Argenta..	10	S.-Agata........	10
....	...	....	...	Mutatio Ponte Aurioli..........	10	Pontirolo.......	10

¹ On ne devrait donc compter que 15 milles au lieu de 20.

DES ITINÉRAIRES ANCIENS DES GAULES. 3

* 1. *Itinéraires de* FAVENTIA (*Faenza*) *à* BERGAMUM (*Bergame*) *et à* PATAVIUM (*Padoue*).

Itinéraire d'Antonin. Wesseling, p. 100. Lu à rebours.	Milles romains.	Cartes modernes.	Milles romains.	Table Théodosienne, segm. 3.	Milles romains.	Cartes modernes, f. 1 et 6.	Milles romains.
Faventia..........	»	Faenza..........	»	Faventia.........	»	Faenza..........	»
				Sinnium fluv......	3	Senio Fluv. S.-Procalo...........	5
Foro Corneli.....	10	Imola...........	10	Foro Corneli.....	6	Imola...........	5
				Silarum fluv......	7	Silaro, Torrente S.-Pietro......	6½
....	...	....	...	Claterna.........	7	Maggio et Quaderna...........	6½
				Isex fluvius.......	6	Idice............	4
Bononia civitas...	24	Bologne.........	23½	Bononia..........	4	Bologne au mur occidental........	6
				Foro Gallarum...	17	Donino et Castel-Franco.........	17
Mutina civitas....	25	Modène........	25	Mutina...........	8	Modène.........	8
....	...	....	...	....	...	....	...
Regio civitas.....	18	Reggio..........	17¼	Lepidoregio......	17	Reggio..........	17½
....	...	....	...	Tanneto.........	11	S.-Ilario........	11
Parma civitas....	18	Parme..........	18	Parma (II *lisez* VII).	7	Parme..........	7
....	...	....	...	....	...	....	...
Fidentiola.......	15	S.-Donino.......	15	Fidentia.........	15	S.-Donino.......	15
				Florentia, confondu avec Fonteclos...........	10	Fiorenzola, confondu avec Fontana..........	10
Placentia........	24	Piacenza, au nord du Pô........	24	Placentia........	15	Piacenza, au nord du Pô........	15
....	...	....	...	....	...	....	...
....	...	....	...	....	...	....	...
Laude civitas....	24	Lodi vecchio.....	24	Laude Pompeia...	20	Lodi vecchio.....	24
Mediolano.......	16	Milan...........	16	Mediolano.......	16	Milan...........	16
				Como (XXXV *corrigez* XXV).....	25	Côme, sur le lac Côme.........	25

ANALYSE GÉOGRAPHIQUE

Itinéraire d'Antonin. Wesseling, p. 127.	Milles romains.	Cartes modernes.	Milles romains.	Itinéraire de Jérusalem. Wesseling, p. 558.	Milles romains.	Cartes modernes.	Milles romains.
Bergomo civitas...	33	Bergame........	33	Civitas Vergamo..	13	Bergame........	13
....	...	....	...	Mutatio Tellegatæ.	12	Telgale........	12
....	...	....	...	Mutatio Tetelius..	10	Rovato........	10
Brixia civitas....	38	Brescia, par la route de Chiari....	35	Mutatio Brixia....	10	Brescia........	10
....	...	....	...	Mausio ad Flexum.	11	Bedizzole ou S.-Marco, au passage de la Chiese..	11
Sirmione Mansio..	22	Sirmione et Grotte di Catulo......	22	Mutatio Beneventium.........	10	Bettola, sur le lac Garda........	10
....	...	....	...	*Station omise*.....	10	*S.-Giorgio*.......	10
Verona civitas¹...	23	Vérone........	23	Civitas Verona...	10	Vérone.........	10
....	...	....	...	Mutatio Cadiano..	10	Calderino.......	10
....	...	....	...	Mutatio Aureos...	10	S.-Ambrosio au sud de Monte-Sello ou Tarossa....	10
Vicentia civitas...	33	Vicenza.........	33	Civitas Vincentia..	11	Vicenza.........	11
....	...	....	...	Mutatio ad Finem.	11	Vigiano.........	11
Patavis civitas (XXVII *corrigez* XXII)..	22	Padova.........	22	Civitas Patavi....	10	Padova au milieu..	10

¹ Variante d'après le Ms. 4807.

	Table Théodosienne, segm. 3.	Milles romains.	Cartes modernes.	Milles romains.
....	Bergomum [1]....	29	Bergame........	29
....	Brixia.........	35	Brescia.........	35
....	Ariolica........	32	Peschiera......	30
....	Verona.........	13	Vérone.........	13 ½
....	Vicena.........	33	Vicenza........	33
....	Patavis........	22	Padova à l'extrémité........	22

[1] La table qui trace une route entre Côme et Bergame, ne donne pas la distance, parce que Leuceris, qui se trouvait entre ces deux lieux a été transposé.

2. *Itinéraire de* Faventia (*Faenza*) *à* Parma (*Parme*) *et à* Dertona (*Tortone*).

Itinéraire d'Antonin. Wesseling, p. 287.	Milles romains.	Cartes modernes.	Milles romains.	Itinéraire de Jérusalem, Wesseling, page 616.	Milles romains.	Cartes modernes.	Milles romains.
Faventia........	...	Faenza.........	...	Civitas Faventia...	...	Faenza........	...
Foro Corneli....	10	Imola..........	10	Civit. Foro Corneli.	10	Imola.........	10
Claterna........	13	Maggio et Quaderna.......	13	Civitas Claterno..	13	Maggio et Quaderna.........	13
Bononia........	10	Bologne........	10	Civitas Bononia..	10	Bologne........	10
....	...	....	...	Civitas ad Medias.	15	Mauzolino, sur la route.	15
....	...	....	...	Mutatio Vitturiolas.	10	Modène........	10
Mutina........	25	Modène........	25	Civitas Mutina...	3	Modène, près Brescula........	2½
....	...	....	...	Mutatio Ponte Species.........	5	Passage de la Secchia à Rubiera..	5
Regio..........	18	Reggio.........	18	Civitas Regio....	8	Reggio.........	10
Tanneto........	10	Taneto.........	10	Mutatio Canneto..	10	Taneto.........	10
Parma¹.........	8	Parme.........	8	Civitas Parmœ...	8	Parme.........	8
....	...	....	...	Mutatio ad Turum.	7	Castel Guelfo....	7½
Fidentia........	15	S.-Donino......	15	Mansio Fidentiæ..	8	S.-Donino......	8
Florentia, confondu avec Fonteclos	10	Florenzola, confondu avec Fontana.	10	Mutatio ad Fonteclos..........	8	Fontana........	10
Placentia.......	15	Piacenza, au nord du Pô......	15	Civitas Placentia..	13	Plaisance.......	13
Comillomago....	25	Passage de la rivière entre Broni et Vescovera.....	25				
Iria............	16	Voghera........	16				
Dertona........	10	Tortone........	10				

---

3. *Itinéraire de* Comum (*Côme*) *à* Brixia (*Brescia*) *par* Bergamum (*Bergame*).

Table théodosienne, segm. 3.	Milles romains.	Cartes des Alpes, de Raymond, feuilles 3 et 6.	Milles romains.
Como......................	...	Côme.....................	...
Leuceris².................	20	Lecco, sur le lac de ce nom....	20
Bergomum (*répétez la distance* xx).	20	Bergame, par la route actuelle en passant l'Adda Ponte di S.-Pietro.	20
Brixia.....................	35	Brescia....................	35

¹ Variante du Ms. 7230 A.

² Voyez ci-dessus, la note de la page 5 ; c'est cette répétition qui a causé l'erreur du copiste de la table.

4. Route d'ARIMINUM (Rimini) à FAVENTIA (Faenza).

Itinéraire d'Antonin. Wesseling, page 287.	Milles romains.	Cartes modernes de Bacler d'Albe.	Milles romains.
Arimino.................	...	Rimini.................	...
Curva Cæsena.............	20	Césène................	20
Foro Livi.................	13	Forli..................	12
Faventia.................	10	Faenza................	10

5. Itinéraire de la route de PATAVIUM (Padoue) à AQUILEIA (Aquilée).

Itinéraire de Jérusalem. Wesseling, page 559.	Milles romains.	Carte moderne.	Milles romains.	Itinéraire d'Antonin. Wesseling, p. 281.	Milles romains.	Cartes modernes.	Milles romains.
Civitas Patavi....	...	Padoue...........	...	Patavis..........	...	Padoue...........	...
Mutatio ad Duodecimum........	12	Près Mirano.....	12				
Mutatio ad Nonum.	11	Santa-Croce.....	11				
Civitas Altino....	9	Altino dirutto....	9	Altinum.........	32	Altino dirutto....	32
Mutatio Sanos....	10	Fossata..........	10				
Civitas Concordia.	9	Concordia.......	9	Concordia.......	31	Concordia.......	30
Mutatio Apicilia..	8	Lattisana........	9				
Mutatio ad undecimum..........	10	Zillina...........	10				
Civitas Aquileia...	11	Aquilée..........	11	Aquileia.........	31	Aquilée..........	30

6. Route d'ARIMINUM (Rimini) à AQUILEIA (Aquilée).

Table de Peutinger, segm. 4.	Milles romains.	Carte de la Lombardie, par Zannoni, 4 feuilles.	Milles romains.
Ariminio....................	...	Rimini.................	...
Rubico F...................	12	Fiumesino..............	12
Ad Novas..................	3	Cesenatico.............	3
Sabis (sive Sapis)...........	11	Osteria del Savio.......	11
Ravenna...................	11	Ravenne...............	11
Butrio (VI corrigez XI)......	11	S.-Alberto.............	11
Augusta (VI corrigez XI)....	11	Salle di Agosta.........	11
Sacis ad Padum............	12	Lago Santo............	12
Neroma (sive Neronia)......	4	Guiliola................	4
Corniculani................	6	Sur le canal Ipolito.....	6
Radriani...................	6	Ariano Vecchio.........	6
Maria......................	7	Près Contarina.........	7
Fossis.....................	6	Ternova................	6
Evrone (alias Edrone Portus)....	18	Codevigo..............	18
Mino Meduaca (Meduaco Minor).	6	Licornio...............	6
Majo Meduaco (Meduaco Major).	6	Seriola, sur l'embouchure de la Brenta..............	6
Ad Portum (sive Portum Venetum).	3	Portesine..............	3
Attino.....................	16	Attino dirutto..........	16
Concordia.................	30	Concordia.............	30
Aquileia...................	30	Aquilée, ruines........	30

* 7. *Itinéraire de la route d'*AQUILEIA *(Aquilée) à* POLA *(Pola) et à* TARSATICUM *(Thersat).*

Table Théodosienne, segm. 4.	Milles romains.	Carta dell' Istria, riveduta e aumentata dal reggio ingegnere Ant. Cappellari, 1803.	Milles romains.
Aquileia...................	...	Aquilée....................	...
Fonte Timavi...............	14	Timao, près de Castel.........	12
....	...	....	...
Parentio....................	48	Parenzo, en suivant la côte et passant par Pirano............	48
Pola.......................	30	Pola, en ligne droite et par Rujał.	30
Portus Planaticus.............	6	Porto Malagata...............	7½
Arsia Flumen................	8	Embouchure de la rivière Arsia à Castel Vecchio.............	7½
Alvona.....................	12	Albona, en ligne directe........	12
Tarsatico...................	25	Thersat, près de Fiume.........	25

* 7. *Itinéraire de la route d'*AQUILEIA *(Aquilée) à* TERGESTE *(Trieste) et à* POLA *(Pola).*

Itinéraire d'Antonin. Wesseling, page 270.	Milles romains.	Carta dell' Istria, riveduta et aumentata dal reggio ingegnere Ant. Cappellari, 1803.	Milles romains.
Aquileia, ruines..............	...	Aquileia...................	...
Fonte Timavi................	12	Porto Timao................	12
Tergeste....................	12	Trieste.....................	14
Ningum....................	28	Porto di Omago, par la route moderne en passant à Capo d'Istria, puis droit à Villa Vecchia......	28
Parentium..................	18	Parenzo, en passant la mer au canal di Lemo................	18
Polam......................	31	Pola.......................	31

8. *Itinéraire de la route d'*AQUILEIA *(Aquilée) à* THARSATICUS *(Thersat).*

Itinéraire d'Antonin. Wesseling, page 272.	Milles romains.	Cartes modernes de Bacler d'Albe.	Milles romains.
Aquileia....................	...	Aquileia....................	...
Fonte Timavi................	12	Porto Timavo................	12
Avesica.....................	12	Basavisa....................	12
Ad Malum (XIX *corrigez* IX)...	9	Kufin......................	9
Ad Titulos..................	17	Starada....................	17
Tarsatico...................	17	Thersat, près de Fiume........	17

9. Itinéraire de la route de VERONA (*Vérone*) à BONONIA (*Bologne*).

Itinéraire d'Antonin. Wesseling, p. 282.	Milles romains.	Carte du Stato di Venezia, 1806, par le baron de Zach; et carte de Bacler d'Albe.	Milles romains.	Table Théodosienne, segm. 3.	Milles romains.
Verona.............	...	Vérone.............	...	A Verona Hostilia milia passus........	33
Hostilia...........	30	Ostiglia...........	30		
Colicaria (xxv *corrigez* xv)........	15	Crevalcuore.......	15 ½		
Mutina............	25	Modène...........	25		
Bononia...........	25	Bologne...........	25		

10. Itinéraire de la route de VERONA (*Vérone*) à BONONIA (*Bologne*), selon une seconde combinaison.

Itinéraire d'Antonin. Wesseling, page 282.	Milles romains.	Carte du Stato di Venezia, 1806, par le baron de Zach; et carte de Bacler d'Albe.	Milles romains.
Verona........................	...	Verona........................	...
Hostilia.......................	30	Ostiglia.......................	30
Colicaria......................	25	Crevalcuore...................	25
Bononia (xxv *corrigez* xviii).....	18	Bologna.......................	18 ½
Mutina (en transposant le nom)...	25	Modène.......................	25

11. Itinéraire de la route de CREMONA (*Crémone*) à BONONIA (*Bologne*).

Itinéraire d'Antonin. Wesseling, page 282.	Milles romains.	Carte du Stato di Venezia, 1806, par le baron de Zach; et carte de Bacler d'Albe.	Milles romains.
Cremona........................	...	Crémone.......................	...
Brixello........................	30	Bresello.......................	30
Regio (xl *lisez* xx).............	20	Reggio........................	20
Mutina[1].......................	17	Modène........................	17
Bononia........................	25	Bologna.......................	25

[1] Variante d'après le Ms. 7230 A.

12. *Itinéraire de la route de* Patavium (*Padoue*) *à* Bononia (*Bologne*), *selon deux itinéraires mélangés, rétablis dans leur exactitude primitive.*

Les itinéraires d'Italie qui se trouvent à la page 281, 282, 283 et 284 de l'itinéraire d'Antonin ont été tellement brouillés et ont essuyé de tels déplacemens que l'ordre des noms et les distances y paraissent comme placés au hasard. Pour démêler toutes ces erreurs et leurs causes, nous avons d'abord commencé par tâcher de trouver la véritable position de chaque lieu d'après les monumens du moyen âge et l'histoire, et nous avons ensuite cherché les combinaisons des distances qui s'accordent avec les chiffres qui accompagnent les noms dans l'itinéraire.

13. *Extrait de la route d'*Aquileia (*Aquilée*) *à* Bononia (*Bologne*), *avec les noms modernes correspondans.*

Itinéraire d'Antonin. Wesseling, page 281.	Milles romains.	Noms modernes correspondans.
Patavis..................	...	Padoue.
Ateste...................	25	Este.
Anneiano................	20	Montagnano.
Vico Variano............	18	Vigarano, à 5 milles à l'ouest de Ferrare.
Vico Seruino............	20	Sermido, sur les bords du Pô vis-à-vis Massa.
Mutina..................	23	Modène.
Bononia.................	18	Bologne.

Si actuellement nous examinons attentivement la position de ces différens lieux, il paraîtra évident que la route de l'itinéraire partant de Padoue pour arriver à Bologne n'a pas dû passer par Modène ; et, comme il y a excès dans les mesures données par l'itinéraire, il est probable que l'on a mélangé ici ensemble deux itinéraires, l'un de Padoue à Modène, l'autre de Padoue à Bologne. Cette probabilité se change en certitude lorsque l'on observe qu'Este ou *Ateste* et Vigarano ou *Vico Variano* se trouvent sur la direction de la route de Padoue à Bologne et non sur celle de Padoue à Modène, ainsi que le voudrait l'ordre de ces noms dans l'itinéraire. Voici donc de quelle manière on doit établir ces deux itinéraires :

*14. Route de Patavis (*Padoue*) à Bononia (*Bologne*).

Itinéraire d'Antonin. Wesseling, p. 281.	Milles romains.	Itinéraire d'Antonin. Wesseling, p. 282.	Milles romains.	Cartes modernes.	Milles romains.
Patavis............	...	Patavis..............	...	Padoue...........	...
Ateste............	25	Ateste (en permutant avec la distance suivante)...	20	Este............	20
Anejano.........	20	....	...	....	...
Vico Variano....	18	Vico Variano (xviii *lisez* xxviii).........	28	Vigariano.......	28 ½
Vico Sernino.....	20	....	...	....	...
Mutina..........	23	....	...	....	...
Bononia.........	18	Bononia (*corrigez* xxviii)..	28	Bologne.........	28

*14. Route de Patavis (*Padoue*) à Mutina (*Modène*).

Itinéraire d'Antonin. Wesseling, page 282.	Milles romains.	Cartes modernes.	Milles romains.
Patavis...................	...	Padoue..................	...
....	...	....	...
Annejano (en permutant avec Este ou en transportant de la p. 184).	25	Montagnano..............	25
....	...	....	...
Vico Sernino..............	20	Sermido.................	20
Mutina (xxiii *lisez* xxxiii).....	33	Modène.................	33
....	...	....	...

Ce qui, je crois, aura le plus contribué au mélange des deux itinéraires et aux fautes qui s'y trouvent, ce sont les routes de traverse qui me paraissent avoir existé et qui existent encore aujourjourd'hui entre *Vico Variano* ou Vigariano et *Annejano* ou Montegnano; entre *Vico Variano* ou Vigariano et *Sernino* ou Sermido. En effet, remarquez que la distance de *Vico Variano* avec *Ateste* ou Este était, à un mille près, la même qu'avec *Annejano*. Il paraissait donc indifférent de la placer après l'un ou après l'autre de ces deux lieux. De même, la distance de *Vico Sernino* était la même avec Annejano comme avec *Vico Variano;* il semblait donc indifférent de le placer avec l'un ou l'autre de ces lieux : de là sera provenu toute la confusion.

Ceci nous démontre qu'il existait anciennement comme aujourd'hui, les routes de traverse suivantes, dont nous allons présenter le tableau :

Itinéraire d'Antonin. Wesseling, p. 281.	Milles romains.	Cartes modernes.	Milles romains.	Observations.
Annejano........	...	Montagnano......	...	
Vico Variano (XVIII *lisez* XXVIII)...	28	Vigo Variano....	28	La route passait par Trecenta et Castel Baldo.
Vico Sernino.....	20	Sermido........	20	La route passait par Lette, suivait le Panaro jusqu'à sa jonction avec le Pô, et ensuite la rive méridionale du Pô.

On doit observer, au sujet des deux dernières distances, que le manuscrit royal, un des plus anciens, porte *Mutina* XIII et *Bononia* XVIII : or, ces deux chiffres répondent précisément à deux combinaisons de la route suivante, et ont probablement ici leur origine dans une transposition faite par les copistes.

15. *Itinéraire de la route de* FAVENTIA (*Faenza*) *à* LUCA (*Lucques*).

[Itinéraire d'Antonin. Wesseling, pages 283 et 284.	Milles romains.	Carte de la Lombardie, par Zannoni.	Milles romains.
Faventia.................	...	Faenza.................	...
In Castello (XXV *corrigez* XV)....	15	Corte, au midi de Fognano.....	15
Anneiano................	25	Agnano, près de Dicomano.....	25
Florentia................	20	Firenze, par la route moderne de Pontasieve................	20
Pistoris.................	25	Pistoia.................	25
Luca...................	25	Lucca..................	25

16. *Route de* PARMA (*Parme*) *à* LUCCA (*Lucques*) *donnée en une seule distance*.

Itinéraire d'Antonin. Wesseling, page 284.	Milles romains.	Cartes modernes.	Milles romains.
Inter a Parma..............	...	De Parme................	...
Lucam...................	100	A Lucca, par la route actuelle des montagnes..............	95

17. *Itinéraire de la route de* Mediolanum (*Milan*) *à* Hostilia (*Ostiglia*).

Table Théodosienne, segm. 3.	Milles romains.	Carte de Bacler d'Albe, et carte de Venise, par le baron de Zach.	Milles romains.
Mediolanum..................	...	Milan......................	...
Laude Pompeia.............	16	Laude Vecchio.............	16
Accerras...................	22	Gera Pizzighitone..........	22
Cremona...................	13	Crémone...................	13
De Loriaco.................	22	Casal Romano..............	22
Mantua....................	...	Mantoue...................	...
Hostilia...................	40	Ostiglia, en passant par Mantoue.	40

---

18. *Itinéraires de plusieurs routes de* Lucca (*Lucques*) *à* Pisa (*Pise*) *et à* Florentia (*Florence*).

PREMIER TRACÉ.

Wesseling, p. 289, selon le Ms. royal, ou par la route.	Milles romains.	Cartes modernes de Bacler d'Albe.	Milles romains.
Iter a Luca Pisas.............	10	De Luca (pris au Serchio) à Pise.	10
....	...	....	...
La même route, selon l'édition de Wess., p. 289, ou par eau par le Serchio.			
A Luca Pisas..................	12	De Luca à Pise par le Serchio, route qui allait à Settimo......	12
A Luca Pisas ou Pisanus Vicus...	12	De Lucca à Vico Pisano.........	12
Ibid. Wesseling, page 289.			
Iter a Luca Lunam............	33	De Lucca à Luni, en ligne droite..	33
Ibid. Wesseling, page 285.			
Luca.......................	...	Luca.......................	...
....	...	....	...
Pistoris....................	25	Pistoja, par la route..........	25
....	...	....	...
....	...	....	...
Florentia...................	25	Florence, par la route de Prato..	24½

14 ANALYSE GÉOGRAPHIQUE

DEUXIÈME TRACÉ.

Table Théodosienne, segm. 3.	Milles romains.	Cartes modernes.	Milles romains.
Luca.......................	...	Lucca, du centre de la ville......	...
Pisis.......................	9	Pise, au centre de la ville.......	9
....	...	....	...
....	...	....	...
Ibid.			
Luca Foro Claudii...........	...	De Lucca à Pietra Santa........	17
Lune.......................	16	De Pietra Santa à Lune.........	16
Ibid.			
Luca.......................	...	Lucca.......................	...
Ad Martis..................	12	Massa.......................	16
Pistoris....................	8	Pistoja......................	8
Hellana....................	6	Agliana et P. d'Agliano........	6
Ad Solaria..................	9	A l'ouest de Settimiglio, sur la route de Sommaya au nord de ce point.	9
Florentia Tuscorum..........	9	Firenze ou Florence...........	9

---

* 19. *Itinéraire de la route de* Pisa *(Pise) à* Tegolata *(Trigoze), en passant par* Lunæ *(Lune).*

Wesseling, page 293. Selon la leçon du Ms. de Cusanus.	Milles romains.	Cartes modernes.	Milles romains.
Pisæ.......................	...	Pise........................	...
Papiriana...................	11	Laguno de Macciucioli........	11
....	...	....	...
Lune.......................	27	Luni dirutta..................	24
Boaceas....................	12	Spezia......................	12
Bodetia....................	21	Bonaciola...................	21
Tegolata...................	12	Trigozo.....................	9
Lunæ [*]...................	...	Luni dirutta..................	...
Bodetia....................	27	Levano et Bonaciala, en passant par Porto Venere...........	27

[*] Leçon de Wesseling, entre Lunæ et Bodetia.

*19. *Itinéraire de la route de* Pisis *(Pise) à* Monilia *(Moneglia)* [1].

Table théodosienne. segm. 3.	Milles romains.	Cartes modernes.	Milles romains.
Pisis...............................	...	Pise...............................	...
Fossis Papirianis................	11	A 1 mille au-delà de Lago di Mucciucoli..........................	11
Ad Taberna Frigida (XII *corrigez* XV)............................	15	San Frigido......................	15½
Lune...............................	10	Luni dirutta, en ligne droite.....	10⅓
Boron.............................	...	Beverino..........................	...
Alpe Pennino....................	2	Pignone...........................	2
Ad Monilia.......................	13	Moneglia.........................	13

20. *Itinéraire d'une route de* Florentia *(Florence) à* Pisa *(Pise)*.

Table Théodosienne, segment 3.	Milles romains.	Carte de Zannoni, et carte de la Lombardie en 4 feuilles.	Milles romains.
Pisis...............................	...	Pise...............................	...
Valuata............................	8	Cascina et Cavoli................	8
In Portu (XVII *corrigez* XXII).....	22	Empoli Vecchio, à mille toises d'Empoli actuel..................	22
Arnum............................	4	Arno Vecchio [2]................	4
Florentia Tuscorum.............	18	Florence..........................	18

21. *Itinéraire de la route de* Mediolanum *(Milan) à* Placentia *(Plaisance)*.

PREMIER TRACÉ.

Table Théodosienne, segment 3.	Milles romains.	Cartes modernes des astronomes de Brera, de Bacler d'Albe, de Zannoni.	Milles romains.
Mediolano........................	...	Milan..............................	...
Laude Pompeia..................	16	Lodi Vecchio, à partir des murs de Milan........................	16
Placentia.........................	20	Plaisance.........................	24

DEUXIÈME TRACÉ.

Itinéraire d'Antonin. Wesseling, page 98.	Milles romains.	Carte moderne de Bacler d'Albe, feuille 12.	Milles romains.
Mediolano........................	...	Milan..............................	...
Laude civitas....................	16	Lodi Vecchio.....................	16
Placentia civitas................	24	Plaisance.........................	24

[1] La position de *Turrita* est placée à tort avant Pise dans la table, à cause des lieux qui se pressent. C'est le même que *Triturrita* dans le poëme de Rutilius.

[2] Arno Vecchio ne se trouve pas sur la carte de Bordiga, qui me parait inférieure à celle de Zannoni pour cette partie.

22. *Itinéraire de la route de* Placentia (*Plaisance*) *à* Bergamum (*Bergame*).

PREMIER TRACÉ.

Itinéraire d'Antonin. Wesseling, page 127.	Milles romains.	Carte moderne de Bacler d'Albe, feuille 12.	Milles romains.
Placentia civitas................	...	Plaisance......................	...
....	...	....	...
Laude civitas................	24	Lodi Vecchio................	24
....	...	....	...
Melodianum................	16	Milan........................	16
Ibid., page 127.			
Mediolanum civitas...........	...	Milan........................	...
....	...	....	...
Bergomo civitas...............	33	Bergame......................	33

DEUXIÈME TRACÉ.

Itinéraire de Bordeaux à Jérusalem. Wesseling, page 617.	Milles romains	Carte de Bacler d'Albe, et carte des astronomes de Brera.	Milles romains.
Civitas Placentia...............	...	Plaisance......................	...
Mutatio ad Rota...............	11	Orio........................	11
Mutatio Tribus Tabernis.......	5	Borghetto.....................	5
Civitas Laude.................	9	Lodi Vecchio................	9
Mutatio ad Nonum...........	7	Melgnano.....................	7
Civitas Mediolauum...........	7	Milan, aux murs actuels de la ville.	9
Ibid., page 557.			
Mediolano ou Mansio Fluvio-Frigido a Mutatio Argenția......	10	De Milan à S. Agata...........	10
Mutatio Ponte Aureoli.........	10	Pontirolo......................	10
Civitas Vergamo...............	13	Bergame......................	13

23. *Itinéraire de la route de* PLACENTIA (*Plaisance*) *à* DERTONA (*Tortone*).

PREMIER TRACÉ.

Itinéraire d'Antonin. Wesseling, page 288.	Milles romains.	Cartes modernes.	Milles romains.
Placentia.............................	...	Plaisance.............................	...
Comillomago..	25	Passage de la rivière entre Broni et Vescovara...............	25
Iria................................	16	Voghera.............................	16
Dertona...........................	10	Tortone.............................	10

DEUXIÈME TRACÉ.

Table Théodosienne, segment 3.	Milles romains.	Cartes modernes.	Milles romains.
Placentia.............................	...	Plaisance.............................	...
Comelimagus et Cameliomagus...	...	Passage de la rivière entre Broni et Vescovara...............	...
Ab Iria et Iria................	16	Voghera.............................	16
Ad Ertona et Dertona........	...	Tortone.............................	...

24. *Itinéraire de la route de* AUGUSTA TAURINORUM (*Turin*) *à* DERTONA (*Tortone*).

PREMIER TRACÉ.

Table Théodosienne, segment 3.	Milles romains.	Carte moderne de Bacler d'Albe.	Milles romains.
Augusta Taurinorum............	...	Turin.............................	...
Polentia...........................	...	Pollenza...........................	...
Alba Pompeia....................	35	Alba.............................	35
Aquis Tatelis (x *corrigez* xxx)....	30	Acqui.............................	30
....	...	....	...
Dertona...........................	27	Tortone...........................	27

DEUXIÈME TRACÉ.

Table Théodosienne, segment 3.	Milles romains.	Cartes modernes.	Milles romains.
Augusta Taurinorum............	...	Turin.............................	...
Polentia...........................	...	Pollenza...........................	...
Alba Pompeia....................	35	Alba.............................	35
Hasia (*lisez* Hasta)..........	16	Asti.............................	16
Foro Sulvi (F. Fulvii)..........	25	Valenza (ou peut-être Villa-Foro près d'Alexandrie)..........	25
Dertona...........................	15	Tortone...........................	15

25. *Itinéraires de la route des côtes de la Ligurie, et du passage de la Gaule Cisalpine dans la Gaule Transalpine par les Alpes maritimes.*

Dans la Table Théodosienne, segment 3 D et segment 2 E, on trouve une route qui suit le rivage de la mer; la portion entre Gènes, *Genua*, jusqu'à *Sabate*, qui est Vado, ne se trouve pas dans l'itinéraire; nous prouverons bientôt que cette portion renferme deux itinéraires mis au bout l'un de l'autre, et que ce qu'on lit ainsi :

Genua............	...	Genua............	...
Ad Figlinas........	27	....	...
Hasta..............	13	....	...
Ad Navalia.........	7	....	...
Alba Docilia........	13	Alba Docilia......	13
Vico Virginis.......	10	Vico Virginis.....	10
Vadis Sobbates.....	9	Vadis Sobbates....	9

doit se décomposer en deux itinéraires et se lire ainsi :

Genua ad Figlinas....	...	Genua ad Figlinas....	...
Hasta...............	13	Vadis Sobbates.......	27
Ad Navalia..........	27	Ad Navalia...........	13
Ad Figlinas.........	7	Ad Figlinas..........	7

ou en retranchant Hasta :

Genua...............	...	Gènes................	...
Vadis Sobbates......	27	Savone...............	...
Ad Navalia..........	13	Noli..................	...
Ad Figlinas.........	7	Finale...............	...

Il y a de même mélange dans l'itinéraire page 295, et le passage suivant peut se lire de trois manières :

1°.

Itinér. Wesseling, page 295.		En retranchant Alpe Summa.	
Costa Balenæ.........	16	Costa Balenæ.........	16
Albintimillo..........	16	Albintimillo..........	10
Lumone..............	10	Lumone..............	6
Alpe Summa.........	6	....	...
Cemuelo.............	9	Cemuelo.............	14
Varum flumine.......	6	Varum flumine.......	6

2°.   3°.

En retranchant Albintimillo.			
Costa Balenæ........	16	Costa Balenæ........	16
....	...	Albintimillo..........	10
Lumone[1]...........	16	Lumone..............	6
Alpe Summa.........	6	Alpe Summa.........	6
Cemuelo.............	9	Cemuelo.............	9
Varum flumine.......	6	Varum flumine.......	6

[1] En retranchant le x de Lumone et répartissant la distance xvi d'Albintimillo entre ce lieu et Lumone.

DES ITINÉRAIRES ANCIENS DES GAULES. 19

Nous allons présenter les tableaux de ces diverses combinaisons :

PREMIER TRACÉ.

Itinéraire d'Antonin, page 294.	Lieues gauloises.	Milles romains.	Cartes de Bacler d'Albe, de Bourcet, de Cassini.	Milles romains.
Tegolata................	...	...	Trigoso..................	...
Delphinis...............	14	21	Porto del Fino...........	18
Genua..................	8	12	Gênes....................	15
Libanum (xxxvi *lisez* xvi)...	...	16	Lavezara.................	16
Dertona................	19	28	Tortone..................	28
Aquis..................	19	28	Acqui....................	28
Crixia..................	13	20	Cria, au nord de Santa Giulia....	20
Canalico................	7	10	S. Donato ou Canina...........	10
Vadis Sabbatis..........	8	12	Vado.....................	12
Lollupice sive Pullopice.....	8	12	La Pietra.................	12
Albingauno..............	6	8	Albinga..................	8
Luco Bormani...........	10	15	Burgo d'Oneglia...........	15
Costa Balenæ...........	11	16	La Costa à S. Remo........	16
Albentimillo.............	7	10	Ventimille................	10
Lumone................	4	6	Menton...................	6
Cemenelo...............	9	14	Simiers, en passant par Monaco..	14
Varum flumine..........	4	6	Le Var, fleuve, passage à S.-Laurent.	6

DEUXIÈME TRACÉ.

Table Théodosienne, segm. 3 D, segm. 2 E F.	Lieues gauloises.	Milles romains.	Cartes de Bacler d'Albe, de Chaffrion, de Bourcet, de Cassini.	Milles romains.
Monilia.................	...	...	Monelia..................	...
Ad Solaria..............	4	6	Zara.....................	6
Ricina..................	10	15	Sori......................	15
Genua..................	5	7	Gênes....................	7
Libarnum...............	7	16	Lavezara.................	16
Dertona................	19	28	Tortone..................	28
Aquis Catelis...........	18	27	Acqui, en partant des bords de la rivière...................	27
Crixia..................	15	22	Corsegno, par la vallée occidentale.	22
Canalico................	13	20	S. Donato ou Canina..........	20
Vadis Sobbates..........	8	12	Vado.....................	12
Sobates................	...	...	Savone, deux milles au nord de Notre-Dame de Savone.......	...
Albincauno.............	19	29	Albinga..................	29
Luco Boramni...........	10	15	Borgo d'Oneglia...........	15
Costa Bellene...........	11	16	La Costa à S. Remo........	16
Albintimillium...........	7	10	Ventimille................	10
In Alpa maritima........	6	9	Passage des Alpes à Notre-Dame de bon Voyage............	9
Gemenello..............	6	9	Simiers, en allant droit par la route sans passer par Monaco......	9
Varum.................	4	6	Le Var...................	6

26. *Rétablissement de la route de l'itinéraire depuis* ALBINGANUM (*Albenga*) *jusqu'à* VARUM FLUMEN (*le Var*).

PREMIER TRACÉ.

Itinéraire, page 295, avec les variantes.	Milles romains.	Milles romains.	Milles romains.	Première manière de lire.	Milles romains.	Lieux modernes correspondans.	Milles romains.
Albingauno....	...	...	...	Albingauno......	...	Albenga........	...
Luco Bormani..	15	15	15	Luco Bormani....	15	Borgo d'Oneglia..	15
Costa Balenæ...	16	16	16	Costa Balenæ.....	16	La Costa à S. Remo.	16
Albintimillo...	...	16	16	....	...	....	...
Lumone.......	16	...	10	Albintimillo.....	10	Vintimille.......	10
Alpe Summa...	6	...	6	Lumone........	6	Menton.........	6
Cemnelo......	9	14	9	Cemnelo (par la variante indiquée par Wesseling)..	14	Simiers, près Nice.	14
Varum flumen..	6	6	6	Varum flumen....	6	Le Var, fleuve....	7

DEUXIÈME TRACÉ.

Deuxième manière de lire.	Milles romains.	Lieux modernes correspondans.	Milles romains.
Albinga...................	...	Albenga.................	...
Luco Bormani.............	15	Borgo d'Oneglia.........	15
Costa Balenæ.............	16	La Costa à S. Remo......	16
Lumone...................	16	Menton..................	16
Alpe Summa..............	6	Turbie, où était le *Troph. Augusti*.	6
Cemnelo..................	9	Simiers, près Nice.......	9
Varum flumen............	6	Le Var, embouchure......	6

TROISIÈME TRACÉ.

Troisième manière de lire.	Milles romains.	Lieux modernes correspondans.	Milles romains.
Albingauno...............	...	Albenga.................	...
Luco Bormani............	15	Borgo d'Oneglia.........	15
Costa Balenæ.............	16	La Costa à S. Remo......	16
Albintimillo..............	10	Vintimille...............	10
Lumone...................	6	Menton..................	6
Alpe Summa..............	6	Turbie, où était le *Throph. Augusti*..	6
Cemnelo..................	9	Simiers..................	9
Le Var (embouchure)......	6	Le Var (embouchure).....	6

QUATRIÈME TRACÉ.

Même route d'après la Table Théodosienne, segm. 2 et 3.	Milles romains.	Lieux modernes correspondans.	Milles romains.
Albincauno...............	...	Albenga.................	...
Luco Boramni............	15	Borgo d'Oneglia.........	15
Costa Bellene.............	16	La Costa................	16
Albintimillium............	10	Vintimille...............	10
In Alpe maritima..........	9	Notre-Dame de bon Voyage.....	9
Cemenello................	9	Simiers, près Nice.......	9
Varum....................	6	Le Var, fleuve...........	6

DES ITINÉRAIRES ANCIENS DES GAULES.

27. *Rétablissement de la route entre* GENUA (*Gênes*) *et* FIGLINIS (*Finale*), *qui se trouve dans la Table Théodosienne, segment* 3—D, *et segment* 2—F.

PREMIER TRACÉ.

Table Théodosienne.	Milles romains.	Première manière de lire.	Milles romains.	Lieux modernes correspondans.	Milles romains.
Genua............	...	Genua ad Figlinas.	...	De Gênes à Finale......	...
Ad Figlinas......	27	Vadis Sobbates...	27	Notre-Dame de Savone..	27
Hasta...........	13	Ad Navalia......	13	Noli.................	13
Ad Navalia......	7	Ad Figlinas......	7	Finale et Figline......	7
Alba Docilia.....	13	....	...	....	...
Vico Virgines....	10	....	...	....	...
Vadis Sobbates...	9	....	...	....	...

DEUXIÈME TRACÉ.

Deuxième manière de lire.	Milles romains.	Lieux modernes correspondans.	Milles romains.
Genua à Vadis Sobbates........	...	De Gênes à Vado....	...
....	...	....	...
Alba Docilia.................	13	Teralba......................	13
Vico Virginis................	10	Viaragio.....................	10
Vadis Sobbates...............	9	Vado.........................	9

TROISIÈME TRACÉ.

Troisième manière de lire.	Milles romains.	Lieux modernes correspondans.	Milles romains.
Genua ad Figlinas.............	...	De Gênes à Finale............	...
Hasta........................	13	Arenzano.....................	13
Ad Navalia...................	27	Noli.........................	27
Ad Figlinas..................	7	Finale et Figline............	7

QUATRIÈME TRACÉ.

Itinéraire maritime, p. 502.	Milles romains.	Lieux modernes correspondans.	Milles romains.
Genua........................	...	....	...
Portu Delphini...............	16	Porto del Fino...............	16
Vadis Portus.................	30	Vado.........................	30
Albingauno...................	18	Albenga......................	23
Mauricii Portus..............	25	Port Maurice.................	20

Une variante du Ms. 7230 A donne xxx à la suite de *Crixia;* il est évident que dans ce manuscrit *Crixia* a été confondu avec *Canalico*, tandis que, dans la table, Canalico a été confondu avec *Vadis Sobbates*. Cet itinéraire doit donc être corrigé ainsi :

PREMIER TRACÉ.

Itinéraire d'Antonin, selon le Ms. 7230 A.	Milles romains.	Cartes modernes.	Milles romains.
Aquis........................	...	Aqui........................	...
Crixia (xxx), confondu.......		Cria, confondu...............	
avec Canalico (xx)...........	30	avec Canina..................	20
Vadis Sobbates...............	12	Vado.........................	12

DEUXIÈME TRACÉ.

Table Théodosienne, segment 2.	Milles romains.	Cartes modernes.	Milles romains.
Aquis Tatelis................	...	Aqui........................	...
Crixia.......................	22	Cria, 2 milles au sud à Santa Giulia.	22
Canalico (xx), confondu......		Canina, confondu.............	
avec Vadis Sobbates (xii)....	20	avec Vado....................	20

TROISIÈME TRACÉ.

Itinéraire suivant l'édition de Wesseling, et carte moderne.	Milles romains.
Aquis, *Aqui*...	...
Crixia, *Cria*..	20
Canalico, *Canina*..	10
Vadis Sobbates, *Vado*......................................	12

DES ITINÉRAIRES ANCIENS DES GAULES. 23

28. *Itinéraires des routes de la Gaule Cisalpine dans la Gaule Transalpine.* — *Depuis* MEDIOLANUM (*Milan*) *jusqu'à* BRIGANTIO (*Briançon*). — *Passage des Alpes Cottiennes par le mont Genèvre.*

PREMIER TRACÉ.

Wesselingue, page 339.	Milles romains.	Carte de Bacler d'Albe.	Milles romains.
Mediolano, à partir de Mansio Frigido ou de la porte orientale.	...	Milan, à partir de Mansio Frigido ou de la porte orientale.	2
Ticinum.	22	Pavie, sur le Tessin.	22
Laumellum [1].	21	Laumello.	21
Cottiæ.	12	Cozzo, en suivant jusqu'à Castel d'Ogogna.	12
Carbantia.	12	Casale, vis-à-vis, au nord du Pô.	12
Rigomago.	12	Trino Vecchio, vis-à-vis, au midi de Trino.	12
Quadratis.	13	Londaglio, S.-Michel Quadradula, passage de la Doria à l'occident.	13
Taurinis.	23	Turin, au midi.	23
Fines.	18	Avigliana et Butigliera.	18
Segusione (XXXIII).	22	Suse.	22
Ad Martis.	16	Houlx.	16
Brigantione.	18	Briançon.	18

Extrait de l'itinéraire de Bordeaux à Jérusalem, p. 555, édit. de Wesseling.		Cartes modernes.	
Mansio Byrigantium.	...	*Briançon.*	...
Inde ascendis Matronam.	...	*On monte le Mont Genèvre.*	...
Mutatio Gesdaone.	10	*Césane, par la route qui passe par la Coche.*	10
Mansio ad Marte.	9	*Houlx, 800 toises au-delà du confluent des deux ruisseaux.*	8
Civitas Secusione.	16	*Suse.*	16

DEUXIÈME TRACÉ.

Table Théodosienne, segment 2 et 3.	Milles romains.	Cartes de Bacler d'Albe et de Bourcet.	Milles romains.
Placentia.	...	Piacenza.	...
Ad Padum.	20	Città Padulina.	20
Quadratis.	7	Villanterio.	7
Lambrum.	4	Castel Lambro.	4
Ticeno.	16	Pavie, sur le Tessin.	16
Laumellum.	21	Laumello.	21
Cutias.	12	Cozzo.	12
Augusta Taurinorum.	...	Turin.	...
Finibus.	18	Avigliana.	18
Segusione.	22	Suse.	22
Ad Martis.	17	Houlx, du confluent, qui est à 500 toises au-delà.	16
Gascidone.	8	Césane.	8
In Alpe Cottia.	5	Vallon de l'Alpet, au Mont-Genèvre par la Coche.	5
Brigantione.	6	Briançon.	5½

[1] Conférez Durandie, Marca d'Yvrea, page 32.

ANALYSE GÉOGRAPHIQUE

Suite du deuxième tracé.

Table Théodosienne, segment 2 et 3.	Milles romains.	Cartes modernes.	Milles romains.
Brigantione................	..	Briançon...................	..
In Alpe Cottia.............	6	Vallon de l'Alpet, Mont Genèvre.	5¼
Gascidone.................	5	Césane, par la Coche.........	5
Ad Martis.................	8	Houlx, 800 toises au-delà.....	8
Segusione.................	17	Suse.......................	16

29. Route de Mansio Ebrodunum (*Embrun*) à Mediolanum (*Milan*).

PREMIER TRACÉ.

Itinéraire de Bordeaux à Jérusalem, page 555.	Milles romains.	Cartes modernes de Cassini, de Bacler d'Albe et Bourcet.	Milles romains.
Mansio Hebriduno............	..	Embrun.....................	..
Inde incipiunt Alpes Cottiæ.			
Mutatio Rame................	..	Rama.......................	..
Mansio Byrigantium..........	17	Briançon....................	..
Inde ascendis Matronam.		*On monte le Mont Genèvre.*	
Mutatio Gesdaone............	10	Césane.....................	10
Mansio ad Marte.............	9	Houlx, confluent des deux ruisseaux, 800 toises au-delà.....	8
Civitas Secusione............	16	Suse.......................	16
Inde incipit Italia.		*Ici commence l'Italie.*	
Mutatio ad Duodecimum.......	12	Giaconera et Burgone, au pont, sur la Doria................	12
Mansio ad Fines.............	12	Aviglia et Butigliera, ou mieux entre Camarelleto et Castelleto..	10
Mutatio ad Octavum..........	8	Entre Alpignan et Piandoza.....	8
Civitas Taurinis.............	8	Turin, au milieu de la ville.....	8
Mutatio ad Decimum..........	10	Au nord de Settimo Torinese....	10
Mansio Quadratis............	12	Londaglio, passage de la Doria Baltea, à l'occident Quadradula....	12
Mutatio Ceste...............	11	Monteglio, en passant le Pô à Brusacco.....................	11
Mansio Rigomagus............	8	Bruschetto, au Trino Vecchio, à 1 mille au sud-est de Trino actuel.	8
Mutatio ad Medias............	10	Castagna, près de Casale.......	10
Mutatio ad Cottias............	13	Cozzo......................	13
Mansio Laumello.............	12	Laumello....................	12
Mutatio Durus..	9	Dorno, en ligne droite.........	10
Civitas Ticeno...............	12	Pavie.......................	11
Mutatio ad Decimum..........	10	Casa Dico, près Campo Morto, au nord de Settimo.............	10
Civitas Mediolanum..........	10	Milan à Vigentino, 2 milles au sud......................	10
Mansio Fluvio Frigido........	12	Milan à la porte orientale, sur les bords du Largo.............	12

DES ITINÉRAIRES ANCIENS DES GAULES.

DEUXIÈME TRACÉ.

Itinéraire d'Antonin, p. 344, 340 et 339, lu à rebours.	Milles romains.	Cartes modernes.	Milles romains.
Eburoduno..................	...	Embrun.....................	...
Rame........................	18	Rama........................	18
Brigantione.................	12	Briançon...................	12
Ad Martis...................	18	Houlx.......................	18
Segusione...................	16	Suse.........................	16
Fines (XXXIII *corrigez* XXII)......	22	Cameletto et Castello........	22
Taurinis....................	18	Turin........................	18
Quadratis...................	23	Londaglio. Quadradula (chapelle).	23
Rigomagus...................	20	Trino Vecchio, par Monteglio...	20
Carbantia...................	12	Casale.......................	12
Cottiæ.......................	12	Cozzo........................	12
Laumellum...................	12	Lomello......................	12
Ticinum......................	21	Pavie, sur le Tessin.........	21
Mediolanum...................	22	Milan (à la porte orientale)....	22

30. *Extraits de différentes routes de l'itinéraire d'Antonin, où se trouvent répétées des portions de la route précédente.*

Itinéraire d'Antonin. Wesseling, p. 346.	Milles romains.	Cartes modernes de Bacler d'Albe.	Milles romains.	Itinéraire de Jérusalem. Wesseling, p. 339.	Milles romains.	Cartes modernes.	Milles romains.
Mediolano.........	...	Milan............	...	Mediolano.......	...	Milan.............	...
Ticinum..........	22	Pavie sur le Tessin.	22	Ticinum..........	22	Pavie sur le Tessin.	22
Laumellum........	21	Lomello...........	21	Lomellum.........	21	Laumello..........	21
Ibid., page 356.		*Ibid.*		*Ibid.*		*Ibid.*	
Mediolano.........	.2	Milan.............	...	Mediolano........	...	Milan.............	...
Ticinum..........	2	Pavie sur le Tessin.	22	Ticinum..........	22	Pavie sur le Tessin.	23
Laumello..........	22	Lomello...........	21	Laumellum........	21	Lomello...........	21
....	...	....	...	Cottiæ...........	12	Cozzo.............	12
....	...	....	...	Carbantiæ........	12	Casale............	12
Rigomago.........	36	Bruschetto et Trino........	36	Rigomagus........	12	Bruschetto........	12
Quadratis........	16	Voro Lengo.......	16	Quadratis........	13	Londaglio.........	13
Taurinis.........	21	Turin.............	21	Taurinis..........	23	Turin..............	23
Ad Fines.........	16	Camarelleto et Castello........	16	Ad Fines..........	18	Avigliana.........	18
Secusione........	24	Suse..............	24	Secusione (XXXIII).	22	Suse...............	22
Ad Martis........	16	Houlx.............	16	Ad Martis.........	16	Houlx.............	16
Brigantione......	19	Briançon..........	18	Briançon..........	19	Briançon..........	18

31. *Itinéraire de la route de* MEDIOLANUM (*Milan*) *à* VIENNA (*Vienne*) *par les Alpes Graies.*

Itinéraire d'Antonin. Wesseling, page 344.	Milles romains.	Carte des Alpes, de Raymond, feuilles 4 et 5.	Milles romains.
Mediolano................	...	Milan....................	...
Novaria.................	32	Novara, au passage de la Gogua..	32
Vercellis................	16	Verceil...................	16
Eporedia................	33	Yvrea....................	33
Vitricium................	21	Verrez...................	21
Augusta Prætoria.........	25	Aoste....................	25
Aræbrigium..............	25	Giorgen, Pont-de-Seran...	25
Bergintrum [1]...........	18	Centron à l'est de Bellentre.....	18
Darantasia [2]...........	14	Moutiers en Tarentaise.........	14
Oblimum................	13	Près la Batie, au confluent du ruisseau................	13
Ad Publicanos...........	3	Conflans.................	3
Mantala.................	16	Entre S.-Pierre d'Albigny et S.-Jean...................	16
Lemincum...............	16	Chambéry, au mont Leminc.....	16
Labiscoue...............	14	Lannen près de Yenne..........	14
Augustum...............	14	Aouste...................	14
Bergusia................	16	Bourgoin.................	17
Vienna..................	20	Vienne...................	21

32. *Itinéraire de la route de* VERCELLÆ (*Verceil*) *à* VIENNA (*Vienne*).

Table Théodosienne, segm. 3.	Milles romains.	Carte des Alpes de Raymond, feuilles 4 et 5, Cartes de Cassini et de Bacler d'Albe.	Milles romains.
Vergellis................	...	Verceil...................	...
Eporedia................	33	Yvrea....................	33
Utricio..................	21	Verrez...................	21
Augusta................	28	Aoste....................	25
Arebrigium..............	25	Giorgeu au Pont-de-Seran......	25
In Alpe Graia...........	6	Au sud de Colona-Joux sur le Petit-S.-Bernard................	6
Bergintrum..............	12	Bellentre.................	12
Darantasia (x) [3]........	14	Moutiers en Tarentaise.........	14
Obilonna................	13	Près la Batie, au confluent du ruisseau................	13
Ad Publicanos...........	3	A l'hôpital près Conflans.......	3
Mantala.................	16	Entre S.-Pierre d'Albigny et S.-Jean...................	16
Lemincum...............	16	Mont Leminc près Chambéry....	16
Laniscone...............	14	Launeu près de Yenne..........	14
Augustum...............	14	Aouste...................	14
Bergusia................	16	Bourgoin.................	17
Vienna..................	21	Vienne...................	21

[1] Variante du Ms. 7230 A.
[2] Variante du Ms. 7230 A.
[3] Le chiffre x après Darantasia dépend d'un autre itinéraire.

* 33. *Itinéraire de la route d'*Arebrigium *(Pont-de-Seran) à* Darantasia *(Moutiers en Tarentaise), faisant voir que dans l'itinéraire d'Antonin il y a eu confusion dans les chiffres et les noms des deux routes* Arebrigium *et* Darantasia.

D'après le Ms. 7230 A. 1re route à l'orient de l'Isère.	Milles romains.	Lieux modernes correspondans. Ms. 7230 A.	Milles romains.	D'après Wesseling et le plus grand nombre des Mss. 2e route à l'occident de l'Isère.	Milles romains.	D'après Wesseling, page 345.	Milles romains.
Arebrigium......	...	Pont-de-Seran....	...	Arebrigium......	...	Arebrigium......	...
Bergintrum......	18	Villars Bergentru.	18	Bergintrum (*lisez* Aximam)....	24	Bergintrum (*lisez* Ariolica)......	16
Darantasia......	14	Moutiers en Tarentaise........	14	Darantasia......	10	Darantasia......	19

---

* 33. *Itinéraire de la route entre* Arebrigium *(Pont-de-Seran) à* Darantasia *(Moutiers en Tarentaise), selon la Table Théodosienne, faisant voir qu'il y a eu intercalation de deux routes en une seule.*

1er itinéraire à l'occident de l'Isère.	Milles romains.	2e itinéraire à l'orient de l'Isère.	Milles romains.	1. Lieux modernes de l'itinéraire à l'occident de l'Isère.	Milles romains.	2. Lieux modernes à l'orient de l'Isère.	Milles romains.
Arebrigium......	...	Arebrigium......	...	La Tuille, Pont-de-Seran........	...	Arpetta........	...
Ariolica........	16	....	...	Villaret et S.-Maurice.........	16	....	...
....	...	In Alpe Graia....	6	....	...	Colonia-Joux....	6
....	...	Bergintrum......	12	....	...	Centron et Bellentre..........	12
Aximam........	9	....	...	Aime...........	9	....	...
Darantasia......	10	*Darantasia*......	14	Moutiers en Tarentaise........	10	*Moutiers*.......	14

34. *Itinéraire de la route de* Sena Gallica *(Sinigaglia) à* Ancona *(Ancône), selon l'Itinéraire d'Antonin et la Table Théodosienne combinés.*

Itinéraires anciens.	Milles romains.	Cartes modernes.		Milles romains.
Sena Gallica..................	...	Sinigaglia...................	...	...
Ultra Anconam................	4	A l'est de la Gabriella, sur la route....................	3 ½	4
Sextias, sive Ad Sextum........	2	Un mille avant Palazzo Onorati......................	1 ½	2
Ad Æsim......................	4	Rocca di Fiomesino près de l'embouchure de l'Esino..	3 ½	4
Ancona.......................	10	Ancône, vers l'extrémité nord de la ville..............	8	10

---

* 35. *Itinéraire de la route de* Segusio *(Suse) à* Augusta Taurinorum *(Turin).*

Itinéraire de Bordeaux, p. 556.	Milles romains.	Cartes modernes de Bacler d'Albe et du royaume d'Italie.	Milles romains.
Civitas Segussione.............	...	Suse........................	...
Mutatio ad Duodecimum........	12	Giaconera et Burgone.........	12
Mansio ad Fines...............	12	Camerletto et Castelletto......	11 ½
Mutatio ad Octavum...........	8	Alpignan et Pianezza..........	8
Civitas Taurinis...............	8	Turin, au milieu de la ville....	8

---

* 35. *Itinéraire de la route de* Segusio *(Suse) à* Augusta Taurinorum *(Turin).*

Itinéraire d'Antonin. Wesseling, page 356.	Milles romains.	Cartes modernes.	Milles romains.
Segusione.....................	...	Suse........................	...
Fines.........................	24	Camerletto et Castelletto......	23 ½
Taurinis......................	15	Turin........................	16

---

* 35. *Itinéraire de la route de* Segusio *(Suse) à* Augusta Taurinorum *(Turin).*

Table Théodosienne, segm. 2 et 3.	Milles romains.	Cartes modernes.	Milles romains.
Segusione.....................	...	Suse........................	...
Finibus.......................	18	Avigliana....................	18
Taurinis......................	22	Turin (au milieu de la ville)....	22 ½

DES ITINÉRAIRES ANCIENS DES GAULES.

36. *Route de* LAUMELLUM (*Lomello*) *à* TAURINIS (*Turin*).

Wesseling, p. 340.	Milles romains.	Carte de Bacler d'Albe.	Milles romains.	Wesseling, p. 557. Lu à rebours.	Milles romains.	Carte de Bacler d'Albe.	Milles romains.
Laumellum......	...	Lomello........	...	Laumello.........	...	Lomello........	...
Carbantia......	12	Granzia di Gazzo.	12	Ad Medias......	12	Passage de la Sesia...	12
Rigomago.......	12	Ponte Stura Morano........	12	Rigomago......	10	Santa-Catarina...	10
....	...	....	...	Ceste...........	8	Palazuolo S.-Grato..........	8
Quadratis.......	20	Vero Lungo, Quadradula (chapelle).	20	Quadratis.......	11	Vero Lungo et Landaglio........	11
....	...	....	...	Ad Decimum....	12	3 milles au nord de Settimo.......	...
Taurinis........	23	Turin (un mille au midi de S.-Valentin).......	23	Taurinis........	10	Turin (au milieu).	...

*37. *Itinéraire de la route de* MEDIOLANUM (*Milan*) *à* ARGENTORATUM (*Strasbourg*).

Itinéraire d'Antonin. Wesseling, p. 346.	Lieues gauloises.	Milles romains.	Cartes modernes de Bacler d'Albe, de Raymond et de Cassini.	Milles romains.
Mediolano...............	...	...	Milan.....................	...
Ticinum.................	...	22	Pavie sur le Tessin...........	22
Laumellum...............	...	21	Lomello.................	21
Vercellas...............	...	25	Verceil.................	25
Eporedia................	...	33	Yvrea..................	33
Vitricium...............	...	21	Verrez.................	21
Augusta Pretoria.........	...	25	Aoste..................	25
Arebrigium.............	...	25	Arpetta et Giorgen..........	25
Bergintrum (XXIV).........	...	18	Bellentre.............	18
Darantasia (XVIII).........	...	14	Moutiers en Tarentaise.......	14
Casuaria................	...	24	Seitenai ou Setenex (il faut faire un détour pour passer par le col de Tanier)...............	24
Bautas.................	...	18	Annecy le vieux..............	18
Cenava.................	...	25	Genève.................	25
Equestribus.............	...	16	Prangin et Nyon............	16
Lacu Lausonio..........	...	20	Vidi et Lausanne..............	20
Urba...................	...	18	Orbe..................	18
Ariorica...............	24	36	Arc sous Cicon...............	36
Visontione.............	16	24	Besançon par Lodtz et Ornans...	24
Velatoduro.............	22	33	Velero.................	33
Epamantadurum..........	12	18	Mandeure...............	18
Larga..................	...	24	Passage de la Larga à Largitzen..	24
Utirensis [1]............	...	25	Ensisheim...............	25
Monte Brisiaco.........	...	15	Vieux Brisach (île S.-Louis).....	16
Helveto................	...	25	Elle et Benfelden...........	26
Argentorato............	...	20	Strasbourg................	18

[1] Utirensis XXV, selon le Ms. Blandisianum.

* 37. Itinéraire de la route de MEDIOLANUM (Milan) à ARGENTORATUM (Strasbourg).

Table Théodosienne, segm. 3 et 2.	Lieues gauloises.	Milles romains.	Cartes de Bacler d'Albe, de Raymond et de Cassini.	Milles romains.
Mediolanum.	...	...	Milan	...
Ticeno	...	22	Pavie sur le Tessin	22
Laumellum	...	21	Lomello	21
Cutias	...	12	Cozzo	12
Vergellis	...	13	Verceil	13
Eporedia	...	33	Yvrea	33
Utricio	...	21	Verrez	21
Augusta Pretoria	...	28	Aoste à Arpille ou S.-Martin	25
Arebrigium	...	25	Arpetta et Giorgen	25
In Alpe Graia	...	6	Croupe du Petit-S.-Bernard, à 1000 toises au sud de Colonia-Joux ou Colonia Jovis	6
Bergintrum	...	12	Villars Bergintru	12
Darantasia (x)	...	14	Moutiers en Tarentaise	14
Cennava	...	...	Genève	...
Colonia equestris	12	18	Praugins et Nyon	16
Lacum Losonne	12	18	Vidi et Lausanne	20
Abiolica	16	24	Auberson (vers les Jacques, en ligne droite sur la carte, et non par la route)	24
Filo Musiaco	14	21	Lodtz et Moutiers	21
Vesontine	15	22	Besançon	22
Loposagio	13	19½	Baumes-les-Dames et S.-Ligier	19½
Epomanduo	18	27	Mandeure, par la route	27
Large	16	24	Passage de la Largue à Largitzen	24
Cambete	12	18	Gross-Kembs	18
Argentovaria (XII lisez XXII)	22	33	Artzenheim	33
Helellum	12	18	Elle et Benfelden	18
Argentorate	12	18	Strasbourg	18

* 38. Itinéraire d'une route d'EPAMANDUODURUM (Mandeure) à UTIRENSIS (Ensisheim).

Itinéraire d'Antonin. Wesseling, page 349.	Milles romains.	Cartes modernes.	Milles romains.
Epamantadurum	...	Mandeure	...
Larga	24	Passage de la Largue	24
Utirensis	18	Ensisheim	18

* 38. *Itinéraire d'une route d'*Epamanduodurum (*Mandeure*) *à* Cambete (*Gross-Kembs*).

Table Théodosienne. segm. 2.	Lieues gauloises.	Milles romains.	Cartes modernes.	Milles romains.
Epomanduo............	...	...	Mandeure................	...
Large.................	16	24	Passage de la Largue à Altekirch..	24
Cambete..............	12	18	Gross-Kembs.............	18

---

* 39. *Itinéraire d'une route d'*Augusta Rauracorum (*Augst*) *à* Argentoratum (*Strasbourg*).

Itinéraire d'Antonin. Wesseling, 353.	Lieues gauloises.	Milles romains.	Cartes modernes.	Milles romains.
Augusta Rauracum.........	...	...	Augst (Kayser)............	...
Cambete...............	12	18	Gross-Kembs.............	18
Stabulis...............	6	9	Skallempe...............	9
Argentovaria...........	18	27	Artzenheim à Mauchon.......	27
Helveto...............	16	24	Elle (en prenant la route de traverse).	24
Argentorato............	12	18	Strasbourg..............	18

* 39. *Itinéraire d'une route d'*Augusta Rauracorum (*Augst*) *à* Argentoratum (*Strasbourg*).

Table Théodosienne, segm. 2.	Lieues gauloises.	Milles romains.	Cartes modernes.	Milles romains.
Augusta Rauracum.........	...	...	Augst (Kayser)............	...
Arialbinum..............	6	9	Binningen...............	9
Cambete...............	7	10½	Gross-Kembs.............	10½
Stabilis (omis)............	6	9	*Skallempe*...............	9
Argentovaria (confondu avec Mons Brisiacus)........	12	18	Vieux Brisach et Artzenheim.....	18
Helellum...............	12	18	Elle (à partir d'Artzenheim, mais en ligne droite).........	18
Argentorate.............	12	18	Strasbourg..............	18

* **40.** *Itinéraire d'une route de* Vesontio *(Besançon)*
à Argentoratum *(Strasbourg).*

Itinéraire d'Antonin. Wesseling, pages 386 et 251.	Lieues gauloises.	Milles romains.	Cartes modernes.	Milles romains.
Vesontione................	...	...	Besançon..................	...
Epamanduaduro..........	31	46½	Mandeure.................	51
Cambate..................	31	46½	Gross Kembs.............	42
Rauracis (*lisez* Vindonissa)..	...	...	Kayser Augst (*lisez* Windisch)...	...
Artalbinno (xxvii Legio)....	26	9	Binningen.................	9
Uruncis (xxv *lisez* xxii)....	22	33	Illrach au nord de Mulhausen....	33
Monte Brisiaco.............	...	15	Vieux Brisach (à l'île S.-Louis)...	16
Helveto...................	19	28	Elle et Benfelden.............	26
Argentorato (xxviii).......	...	18	Strasbourg.................	18

---

* **40.** *Itinéraire d'une route de* Vesontio *(Besançon)*
à Argentoratum *(Strasbourg).*

Table Théodosienne, segm. 2.	Lieues gauloises.	Milles romains.	Cartes modernes.	Milles romains.
Vesontine................	...	...	Besançon..................	...
Loposagio................	13	19½	Baumes-les-Dames et S.-Ligier...	19½
Epomanduo...............	18	27	Mandeure.................	27
Larga....................	16	24	Passage de la Largue à Largitzen.	24
Cambete..................	12	18	Gross Kembs.............	18
Augusta Rauracum........	...	...	Kayser Augst.............	...
Arialbinnum..............	6	9	Binningen.................	9
Cambete..................	7	10½	Gross-Kembs..............	10½
Argentovaria (xii *lisez* xxii).	22	33	Artzenheim................	33
Helellum.................	12	18	Elle et Benfelden............	18
Argentorato..............	12	18	Strasbourg.................	18

---

* **41.** *Itinéraire de la route de* Vindonissa *(Vindisch)*
à Argentoratum *(Strasbourg).*

Itinéraire d'Antonin. Wesseling, page 238.	Lieues gauloises.	Milles romains.	Cartes modernes.	Milles romains.
Vindonissa...............	...	...	Vindisch..................	...
Artalbinno...............	23	34	Binningen (en ligne droite)......	34
Monte Brisiaco...........	30	45	Vieux Brisach.............	45
Argentorato..............	...	39	Strasbourg................	39

DES ITINÉRAIRES ANCIENS DES GAULES. 33

* 41. *Itinéraire de la route de* Vindonissa (*Vindisch*) *à* Argentoratum (*Strasbourg*).

Table Théodosienne, segment 2.	Lieues gauloises.	Milles romains.	Cartes modernes.	Milles romains.
Vindonissa..............	...	...	Vindisch.................	...
Augusta Rauracorum......	22	33	Augst (Kayser)...........	33
Artalbinnum.............	6	9	Binningen...............	9
Cambete.................	7	10½	Gross Kembs.............	10½
Argentovaria............	22	33	Artzenheim..............	33
Helellum................	12	18	Elle et Benfelden........	18
Argentorato.............	12	18	Strasbourg..............	18

42. *Itinéraire de la route de* Vindonissa (*Vindisch*) *à* Artalbinno (*Binningen*).

Itinéraire d'Antonin, p. 238, variantes.	Lieues gauloises.	Milles romains.	Cartes modernes.	Milles romains.
Vindonissa..............	...	...	Windisch................	...
Artalbinnum.............	26	39	Binningen, par les détours de la route moderne........	39

43. *Itinéraire de la route d'*Eburodunum (*Yverdun*) *à* Abiolica (*Auberson*).

Table Théodosienne, segment 2.	Lieues gauloises.	Milles romains.	Cartes modernes.	Milles romains.
Eburoduno...............	...	...	Yverdun.................	...
Abiolica................	6	9	Auberson, vers les Jacques.....	9

43. *Itinéraire d'une route d'*Epamantadurum (*Mandeurre*) *à* Uruncis (*Illzach*).

Itinéraire, page 342.	Milles romains.	Cartes modernes.	Milles romains.
Epamantadurum...........	...	Mandeurre...............	...
Gramato.................	19	Grenne et Mertzen........	19
Uruncis (confondu avec Utirensis).	18	Illzach.................	18

III. 5

44. Itinéraire de la route de Vercellæ (*Verceil*) à Laus Pompeia (*Lodi*).

Itinéraire d'Antonin. Wesseling, page 281.	Milles romains.	Cartes modernes de Bacler d'Albe et des astronomes de Brera.	Milles romains.
Vercellis....................	...	Verceil....................	...
Laumello....................	25	Lomello....................	25
Ticino......?...............	22	Pavie......................	21 ¼
Laude [1]....................	13	Lodi Vecchio, en ligne droite...	15

La dernière distance d'après la leçon de l'édition de Wesseling, p. 283.

Ticino.....................	...	Pavie......................	...
Laude.....................	23	Lodi, par la route de S.-Angelo..	23

45. Itinéraire de la route de Mediolanum (*Milan*) à Moguntiacum (*Mayence*).

Itinéraire d'Antonin, Wesseling, page 350.	Lieues gauloises.	Milles romains.	Cartes de Bacler d'Albe, de Wesseling et de Cassini.	Milles romains.
Mediolano................	...	...	Milan.......................	...
Novaria..................	...	33	Novare......................	32
Vercellas.................	...	16	Vercelli.....................	16
Eporedia..................	...	33	Yvrea.......................	33
Vitricio...................	...	21	Verrez......................	21
Augusta Prætoria.........	...	25	Aoste.......................	25
Summo Pennino (25 *lisez*)...	...	13	Mont S.-Bernard, 500 toises avant l'hospice.................	13
Octoduro.................	...	25	Martigny....................	25
Tarnaias..................	...	12	Masson, près S.-Maurice......	12
Penne Locos..............	...	13	Villeneuve...................	13 ½
Vibisco...................	...	9	Vevey.......................	9
Bromago..................	...	9	Promasens (en ligne droite)....	9
Minodunum...............	...	6	Moudun.....................	6
Minodunum.... (12)......	...	...	Ingeniex...... (12)	...
Aventicum................	13	19 ½	Avenche, au milieu...... (13)	19
Petinesca.................	14	21	Lyss (600 toises au nord).......	21
Saloduro..................	10	15	Solothurn...................	15
Augusta Rauracorum......	22	33	Kayser Angst.................	33
Cambete..................	12	18	Gross Kembs.................	12
Stabulis..................	6	9	Skallempe...................	9
Argentovaria..............	18	27	Artzenheim (à Mauchon)......	27
Helveto...................	16	24	Elle (en prenant la route de traverse)....................	24
Argentorato...............	12	18	Strasbourg...................	18
Saletione (VII *lisez* XX, par transposition de la p. 253).	20	30	Seltz (par route directe sans passer par Brumat)...........	30
Tabernis..................	12	18	Rhein Zabern................	19
Noviomagus...............	11	16 ½	Speyr.......................	17 ½
Borbetomago..............	14	21	Worms......................	21
Bauconica.................	13	19 ½	Oppenheim, au confluent du Rhin et de la Mulbach à Nierstein...	19
Moguntiaco...............	7 ½	11	Mayence....................	11

[1] Variante du Ms. 7230 A.

46. *Itinéraire de la route de* Mediolanum (*Milan*) *à* Vitricio (*Verréz*).

Table Théodosienne, segment 3.	Milles romains.	Cartes modernes.	Milles romains.
Mediolano....................	...	Milan......................	...
Vergellis.....................	...	Vercelli.....................	...
Eporedia.....................	33	Yvrea.......................	33
Vitricio......................	21	Verrez......................	21

---

* 47. *Itinéraire de la route de* Mediolanum (*Milan*) *à* Octodurus (*Martigny*).

Table Théodosienne, segm. 2.	Milles romains.	Table Théodosienne, segm. 2.	Milles romains.	Cartes modernes.	Milles romains.
Vitricio............	...	Vitricio............	...	Verrez.............	...
Augusta Prætoria....	28	Augusta Prætoria...	25	Aoste.............	25
Eudracinum........	25	Eudracinum.......	25	Drance...........	25
Summo Pennino.....	13	....	...	....	...
Octoduro..........	25	Octoduro (25 *lisez*)..	13	Martigny.........	13

---

* 47. *Itinéraire de la route de* Mediolanum (*Milan*) *à* Octodurus (*Martigny*).

Itinéraire d'Antonin. Wesseling, p. 351.	Milles romains.	Cartes modernes.	Milles romains.
Vitricio.....................	...	Verrez.....................	...
Augusta.....................	25	Aoste.......................	25
Summo Pennino (xxv *lisez* xiii)..	13	Mont S.-Bernard.............	13
Octoduro.....................	25	Martigny....................	25

48. *Itinéraire de la route d'*Octodurus *(Martigny)* à Moguntiacum *(Mayence).*

Table Théodosienne, segment 2.	Lieues gauloises.	Milles romains.	Cartes modernes.	Milles romains.
Octodurus...............	...	...	Martigny...................	...
Tarnaias................	...	12	Massongi...................	12
Penno Lucos.............	...	14	Villeneuve.................	13½
Vivisco..................	...	9	Vevey......................	9
Viromagus...............	...	9	Promasens (en ligne droite)..	9
Minnodunum..............	...	6	Moudun.....................	6
Aventicum...............	...	18	Avenche....................	18
Petinesca...............	14	21	Lyss (600 toises au nord)....	21
Salodurum...............	10	15	Solothurn..................	15
Augusta Rauracorum......	22	33	Kayser Augst...............	33
Artalbinnum.............	6	9	Binningen..................	9
Cambete.................	7	10½	Gross Kembs................	10½
Stabulis (omis)..........	6	9	Skallampe..................	9
Argentovaria (confondu avec Mons Brisiacus).........	12	18	Vieux Brisach et Artzenheim....	18
Helellum................	12	18	Elle, à partir d'Artzenheim en ligne droite................	18
Argentorato.............	12	18	Strasbourg.................	18
Brocomagus..............	7	10½	Brumat.....................	11½
Saletione...............	18	27	Seltz......................	24
Tabernis................	11	16½	Rhein Zabern...............	19
Noviomagus..............	12	18	Speyr......................	18
Borgetomagi.............	13	19½	Worms......................	21
Bouconica...............	11	16½	Oppenheim..................	16½
Mogontiaco..............	9	13½	Mayence....................	12

---

* 49. *Itinéraire de la route de* Vibiscum *(Vevey) à* Aventicum *(Avenche).*

Itinéraire, p. 352, variantes pour Mediolanum des Mss. de Longolianus et du Ms. Napolitain.	Milles romains.	Cartes modernes.	Milles romains.	Itinéraire, p. 352, variantes pour Minodunum du Ms. royal et Blandinien.	Milles romains.	Cartes modernes.	Milles romains.
Vibisco.............	...	Vevey.............	...	Vibisco.............	...	Vevey.............	...
Bromago.............	9	Promasens.........	9	Bromago.............	9	Promasens.........	9
Minodunum...........	6	Moudun............	6	Minodunum...........	12	Ingenex...........	12
Aventicum..(13).	19½	Avenche...........	19	Aventicum..........	19	Avenche...........	13

* 49. Itinéraire de la route de Vibiscum (*Vevey*) à Aventicum (*Avenche*).

Table Théodosienne, segment 2.	Milles romains.	Cartes modernes.	Milles romains.
Vivisco................	...	Vevey................	...
Viromagus.............	9	Promaseus............	9
Minnodunum...........	6	Moudun..............	6
Aventicum.............	18	Avenche.............	18

* 50. Itinéraire de la route d'Augusta Prætoria (*Aoste*) à Vivisco (*Vevey*).

Itinéraire, p. 351, de Wessel., variantes pour Octodurus et Summo Pennino.	Milles romains.	Cartes modernes.	Milles romains.	Itinéraire, p. 351, variante du Ms. Cusanus, et le Ms. Lamonianus pour Octodurus.	Milles romains.	Cartes modernes.	Milles romains.
Augusta prætoria.	...	Aoste..........	...	Augusta.........	...	Aoste..........	...
Summo Pennino (lisez Eudracinum)	25	Drance.........	25	Octoduro... (25).	38	Martigny.......	38
Octoduro (lisez Tarnaias).....	25	Massongi près de S.-Maurice ou Agaunum......	25	Tarnaias........	25	S.-Maurice.....	25
Penne locos......	13	Villeneuve.....	13	Penne Loco.....	13	Villeneuve.....	13
Vivisco.........	9	Vevey..........	9	Vibisco.........	9	Vevey..........	9

* 50. Itinéraire de la route d'Augusta Prætoria (*Aoste*) à Vivisco (*Vevey*).

Table Théodosienne, segment 2.	Milles romains.	Cartes modernes.	Milles romains.
Augusta..............	...	Aoste................	...
Summo Pennino.......	13	Mont S.-Bernard, sommet.......	13
Octoduro.............	25	Martigny.............	25
Tarnaias.............	12	S.-Massongi, près S.-Maurice...	12
Penno lucos..........	14	Villeneuve...........	13¾
Vivisco..............	9	Vevey...............	9

51. *Itinéraire de la route d'*Augusta Vindelicorum *(Augsbourg)* à Verona *(Vérone).*

Itinéraire d'Antonin. Wessel., p. 274 et 275.	Milles romains.	Carte du Tyrol, par Muller, et le Dépôt de la Guerre, carte de Baclér d'Albe, et de l'État de Venise, par le baron de Zach.	Milles romains.	Table Théodosienne, segment 3.	Milles romains.	Carte du Tyrol, par Muller, et le Dépôt de la Guerre, carte de Baclér d'Albe, et de l'État de Venise, par le baron de Zach.	Milles romains.
Augusta Vindelicorum........	...	Augsbourg......	...	Augusta Vindelicorum........	...	Augsbourg.......	...
				Ad Novas.......	...		
Abuzaco........	36	Sur la route entre Kimsau et Dinnhausen........	36	Avodiaco........	...	Sur la route entre Kimsau et Dinnhausen........	...
				Coveliacas.......	...	Cochl See.......	...
Parthano.......	30	Partenkirch.....	30	Tarteno.........	20	Partenkirch.....	20
....	...	....	...	Scarbia.........	11	Mittewald.......	11
Veldidena.......	30	Vels et Kranabiten.	30	Vetonina........	19	Vels et Kranabiten.	19
....	...	....	...	Matreio.........	18	Matrey..........	$16\frac{1}{7}$
Vepiteno........	36	Wiesen et Sterzing.	36	Vepiteno........	20	Sterzing........	20
Sublavione......	32	Saubach.........	33	Sublabione......	35	Saubach........	33
				Ponte Drusi.....	13	Botzen..........	$13\frac{1}{2}$
Endidæ.........	24	En (en ligne droite).	23	....	...	....	...
Tridento........	24	Trente (par la route)........	24	Tredente........	40	Trente..........	$40\frac{1}{7}$
				Sarnis..........	20	Serravalle.......	20
Ad Palatium.....	24	Ala et Pozzoalta..	24	Vennum.........	24	Lavezine........	24
....	...	....	...	....	...	Pont sur l'Adige..	10
Verona..........	37	Vérone..........	37	Verona..........	8	Vérone..........	8

52. *Itinéraire de la route d'Espagne en Italie par les Alpes cottiennes, depuis* UGERNUM (*Tarascon*) *jusqu'à* EBRODUNUM (*Embrun*), *selon Strabon et l'itinéraire d'Antonin comparés.*

Strabon, livre 4.	Milles romains.	Résumé de la portion de route de l'itinéraire d'Antonin, telle qu'elle est tracée et mesurée sur la carte de Cassini.	Milles romains.
Ugernum et Tarasconem........	...	Beaucaire et Tarascon (Tarasconum).............	...
		Milles. Milles.	
		Glanum...... 12 S.-Remy......... 12	
		Cabillione...... 16 Cavaillon........ 16	
		Fines.......... 12 Limergue (rivière)... 12	
		Apta Julia...... 10 Apt............ 10	
		Catviaca........ 12 Oppedette......... 12	
Fines Vocontiorum (per Druentia et Cabellionem..	63	—— —— 62 62 Oppedette (ou Catviaca).....................	62
		Milles. Milles.	
		Alaunio........ 16 Lauzon (rivière)..... 16	
		Segusterone..... 24 Sisteron........... 24	
		Alamonte....... 16 Allemont.......... 16	
		Vapincum...... 17 Gap............. 17	
		Caturigas........ 12 Chorges.......... 12	
		Eburodunum.... 14½ Embrun........... 11½	
		—— —— 99½ 99½	
Vicum Epeprodunum.........	99	Embrun................................	99

---

53. *Itinéraire de la route d'Espagne en Italie par les Alpes maritimes, telle qu'elle est donnée dans Strabon, livre IV, avec les distances de ce géographe comparées à celles des cartes modernes.*

Strabon, géographe, livre IV.	Lieues gauloises.	Milles romains.	Carte du Dépôt de la Guerre, et carte de Cassini.	Lieues gauloises.	Milles romains.
Trophea Pompeii...........	...	...	La Jonquière...............	...	...
Narbonem................	42	63	Narbonne (par la route moderne)...............	42	63
Nemausum...............	59	88	Nismes (en ligne droite).....	59	88
Aquæ Sextiæ (per Ugernum atque Tarasconem)......	53	79½	Aix (par la route décrite dans l'itinéraire)............	47	70⅚
Varum flumen (per Antipolin)................	73	109½	Le Var, fleuve (par la route décrite dans l'itinéraire)..	80	120
		340			341⅚

54. *Itinéraire de la route romaine qui de* Nicæa (*Nice*) *ou* Cemenelium (*Simiers*), *se dirigeait au nord dans la vallée de Barcelonette, rétabli d'après les bornes milliaires trouvées sur place.*

Une suite de bornes milliaires mentionnées par Durandi prouve l'existence de cette voie d'une manière incontestable. La première, trouvée à San Salvadore (Saint-Sauveur), porte l'inscription suivante [1] :

N° 1.
IMP. CAESARI
AUGUSTO
D.   D.
XVI.

On a trouvé une autre pierre de ce genre à Sainte-Marie, lieu fort ancien, puisqu'il en est question dès le commencement du IXe siècle [2].

N° 2. A.
IMP. CAES.
CONSTANTINO
PIO. FELICI. INVICTO
AUGUSTO
XXII.

Le revers de cette borne portait l'indication du N° 2. B.

XLVII.

A deux milles environ au sud-est de Clans, on en a trouvé une autre avec une inscription ainsi conçue [3] :

N° 3.
IMPER. CAESARI
FLAVIO. VALERIO
CONSTANTINO.
CONSTANTINI. PII. AUG.
FILIO
XL

[1] *Piemonte Cispadano antico*, page 58.
[2] *Ibid.*, page 59.
[3] *Ibid.*, page 60.

DES ITINÉRAIRES ANCIENS DES GAULES.   41

M. Durandi[1] a très bien remarqué que les deux premières mesures avaient rapport à Saint-Étienne ou San Stefano, qui, dans le IXe siècle, était le chef-lieu ou la capitale *del Contado Tiniense*.

Clans et Santa Maria sont mentionnés à la même époque comme les lieux les plus considérables de ce comté, et ce sont ceux-là où on a trouvé les bornes milliaires; les autres distances qui y sont mentionnées paraissent partir de Vintimilio (Vintimille): mais il est certain que cette voie romaine n'avait pas été construite pour aboutir à un lieu aussi peu considérable que l'a toujours dû être Saint-Étienne, à cause de sa situation dans les montagnes. C'était un des passages d'Italie dans les Gaules; par conséquent elle pénétrait dans la vallée de Barcelonnette par le mont Lernes et la vallée de Fours.

On peut rétablir cette voie de la manière suivante :

Route romaine par la vallée de Tinea.

	Milles romains.	Distances réelles en milles romains.	Colonnes milliaires. Milles romains.	Numéros des colonnes.
De *Vintimilio*, Vintimille, à *Cemenelo*, Simiers[2]............................	20			
De *Cemenelo*, Simiers, à la colonne au sud-est de Clans, en passant par Aspremont, la Rochetta et les rives de la Tinea....	20	40	XL	N° 3.
De la colonne n° 3 au revers B du n° 2, en suivant toujours la vallée de Tinea.....	7			
Total de la distance de Vintimille à la colonne n° 2........................	—	—		
	47	47	XLVII	N° 2.
De la colonne n° 2 à la colonne n° 1, au-dessus de Saint-Sauveur............	—	—		
	6	6		
De la colonne n° 1 à Saint-Étienne, capitale du *Tiniensis Comitatus*..........	16	16	XVI	N° 1.
La route suit presque toujours la rive droite de la Tinea.......................	—	—		
	22	22	XXII	N° 2.

[1] Durandi, *Piemonte Cispadano antic*, page 48.
[2] Voyez l'itinéraire de la page 296 de Wesseling.

* 55. *Itinéraire de la route de* BRIGANTIO *(Briançon) à* VAPINCUM *(Gap).*

Itinéraire d'Antonin, page 341.	Milles romains.	Extrait de l'itinéraire de la p. 357.	Milles romains.	Extrait de l'itinér. de Bordeaux à Jérusalem, lu en sens inverse, p. 554.	Milles romains.	Cartes de Cassini, et carte des Alpes de Raymond.	Milles romains.
Brigantione......	...	Brigantione......	...	Byrigantione......	...	Briançon........	...
Rame............	12	Roame...........	18	Mutatio Rame....	17	La Casse Rome...	15
Eburoduno......	18	Eburodunum.....	17	Mansio Hebriduno.	17	Embrun.........	16½
Caturigas.......	17	Caturigas........	16	Mansio Caturigas..	16	Chorges.........	14½
Vapincum.......	12	Vapinco.........	12	Mansio Vapinco..	12	Gap.............	12

---

* 55. *Itinéraire de la route de* BRIGANTIO *(Briançon) à* VAPINCUM *(Gap).*

Table Théodosienne, segment 2 B.	Milles romains.	Carte de Cassini, et carte des Alpes de Raymond.	Milles romains.
Brigantione...............	...	Briançon...............	...
Rama....................	19	La Casse Rome.........	15
Eburuno.................	17	Embrun................	16½
Caturigomagus...........	7	Chorges................	14½
Ictodurum...............	6	La Bastide Vieille.......	6
Vapincum................	6	Gap....................	6

---

* 56. *Itinéraires de la route de* VAPINCUM *(Gap) à* ARELATE *(Arles).*

Itinéraire d'Antonin, page 342.	Milles romains.	Cartes modernes.	Milles romains.	Itinéraire d'Antonin, page 388.	Milles romains.	Cartes modernes.	Milles romains.
Vapincum......	...	Gap............	...	Vapincum......	...	Gap............	...
Alamonte.......	17	Alamonte.......	16½	Alamonte.......	17	Monestier d'Allemont........	16½
Segusterone.....	16	Sisteron.........	16	Segusterone.....	16	Sisteron.........	16
Alaunio.........	24	Passage de la Lauzon à Mont Laurs.	24	Alaunio.........	24	Passage de la Lauzon à Mont Laurs.	24
Catviaca........	16	Opedette sur le Calavon.........	16	....	...	....	...
Apta Julia......	12	Apt.............	12	Apta Julia......	28	Apt.............	28
Fines...........	10	Jonction de la Limerque et du Calavon.....	10	....	...	....	...
Cabillione......	12	Cavaillon.......	12	Cabellione......	22	Cavaillon.......	22
Glano..........	16	S.-Remy........	16	....	...	....	...
Ernagino, confondu avec Ugernum (XII *lisez*)..	8	S.-Gabriel.......	8	....	...	....	...
Arelate.........	7	Arles...........	7½	Arelate.........	30	Arles...........	31½

56. Itinéraire de la route de Vapincum (*Gap*) à Arelate (*Arles*).

Table Théodosienne, segment 2.	Milles romains	Carte de Cassini, et carte des Alpes de Raymond.	Milles romains
Vapincum................	...	Gap.......................	...
Alarante.................	16	Monestier d'Allemont.........	16
Segusterone..............	16	Sisteron...................	16
Alaunio..................	14	Passage de la Lauzon à Mont-Laurs.	14
Catuiaca.................	16	Oppedette, sur le Calavon.....	16
Apta Julia...............	12	Apt.......................	12
Fines....................	10	Confluent de la Limerque avec le Calavon................	12
Cabillione...............	12	Cavaillon..................	12
Glano...................	12	S.-Remy la Lone (en traversant la rivière à Cavaillon, au lieu nommé les *Antiquités*)........	12
Ernagino.................	8	S.-Gabriel.................	8
Arelate..................	6	Arles.....................	7 ½

57. Extrait de l'itinéraire de Bordeaux à Jérusalem.

Extrait de l'itinéraire de Bordeaux à Jérusalem. Wess., p. 552.	Milles romains	Cartes modernes.	Milles romains
Civitas Arellate................	...	Arles......................	...
Ernagine.......................	8	S.-Gabriel..................	7 ½

58. Itinéraire de la route in Alpe Cottia (*Mont Genèvre*) à Cularo (*Grenoble*) et Vienna (*Vienne*).

Table Théodosienne, segment 2 B.	Lieues gauloises	Milles romains	Cartes modernes de Bourcet, de Cassini, et carte des Alpes de Raymond.	Milles romains
In Alpe Cottia.............	...	...	Mont Genèvre, au vallou de l'Alpet.................	...
Brigautione................	4	6	Briançon...................	4	6
Stabatione.................	8	12	Les Fontenils (entre le Casset et Lauzet)..............	8	12
Durotinco..................	7	11 ½	Le Villard d'Arène...........	7	11 ½
Mellosecto.................	10	15	Bourg d'Oysans, à la rivière.	10	15 ½
Catorissium................	5	7 ½	Petit col d'Ornon et Quarele..	5	7 ½
Culabone...................	12	18	Grenoble...................	12	18
Morginno...................	9	14	Moirans....................	9	14
Turccionno.................	14	21	Ornacieux..................	14	21
Vigenna....................	15	22 ½	Vienne.....................	15	22 ½

* 59. *Itinéraire de la route de* Brigantio (*Briançon*) *à* Vapincum (*Gap*).

Itinéraire d'Antonin, page 341.	Milles romains.	Itinéraire d'Antonin. Wesseling, p. 357.	Milles romains.	Carte de Cassini, n°s 151 et 152.	Milles romains.
Brigantione...	...	Brigantione...	...	Briançon...	...
Rame...	12	Rame sive Roame...	18	La Casse Rome...	15
Eburoduno...	18	Eburodunum...	17	Embrun...	16 1/2
Caturigas...	17	Carturigas...	16	Chorges...	14 1/2
Vapincum...	12	Vapineo...	12	Gap...	12

* 59. *Itinéraire de la route de* Brigantio (*Briançon*) *à* Vapincum (*Gap*).

Table théodosienne, segment 2.B.	Milles romains.	Cartes de Cassini, n°s 151 et 152.	Milles romains.
Brigantione...	...	Briançon...	...
Rama...	19	La Casse Rome...	15
Eburuno...	17	Embrun...	16 1/2
Catorigomagus...	7	Chorges...	14 1/2
Ictodurum...	6	La Bastide Vieille...	6
Vapincum...	6	Gap...	6

60. *Extrait de l'itinéraire de Bordeaux à Jérusalem, route de* Vapincum (*Gap*) *à* Brigantio (*Briançon*).

Wesseling, page 555.	Milles romains.	Cartes modernes.	Milles romains.
Mansio Vapinco...	...	Gap...	...
Mans. Catorigas...	12	Chorges...	12
Mans. Hebriduno...	16	Embrun...	14 1/2
Inde incipiunt Alpes Cottias.		Là commencent les Alpes Cottiennes.	
Mutatio Rame [1]...	17	Casse Rom...	16 1/2
Mans. Brigantione...	17	Briançon...	15

[1] D'après la variante du Ms. royal.

* 61. Itinéraire de la route de Vapincum (*Gap*) à Lugdunum (*Lyon*).

Itinéraire d'Antonin. Wesseling, page 357.	Milles romains.	Cartes de Cassini, n°s 152, 121, 120, 89, 119, 88, 118, 87.	Milles romains.
Vapinco................	...	Gap.....................	...
Monte Seleuco............	24	La Bastie Mont Saléon.......	24
Luco...................	26	Luc (par Vaugelas l'Épine).....	26
Dea Vocontiorum..........	12	Die.....................	12
Augusta.................	23	Aoust...................	22 ½
Valentia................	22	Valence.................	22 ½
Ursolis.................	22	Creure Rossolin...........	22
Vienna.................	26	Vienne.................	26
Lugduno................	23	Lyon (par la route à l'ouest)...	23
Per compendium.		En abrégeant par la route moderne directe.	
Vienna.................	...	Vienne.................	...
Lugduno................	16	Lyon (à l'entrée, par la route à l'est).	16

* 61. Itinéraire de la route de Vapincum (*Gap*) à Lugdunum (*Lyon*).

Table Théodosienne, segm. 2 A B D E.	Milles romains.	Cartes de Cassini, n°s 151, 152, 121, 120, 89, 119, 88, 118, 87.	Milles romains.
Vapinco................	...	Gap.....................	...
Geminas (XIIII Legio)......	28	Le clos dans le val Goldemard...	28
Geminas (XIIII Legio)......	28	Collet de Gras Villars........	28
Luco...................	18	Luc.....................	18
Ad Deam Vocontiorum......	12	Die.....................	12
Augustum (13 *corrigez*).....	23	Aoust...................	22 ½
Valentia................	22	Valence.................	22 ½
Tegna..................	13	Tain (à Tinau)............	13
Figlenis................	16	Félines (au Châtelet).......	16
Vigeuna................	17	Vienne (à Saint-Cyr, par la route à l'est)................	17
Lugduno................	16	Lyon (à l'entrée, par la route directe à l'est)...............	16

62. *Extrait de l'itinéraire de Bordeaux à Jérusalem, contenant l'itinéraire de la route de* VALENCIA (*Valence*) *à* VAPINCUM (*Gap*).

Itinéraire d'Antonin. Wesseling, page 554.	Milles romains.	Cartes modernes.	Milles romains.
Civitas Valentia.............	...	Valence.......................	...
Mutatio Cerebelliaca..........	12	Les Chaberles Montvoison.......	12
Mansio Augusta...............	10	Aoust..........................	10
Mutatio Daventia (12 corrigez)...	8	Samarans, près de Saillans......	8
Civitas Vocontiorum...........	16	Die............................	15
Mansio Luco..................	12	Luc............................	12
Mutatio Vologatis.............	9	Vaugelas.......................	10
Inde ascenditur Gaura Mons.		On gravit ensuite la chaîne de montagnes qui s'étend depuis Serre jusqu'à Rimusn, et au pied de laquelle est le lieu nommé *Le Ga*.	
Mutatio Cambono..............	8	La Combe, au sud de Montclus...	9
Mansio Monte Seleuci..........	8	Saléon.........................	8
Mutatio Daviano...............	8	La Beaumette, Dèves et le bois de Dèves (par la Bastie Monsaléon).	8
Mutatio ad Fines..............	12	Blaynie Sept-Fonts (*vieux temple*).	12
Mansio Vapinco...............	11	Gap............................	11

---

* 63. *Itinéraire de la route de* LUGDUNUM (*Lyon*) *à* AUGUSTODUNUM (*Autun*).

Itinéraire d'Antonin, page 359.	Lieues gauloises.	Milles romains.	Cartes de Cassini, nos 87, 118, 86, 117, 85, 116, 84.	Milles romains.
Lugduno.................	...	...	Lyon...........................	...
Asa Paulini..............	10	15	Ause...........................	15
Lunna...................	10	15	S.-Jean d'Ardières (par Belleville).	14 ½
Matiscone................	10	15	Mâcon..........................	15
Tinurtium................	14	19	Tournus........................	19
Cabillono................	14	21	Châlons (par la route à l'est, par Ouray)....................	21
Augustodunum............	22	33	Autun..........................	33

* 63. *Itinéraire de la route de* Lugdunum (*Lyon*)
   à Augustodunum (*Autun*).

Table Théodosienne, segm. 2 A, et segm. 1 C.	Lieues gauloises.	Milles romains.	Cartes de Cassini, nos 87, 118, 86, 117, 85, 116, 84.	Milles romains.
Lugduno............	...	...	Lyon............	...
Ludnam............	16	24	S.-Georges (S.-Renain sur la Vauzonne)........	24
Mastiscone.........	14	21	Mâcon...........	21
Tenurtio...........	12	18	Tournus..........	19
Cabillone..........	12	18	Châlons..........	18
xii (ad duodecimum)...	12	18	Conches..........	16 ½
Augustodunum.....	11	16 ½	Autun............	16 ½

64. *Itinéraire de la route d'*Augustodunum (*Autun*)
   à Duro-Cortorum (*Reims*).

Itinéraire d'Antonin, page 360.	Lieues gauloises.	Milles romains.	Cartes de Cassini, nos 84, 83, 48, 82, 81, 80, 79, 47.	Milles romains.
Augustodunum......	...	...	Autun............	...
Sidoleucum.........	18	27	Saulieu...........	27
Aballone...........	16	24	Avallon...........	24
Autesiodorum......	22	33	Auxerre..........	33
Eburobrica.........	12	18	S.-Florentin.......	18 ½
Tricassis...........	22	33	Troyes...........	32 ½
Arciaca............	12	18	Arcis-sur-Aube....	18
Durocatelaunos.....	22	33	Châlons..........	33
Duro-Cortoro.......	18	27	Reims............	27

65. *Itinéraire de la route d'*Augustodunum (*Autun*)
   à Augustobona (*Troyes*).

Table Théodosienne, segment 1 C.	Lieues gauloises.	Milles romains.	Cartes de Cassini, nos 84, 83, 48, 82, 80, 79, 47.	Milles romains.
Augustodunum......	...	...	Autun............	...
Sidoloco...........	18	27	Saulieu...........	27
Aballo.............	16	24	Avallon...........	24
Autessioduro.......	22	33	Auxerre..........	33
Eburobriga.........	12	18	S.-Florentin.......	18 ½
Augustobona.......	22	33	Troyes...........	32 ½

* 66. *Itinéraire de la route de* Duro-Cortorum *(Reims)* à Ambianis *(Amiens)*.

Itinéraire d'Antonin, page 362.	Lieues gauloises.	Milles romains.	Cartes de Cassini, nos 44, 43, 3, 79.	Milles romains.
Duro-Cortoro............	...	...	Reims....................	...
Suessonas...............	25	37 ½	Soissons.................	37
Noviomago...............	18	27	Noyon...................	27 ½
Ambianis................	23	34 ½	Amiens..................	34 ½

* 66. *Itinéraire de la route de* Duro-Cortorum *(Reims)* à Samarobriva *(Amiens)*.

Table Théodosienne, segment I C B.	Lieues gauloises.	Milles romains.	Cartes de Cassini, nos 79, 44, 43, 3.	Milles romains.
Duro-Cortoro............	...	...	Reims....................	...
Augusta Suessonum.......	25	37 ½	Soissons.................	37
Lura (*lisez* Isara)........	16	24	Passage d'un pont de l'Oise à Pont-l'Évêque..................	24
Rodium.................	9	13 ½	Roye-Église..............	14
Setucis.................	10	15	Intersection de la route entre Beaucourt et Mézières...........	15
Sammarobriva...........	10	15	Amiens..................	15

67. *Itinéraire de la route d'*Ambianis *(Amiens)* à Gesoriacum *(Boulogne)*.

Itinéraire d'Antonin, page 362.	Lieues gauloises.	Milles romains.	Cartes de Cassini, nos 3, 4, 23, 22.	Milles romains.
Ambianis................	...	...	Amiens...................	...
Pontibus................	24	36	Pouches (sur l'Authie).....	36
Gessoriaco..............	26	39	Boulogne................	39

68. Itinéraire de la route de Duro-Cortorum (Reims) à Samarobriva (Amiens).

Table Théodosienne, segment 1.	Lieues gauloises.	Milles romains.	Cartes de Cassini, n°s 3, 4, 5, 2.1.	Milles romains.
Sammarobriva............	...	...	Amiens..............................	...
Duroïco Regum...........	14	21	Dourlens (par la route, au nord, à moitié de Haute-Visée).......	21
Ad Lullia................	11	16½	S.-Pol (au nord, avant les Trois-Veaux, par la route).........	16½
Lintomagus..............	7	10½	Nedonchelles (par la route)......	10½
Castello Menapiorum......	14	21	Cassel [1] (en ligne droite)........	21

69. Itinéraire de la route de Duro-Cortorum (Reims) à Samarobriva (Amiens), selon l'inscription de Tongres, pour l'éclaircissement de la route de Duro-Cortorum (Reims) à Gesoriaco (Boulogne).

Inscription de la colonne milliaire trouvée à Tongres.	Lieues gauloises.	Milles romains.	Cartes modernes.	Milles romains.
Durocorier..............	...	...	Reims.............................	...
Ad Fines................	12	18	Fismes (en ligne droite).........	18
Aug. Suessionum........	12	18	Soissons...........................	18½
Isara...................	16	24	Passage d'un bras de l'Oise à Pont-l'Evêque.......	24
Rovdium................	9	13½	Roye à S.-Médard (à l'entrée)...	13½
Steviae.................	8	12	Intersection de la route entre Beaucourt et Mézières.........	12
Samarobriva [2]...........	10	15	Amiens............................	15

70. Itinéraire de la route de Nevirnum (Nevers) à Lutetia (Paris).

Table Théodosienne, segm. 1 C.	Lieues gauloises.	Milles romains.	Cartes de Cassini, n°s 49, 48, 9, 8, 7, 1.	Milles romains.
Ebirno (lisez Nevirno)......	...	...	Nevers............................	...
Massava................	16	24	Mèves.............................	24
Bruloduro..............	16	24	La Villeneuve (près Bonny).....	24
Belca..................	15	22½	Beauches..........................	22½
Cenabo................	22	33	Orléans............................	33
Luteci.................	47	70½	Paris..............................	70½

[1] La route s'arrête à Cassel.
[2] La dernière distance manque dans l'inscription, qui est plus exacte que l'itinéraire pour *Rodium*, placé par sa mesure à Royes, et non à Roye-Église.

71. *Portion de la route romaine de* Burdigala (*Bordeaux*) *à* Augustodunum (*Autun*).

Itinéraire d'Antonin. Wesseling, p. 460.	Lieues gauloises.	Milles romains.	Cartes de Cassini, n°s 50, 49, 84.	Milles romains.
Deccidæ...............	...	...	Decise...............	...
Alisincum.............	14	21	Anizy (le Grand).......	21
Augustodunum.........	22	33	Autun................	33 $\frac{1}{7}$

72. *Route d'*Augustodunum (*Autun*) *à* Lutetia (*Paris*), *en passant par* Nevirnum (*Nevers*) *et* Genabum (*Orléans*).

Itinéraire d'Antonin. Wesseling, page 366.	Lieues gauloises.	Milles romains.	Cartes de Cassini, n°s 84, 50, 49, 48, 9, 8, 7, 1.	Milles romains.
Augustoduno...........	...	...	Autun................	...
Alisincum.............	22	33	Anizy................	33 $\frac{1}{2}$
Decetia (xxiiii *corrigez* xiiii, d'après la page 460).....	14	21	Decise...............	21
Nevirnum (par la variante)..	15	22 $\frac{1}{2}$	Nevers...............	22 $\frac{2}{3}$
Condate (*Massava*)......	24	36	Cosne (*Mèves*).........	36
Brivodurum (mesure prise de Massava).............	16	24	La Villeneuve..........	24
Belca.................	15	22 $\frac{1}{2}$	Beauches.............	22 $\frac{1}{2}$
Genabum..............	22	33	Orléans...............	33
Saliocita..............	24	36	Saclas................	36
Lutecia [1].............	27	39	Paris.................	39

73. *Route de* Cæsaromagus (*Beauvais*) *à* Lutetia (*Paris*).

Itinéraire d'Antonin. Wesseling, page 384.	Lieues gauloises.	Milles romains.	Cartes de Cassini, n°s 2, 25, 1.	Milles romains.
Cæsaromago...........	...	...	Beauvais..............	...
Petromantalum.........	17	25 $\frac{1}{2}$	S.-Clair (au passage de l'Epte)...	25 $\frac{1}{2}$
Briva Isaræ............	17	25 $\frac{1}{2}$	Pontoise..............	25
Lutetiam..............	15	22 $\frac{1}{2}$	Paris (en suivant la route moderne).	22 $\frac{1}{2}$

[1] Variante du Ms. 7230.

74. *Route de* ROTOMAGUS (*Rouen*) *à* CÆSAROMAGUS *Beauvais.*

Table Théodosienne, segm. 1.	Lieues gauloises.	Milles romains.	Cartes de Cassini, nos 2, 25, 1.	Milles romains.
Ratomagus................	...	...	Rouen (du milieu ou de la place)..	...
Ritumagus...............	8	12	Romilly......................	12
Petrum Viaco............	12	18	Estrépagny...................	17
Casaromago.............	15	22½	Beauvais.....................	23½

---

75. *Route de* PETRUM VIACO (*Estrépagny*) *à* LUTETIA (*Paris*).

Table Théodosienne. Van Scheyb, segm. 1 B et C.	Lieues gauloises.	Milles romains.	Cartes de Cassini, 25, 2, 1.	Milles romains.
Petrum Viaco............	...	...	Estrépagny..................	...
Briva Isaræ (route indiquée par une raie sans distance).	22	33	Pontoise.....................	33
Luteci..................	15	22½	Paris........................	22½

Le zigzag formé par la raie prouve qu'il y a dans la Table un lieu omis: ce lieu est *Petrom Antalum* ou *Petromantalum* de l'itinéraire; la route doit être rétablie ainsi:

76. *Route de* PETRUM VIACO (*Estrépagny*) *à* LUTETIA (*Paris*).

Table Théodosienne, segm. 1.	Lieues gauloises.	Milles romains.	Cartes modernes.	Milles romains.
Petrum Viaco............	...	...	Estrépagny..................	...
Petrum Antalum.........	5½	8	S.-Clair.....................	8
Briva Isaræ.............	17	25	Pontoise.....................	25
Luteci..................	15	22½	Paris........................	22½

77. *Route de* ROTOMAGUS (*Rouen*) *à* LUTETIA (*Paris*).

Itinéraire d'Antonin. Wesseling, 384.	Lieues gauloises.	Milles romains.	Cartes de Cassini, n°s 25, 26, 1.	Milles romains.
Rotomagus................	...	...	Rouen....................	...
Uggade..................	9	13½	Pont-de-l'Arche............	13½
Mediolano Aulercorum.....	14	21	Évreux...................	21½
Durocassis...............	17	25½	Dreux....................	25½
Dioduro.................	22	33	Davron...................	33
Lutetia.................	15	22½	Paris (à la cité)..........	22½

78. *Route de* MEDIOLANUM AULERCORUM (*Évreux*) *à* DUROCASSES (*Dreux*).

Table Théodosienne, segm. 1 B.	Lieues gauloises.	Milles romains.	Cartes de Cassini, n°s 26 et 1.	Milles romains.
Mediolano Aulercorum.....	...	...	Évreux...................	...
Condate.................	12	18	Vieux-Conches.............	18
Durocassio..............	10	15	Dreux....................	15
Autricum................	13	19½	Chartres..................	22

79. *Route de* JULIOBONA (*Lillebonne*) *à* DUROCASSES (*Dreux*).

Itinéraire d'Antonin. Wesseling, page 385.	Lieues gauloises.	Milles romains.	Cartes de Cassini, n°s 60, 61, 25, 26.	Milles romains.
Juliobona................	...	...	Lillebonne................	...
Breviodurum.............	17	25½	Pont-Authou..............	25½
Noviomagus..............	17	25½	Lisieux...................	25½
Condate.................	24	36	Vieux-Conches.............	36
Durocasis................	10	15	Dreux....................	15

* 80. *Route de* JULIOBONA (*Lillebonne*) *à* ROTOMAGUS (*Rouen*).

Itinéraire d'Antonin. Wesseling, page 384.	Lieues gauloises.	Milles romains.	Cartes de Cassini, n°s 60, 51, 25 et 26.	Milles romains.
Iter a Juliobona Mediolanum.	34	51	De Lillebonne à Évreux, en passant par *Lotum* (Caudebec)....	51

80. Itinéraire de la route précédente de Juliobona (Lillebonne) à Mediolanum (Évreux), passant par Lotum (Caudebec).

Itinéraire d'Antonin, page 384, avec l'insertion de la distance intermédiaire donnée p. 382.	Lieues gauloises.	Milles romains.	Cartes de Cassini, n°s 60, 61, 25 et 26.	Milles romains.
Juliobona..................	...	...	Lillebonne...................	
Lotum......................	6	9½	Caudebec....................	9½
Mediolanum................	26½	41½	Évreux......................	41½
		51		51

81. Route de Juliobona (Lillebonne) à Rotomagus (Rouen).

Table Théodosienne, segm. 1 B.	Lieues gauloises.	Milles romains.	Cartes de Cassini, n°s 60, 61, 25 et 26.	Milles romains.
Juliobona..................	...	...	Lillebonne...................	
Brevoduro..................	18	27	Pont-Authou.................	25½
Ratumagus..................	20	30	Rouen.......................	31½
		57		57

82. Route de Juliobona (Lillebonne) à Noviomagus (Lisieux).

Itinéraire d'Antonin. Wesseling, page 385.	Lieues gauloises.	Milles romains.	Cartes de Cassini, n°s 60, 61, 25 et 26.	Milles romains.
Juliobona..................	...	...	Lillebonne...................	...
Breviodurum................	17	25½	Pont-Authou.................	25½
Noviomago..................	17	25½	Lisieux......................	25

83. Itinéraire de la route de Juliobona (Lillebonne) à Durocassis (Dreux), en passant par Noviomagus (Lisieux).

Itinéraire d'Antonin, rétabli.	Lieues gauloises.	Milles romains.	Cartes modernes.	Milles romains.
Juliobona..................	...	...	Lillebonne...................	...
Breviodurum................	17	25½	Pont-Authou.................	25½
Noviomago..................	17	25½	Lisieux......................	25½
Condate....................	24	36	Le Vieux-Conches............	36
Station oubliée.............	10	15	Morainville.................	16
Durocasis..................	10	15	Dreux.......................	15

84. *Route de* Juliobona (*Lillebonne*) *à* Durocasses (*Dreux*), *en passant par* Mediolanum (*Évreux*).

La route directe de *Noviomagus* à Lisieux, à *Condate* (Vieux-Conches), passait par Bernay et la forêt de Beaumont. Un lieu nommé *Quinquarnon*, juste à cinq milles romains au nord-ouest du Vieux-Conches, en indique encore la trace et l'existence.

Table Théodosienne, segment 1.	Lieues gauloises.	Milles romains.	Cartes modernes.	Milles romains.
Juliobona................	...	...	Lillebonne................	...
Brevioduro...............	18	27	Pont-Authou..............	25
Mediolano (route tracée sans distance)...............	19	28	Évreux...................	28
Condate.................	12	12	Le Vieux-Conches.........	12
Durocasio (x *corrigez* xx)...	20	30	Dreux....................	30

85. *Route de* Rotomagus (*Rouen*) *à* Durocassis (*Dreux*).

Itinéraire d'Antonin. Wesseling, p. 384.	Lieues gauloises.	Milles romains.	Cartes de Cassini.	Milles romains.
Rotomagus................	...	...	Rouen....................	...
Uggade...................	9	13½	Pont-de-l'Arche (par Louviers)..	13½
Mediolano-Aulercorum.....	14	21½	Évreux...................	21½
Durocasis................	17	25½	Dreux....................	25½

86. *Route de* Carocotinum (*Harfleur*) *à* Augustobona (*Troyes*).

Itinéraire d'Antonin. Wesseling, p. 381, 382, 383.	Lieues gauloises.	Milles romains.	Cartes de Cassini, nos 60, 24, 25, 2, 1, 7.	Milles romains.
Carocotino................	...	...	Harfleur (de Gournay ou Cantipou)..	...
Juliobona................	10	15	Lillebonne................	15
Lotum...................	6	9	Caudebec.................	9
Ratomago [1].............	13	19½	Rouen....................	19½
Ritumago................	9	13½	Romilly..................	12
Petromantalum...........	16	24	S.-Clair..................	24
Lutetia (xviii *corrigez* xxxii).	32	48	Paris (en passant par Pontoise)...	48
Mecleto..................	18	27½	Melun....................	28
Condate [2]..............	15	22½	Montereau-sur-Yonne.......	23
Agredicum...............	13	19½	Sens.....................	21
Clanum..................	17	25½	Villemaur (à l'est *Launay*)......	25
Augustobona.............	13	19½	Troyes...................	18½

[1] Variante du Ms. 7230 A.
[2] Variante d'après deux Mss.

87. Route de Juliobona (*Lillebonne*) à Augustobona (*Troyes*).

Table Théodosienne, segm. 1 B et C, rétablie.	Lieues gauloises.	Milles romains.	Cartes de Cassini, nos 64, 24, 25, 2, 1, 7.	Milles romains.
Juliobona..................	...	...	Lillebonne...................	...
Lotum.....................	...	...	Caudebec.....................	...
Brevoduro.................	18	27	Pont-Authou.................	25 ½
Ratumagus.................	20	30	Rouen........................	30
Ritumagus.................	8	12	Romilly......................	12
Petrum Viaco..............	12	18	Estrépagny (au passage de la Borde).	17
Petrum Antalum...........	...	...	S.-Clair......................	...
Brivi Isara................	22	33	Pontoise.....................	33
Luteci.....................	15	22 ½	Paris.........................	22 ½
Meteglo....................	17	25 ½	Melun (à partir de la Cité à Paris)..	28
Condate....................	15	22 ½	Montereau-sur-Yonne.........	23
Riobe......................	14	21	Orby.........................	20 ½
Augustobona...............	36	54	Troyes.......................	54

88. Route de Riobe (*Orby*) à Agedincum (*Sens*).

Table Théodosienne. Von Scheyb, segm. 1 B et C.	Lieues gauloises.	Milles romains.	Cartes de Cassini, nos 81, 45.	Milles romains.
Condate....................	...	...	Montereau-sur-Yonne.........	...
Riobe......................	14	21	Orby.........................	20 ½
Agetincum.................	26	39	Sens.........................	39

89. Route de Samarobriva (*Amiens*) à Suessiones (*Soissons*).

Itinéraire d'Antonin, page 380.	Lieues gauloises.	Milles romains.	Cartes de Cassini, nos 1, 2, 44.	Milles romains.
Samarobriva................	...	...	Amiens.......................	...
Curmiliaca.................	12	18	Cormeilles...................	20
Cæsaromago................	13	19 ½	Beauvais.....................	17
Litanobriga................	16	27	Pont-S.-Maxence.............	27
Augustomago...............	4	6	Verberie (près la rivière d'Autone).	6
Suessonas..................	22	33	Soissons.....................	33

ANALYSE GÉOGRAPHIQUE

90. *Route de* Cæsaromagus (*Beauvais*) *à* Augustomagus (*Verberie*).

Table Théodosienne, segm. 1 C.	Lieues gauloises.	Milles romains.	Cartes de Cassini, n°s 1 et 2.	Milles romains.
Cæsaromagus.............	...	...	Beauvais.................	...
Augustomagus............	22	33	Verberie.................	33

91. *Route de* Bagacum (*Bavay*) *à* Duro-Cortorum (*Reims*).

Itinéraire d'Antonin, page 381.	Lieues gauloises.	Milles romains.	Cartes de Cassini, n°s 42, 43, 78, 79.	Milles romains.
Bagaco Nerviorum..........	...	...	Bavay....................	...
Duronum.................	12	18	Estréung (la Chaussée).....	18 ½
Verbinum................	10	15	Vervins...................	16 ½
Catusiacum..............	6	9	Chaourse.................	10 ½
Minaticum...............	7	10 ½	Nizy-le-Comte............	10 ½
Auxenna.................	8	12	Menneville...............	12
Durocortoro..............	10	15	Reims....................	14 ½

92. *Route de* Bagacum (*Bavay*) *à* Duro-Cortoro (*Reims*).

Table Théodosienne, segm. 1 C.	Lieues gauloises.	Milles romains.	Cartes de Cassini, n°s 42, 43, 78, 79.	Milles romains.
Bagaco Nervio............	...	...	Bavay....................	...
Duronum.................	11	16 ½	Estréung.................	18 ½
Virouum.................	10	15	Vervins...................	16 ½
Ninittaci.................	13	19 ½	Nizy-le-Comte............	21
Auxenna.................	9	13 ½	Menneville...............	12
Durocortoro..............	10	15	Reims....................	14 ½

93. *Route de* Cæsaromagus (*Beauvais*) *à* Augustobona (*Troyes*).

Table Théodosienne, segm. 1 C.	Lieues gauloises.	Milles romains.	Cartes de Cassini, n°s 2, 44, 45, 46, 81.	Milles romains.
Cæsaromagus.............	...	...	Beauvais.................	...
Augustomagus............	22	33	Verberie.................	33
Fixtuinum...............	16	24	Meaux...................	24
Calagum.................	12	18	Chailly..................	18
Bibe....................	...	31	Couflant-Marsilly.........	32
Augustobona (xxii *lisez* xxvii).	...	27	Troyes...................	27

94. Route d'AGEDINCUM (Sens) à FIXTUINUM (Meaux).

Table Théodosienne, segm. 1.	Lieues gauloises.	Milles romains.	Cartes modernes.	Milles romains.
Agetincum..............	...	...	Sens...................	...
Riobe...................	26	39	Orby...................	39
Calagum................	...	...	Chailly.................	...
Fixtuinum (Jatinum).....	12	18	Meaux..................	18

95. Route d'AUTISSIODURUM (Auxerre) à GENABUM (Orléans).

Table Théodosienne, segm. 1 C.	Lieues gauloises.	Milles romains.	Cartes de Cassini, n°s 46, 47, 7, 8.	Milles romains.
Autessioduro............	...	...	Auxerre.................	...
Bandritum..............	7	10½	Bassour-Bounard........	10½
Agetincum (xxv)........	17	25½	Sens....................	25
Aquis Segestæ..........	22	33	Ruines au nord de Sceaux	34
Fines (xxii)............	15	22	Forêt d'Orléans (entre Cour-Dieu et Philissanet...........	22
Cenabo (xv)............	10	15	Orléans.................	15

96. Itinéraire de la route de LIMONUM (Poitiers) à CÆSARODUNUM (Tours).

Table Théodosienne, segment 1.	Lieues gauloises.	Milles romains.	Cartes de Cassini.	Milles romains.
Lemuno.................	...	...	Poitiers................	...
Casaroduno.............	42	63	Tours...................	63

97. Itinéraire de la route de LIMONUM (Poitiers) à NAMNETUM (Nantes).

Table Théodosienne, indiquée sans distance.	Lieues gauloises.	Milles romains.	Cartes modernes.	Milles romains.
Lemuno.................	...	...	Poitiers................	...
Portu Namnetu..........	...	...	Nantes..................	...

98. Itinéraire de la route de Juliomagus (*Angers*) à Namnetum (*Nantes*).

Table Théodosienne, segment 1.	Lieues gauloises.	Milles romains.	Cartes modernes.	Milles romains.
Juliomago............	...	...	Angers............	...
Segora...............	18	27	Ségré.............	27
Portu Namnetu........	33	49 ½	Nantes............	49 ½

99. Route de Juliomagus (*Angers*) à Cæsarodunum (*Tours*) et à Genabum (*Orléans*).

Table Théodosienne, segment 1.	Lieues gauloises.	Milles romains.	Cartes de Cassini.	Milles romains.
Juliomagus...........	...	...	Angers............	...
Robrica..............	17	25 ½	Pont de la Tronne....	25 ½
Casaroduno..........	29	43 ½	Tours.............	43 ½
Cenabo..............	51	76 ½	Orléans...........	76 ½

100. Itinéraire de la route de Juliomagus (*Angers*) à Gesobrivates (*Brest*).

Table Théodosienne, segment 1 A, B.	Lieues gauloises.	Milles romains.	Cartes de Cassini, n°ˢ 98, 130, 131, 159, 158, 172, 171, 170.	Milles romains.
Juliomago...........	...	...	Angers............	...
Portu Namnetu.......	...	...	Nantes............	...
Duretie.............	29	43 ½	La Roche-Bernard (à Villa *Drin*).	44
Dartoritum..........	20	30	Vannes...........	30
Sulim...............	20	30	Hennebon (près de S.-Sulan)....	30
Vorgium............	24	36	Concarneau (à *Keverguen*)......	36
Gesocribate.........	45	67 ½	Brest.............	67

101. Itinéraire de la route d'Alauna (*Alleaume*), près de Valognes, à Condate (*Rennes*).

Itinéraire d'Antonin, Wesseling, page 386.	Lieues gauloises.	Milles romains.	Cartes de Cassini.	Milles romains.
Alauna...............	...	...	Alleaume (ruines d'un cirque romain près de Valognes)......	...
Cosediæ.............	20	30	Pont Tardif et la Cousinière.....	30
Fano Martis.........	32	48	Tanie.............	48
Ad Fines............	7	10 ½	Antrain...........	10 ½
....	...	...	....	...
Condate [1]..........	19	28	Rennes...........	27

[1] Variante du Ms. 4808.

102. Itinéraire de la route de CORIALLUM (*Cherbourg*) à CONDATE (*Rennes*).

Table Théodosienne, segment 1 A B.	Lieues gauloises.	Milles romains.	Cartes modernes.	Milles romains.
Coriallo...............	...	...	Cherbourg...............	...
Cosediæ...............	29	43½	Pont-Tardif et la Cousinière.....	43½
Legedia...............	19	28½	Villebaudon, près Lézeau.......	28½
....	...	...	....	...
Condate...............	49	73½	Rennes..................	73½

103. Itinéraire de la route de REGINEA (*Granville*) à CONDATE (*Rennes*).

Table Théodosienne, segment 1.	Lieues gauloises.	Milles romains.	Cartes modernes.	Milles romains.
Reginea................	...	...	Granville...............	...
Fano Martis.............	14	21	Tanie...................	21
Condate................	25	37½	Rennes..................	37

104. Itinéraire de la route de GENABUM (*Orléans*) à JULIOMAGUS (*Angers*).

Table Théodosienne, segm. 1 B.	Lieues gauloises.	Milles romains.	Cartes de Cassini.	Milles romains.
Cenabo.................	...	...	Orléans.................	...
Casaroduno.............	51	76½	Tours...................	76½
Robrica................	29	43½	Pont de la Tronne........	43½
Juliomago..............	17	25½	Angers..................	25½

105. Itinéraire de la route de JULIOMAGUS (*Angers*) à CONDATE (*Rennes*).

Table Théodosienne, segm. 1 A B.	Lieues gauloises.	Milles romains.	Cartes modernes.	Milles romains.
Juliomago..............	...	...	Angers..................	...
Combaristum............	16	24	Combré..................	29
Sipia..................	16	24	Visseiche...............	22
Condate................	16	24	Rennes..................	21½
		72		72½

106. *Itinéraire de la route de* Condate (*Rennes*) *à* Reginea (*Granville*).

Table Théodosienne, segm. 1 A B.	Lieues gauloises.	Milles romains.	Cartes modernes.	Milles romains.
Condate..........	...	...	Rennes..........	...
Fano Martis......	25	37½	Tanie...........	37½
Reginea..........	14	21	Granville........	21

107. *Itinéraire de la route d'*Alauna (*Alleaume*) (*Valognes*) *à* Cæsarodunum (*Tours*).

Table Théodosienne, segm. 1 A B, rétablie.	Lieues gauloises.	Milles romains.	Cartes de Cassini.	Milles romains.
Alauna............	...	...	Alleaume à Valognes..........	...
Cronciaconnum.....	7	10½	Ste-Marie-du-Mont, et la Baie du Vez, près Audouville........	10½
Augustoduro.......	21	31½	Bayeux..........	31½
Veocæ, sive civ. Viducassium	13	19	*Vieux*	19
Arægenue.........	24	36	Argentan	36
Nudionum (sans chiffre)....	40	60	Jubleins..........	60
Subdinnum	29	43½	Le Mans.........	43½
Fines	16	24	Les Trois-Bornes (près Château-du-Loir)........	24
Casaroduno (sans chiffre)...	20	30	Tours............	30

108. *Itinéraire de la route de* Subdinum (*le Mans*) *à* Autricum (*Chartres*) *et* Durocasses (*Dreux*).

Table Théodosienne, segment 1.	Lieues gauloises.	Milles romains.	Cartes modernes.	Milles romains.
Subdinnum........	...	...	Le Mans.........	...
Mitricum (*lisez* Autricum)...	50	75	Chartres.........	75
Durocassio........	13	19½	Dreux...........	21

109. *Itinéraire de la route de* Rotomagus (*Rouen*) *à* Coriallum (*Cherbourg*), *selon divers monumens géographiques.*

Indication des monumens.	Noms anciens.	Lieues gauloises.	Milles romains.	Cartes modernes.	Milles romains.
Table............	Ratumagus...........	...	...	Rouen...............	...
	Brevioduro...........	20	30	Pont-Autou........	30
Itinéraire........	Noviomagus..........	17	25½	Lisieux.............	25
Colonne milliaire..	Milliaire xxv, trouvé à 4500 toises au sud-est de Caen à Frenouville.	...	25	Frenouville........	24½
Inscription de Torigny..........	Civitas Viducassium...	...	11	Village de Vieux, à 5000 toises au sud-ouest de Caen....	11
Table et inscriptions........	Augustodurus, Civitas Baiocassium........	...	19	Bayeux, sur la rivière	19
	Crotiatonum..........	21	31½	Ste.-Marie-du-Mont et la Baie du Vez...	31½
	Alauna...............	7	10½	A l'amphithéâtre d'Alleaume, près Valogne...........	10½
	Coriallum...........	...	14	Vieux-Cherbourg...	14

110. *Itinéraire de la route de* Cæsarodunum (*Tours*) *à* Alauna (*Alleaume*).

Table Théodosienne, segment A et B, rétablie.	Lieues gauloises.	Milles romains.	Cartes de Cassini.	Milles romains.
Casaroduno................	...	...	Tours....................	...
Fines....................	...	30	Chateau-du-Loir...........	30
Subdinum.................	16	24	Le Mans..................	24
Nudionnum...............	29	43	Jublcins	43½
Aroegenuæ................	...	43	Argentan.................	43½
Civitas Viducassium	24	36	*Vieux* (au midi de Caen).....	36
Augustodurus.............	...	19	Bayeux...................	19
Croueiaconnum............	21	31½	Ste-Marie-du-Mont; Baie du Vez près Audouville...........	31½
Alauna...................	7	10½	L'amphithéâtre d'Alleaume (près Valognes)................	10½

111. *Itinéraire de la route de* GESORIACUM (*Boulogne*) *à* BAGACUM (*Bavay*).

Itinéraire d'Antonin. Wesseling, p. 376.	Lieues gauloises.	Milles romains.	Cartes de Cassini, nos 40 et 41.	Milles romains.
Gesoriaco............	...	...	Boulogne............	...
Taruenna............	18	27	Therrouenne.........	32 ½
Castello¹............	14	21	Cassel..............	16
Viroviacum..........	16	24	Werwick (en ligne droite).	26 ½
Turnacum...........	16	24	Tournay (en ligne droite).	22
Ponte Scaldis........	12	18	Escaut-Pont.........	18
Bagacum............	12	18	Bavay..............	17 ½

112. *Itinéraire de la route de* GESORIACUM (*Boulogne*) *à* BAGACUM (*Bavay*).

Table Théodosienne, segment I A D, rétablie.	Lieues gauloises.	Milles romains.	Cartes de Cassini, nos 40 et 41, de Ferrari, 12 et 17.	Milles romains.
Gesogiaco quod nunc Bononia	...	...	Boulogne............	...
Taruenna............	...	...	Terrouanne.........	...
Castello Menapiorum..	24	36	Cassel..............	34 ½
Vironino............	12	18	Verwicke............	26 ½
Turnaco.............	11	16 ½	Tournai.............	22
Ponte Scaldis........	12	18	Escaupont...........	18
Bagacouervio........	10	15	Bavay..............	17 ½

113. *Itinéraire de la route de* CASTELLUM (*Cassel*) *à* TURNACUM (*Tournay*).

Itinéraire d'Antonin, p. 377.	Lieues gauloises.	Milles romains.	Cartes de Cassini, nos 5 et 4.	Milles romains.
Castello.............	...	...	Cassel..............	...
Minariacum..........	11	16 ½	Merville.............	16 ½
Turnacum...........	27	40 ½	Tournai.............	40 ½

114. *Itinéraire de la route de* CASTELLUM (*Cassel*) *à* BAGACUM (*Bavay*).

Itinéraire d'Antonin, p. 377.	Lieues gauloises.	Milles romains.	Cartes de Cassini, nos 40, 41 et 42.	Milles romains.
Castello Colonia.....	...	...	Cassel..............	...
Minariacum..........	11	16 ½	Merville (Merghem)..	16 ½
Nemetacum..........	19	28 ½	Arras...............	28 ½
Camaracum..........	14	21	Cambray............	21
Bagacum............	18	27	Bavay..............	27

¹ Variante du Ms. 7230.

DES ITINÉRAIRES ANCIENS DES GAULES. 63

115. *Itinéraire de la route de* TERUENNA (*Thérouenne*) *à* BAGACUM (*Bavay*).

Table Théodosienne, segment 1 B, rétablie.	Lieues gauloises.	Milles romains.	Cartes de Cassini.	Milles romains.
Gesogiaco quod nunc Bononia	...	...	Boulogne	...
Taruenna	24	36	Thérouenne	34 1/2
Nemetaco	22	33	Arras	34 1/2
Cameraco	14	21	Cambrai	21
Hermomacum (XI. *lisez* XI)	11	16 1/2	Bermerain	16
Bagaconervio	8	12	Bavay	12 1/2

116. *Itinéraire de la route de* CASTELLUM (*Cassel*) *à* NEMETACUM (*Arras*).

Inscription de la colonne milliaire trouvée près de Tongres [1].	Lieues gauloises.	Milles romains.	Cartes de Cassini, n°s 4 et 5.	Milles romains.
Castello	...	...	Cassel	...
Fines Atrebatum	14	21 1/2	Béthune et Annezin	21 1/2
Nemetacum	14	21 1/2	Arras	21 1/2
Ad *Atuatuca Tungrorum*	...	...	Tongres	...
Et *Colonia Agrippina*	...	...	Cologne	...

117. *Itinéraire de la route de* TARUENNA (*Thérouenne*) *à* TURNACUM (*Tournay*).

Itinéraire d'Antonin, page 378.	Lieues gauloises.	Milles romains.	Cartes de Cassini, n°s 4, 5, 41 et 4.	Milles romains.
Taruenna	...	...	Thérouenne	...
Nemetacum	22	33	Arras	34 1/2
Turnacum	27	40 1/2	Tournay (par la route de Douay)	40

118. *Itinéraire de la route de* TARUENNA (*Thérouenne*) *à* NEMETACUM (*Arras*).

Table Théodosienne, segment 1 B.	Lieues gauloises	Milles romains.	Cartes de Cassini, n°s 4 et 5.	Milles romains.
Tarruenna	...	...	Thérouenne	...
Nemetaco	22	33	Arras	34

[1] Pour cette colonne milliaire, voyez Hennequin, *De Origine et natura principatus urbis Trajecti ad Mosam medio œvo*, in-8°, p. 11, avec le *fac-simile*, à la fin. — *Nouvelles Archives des Pays-Bas*, novembre 1829, page 168. — Et dans la Notice alphabétique à la suite de ces itinéraires.

119. *Itinéraire de la route de* Taruenna (*Thérouenne*) *à* Duro-Cortorum (*Reims*).

Itinéraire d'Antonin, page 379.	Lieues gauloises.	Milles romains.	Cartes de Cassini, nos 42, 43 et 44.	Milles romains.
Taruenna................	...	...	Thérouenne................	...
Nemetacum.............	22	33	Arras................	34
Camaracum.............	14	21	Cambrai................	21
Augusta Veromandorum....	18	27	S.-Quentin................	27
Contra Aginuum, *sive* Agnum.	13	19½	Amigny-Rou, près Coudren.....	19
Augusta Suessonum........	12	18	Soissons................	18½
Fines................	13	19½	Fismes à Fiuettes............	19½
Durocortoro.............	12	18	Reims................	18½

120. *Itinéraire de la route de* Taruenna (*Thérouenne*) *à* Duro-Cortorum (*Reims*).

Table Théodosienne, segment 1 B.	Lieues gauloises.	Milles romains.	Cartes de Cassini, nos 42, 43 et 44.	Milles romains.
Taruenna................	...	...	Thérouenne................	...
Nemetaco................	22	33	Arras................	34
Cameraco................	14	21	Cambrai................	21
Augusta Viromuduorum....	18	27	S.-Quentin................	27
....	...	...	....	...
Augusta Suessonum........	25	37½	Soissons................	37
....	...	...	....	...
Duro-Cortoro (sans chiffre).	25¾	38¼	Reims................	38¼

121. *Itinéraire de la route directe entre* Nemetacum (*Arras*) *et* Samarobriva (*Amiens*).

Itinéraire d'Antonin, page 379.	Lieues gauloises.	Milles romains.	Cartes de Cassini, nos 3 et 4.	Milles romains.
Samarobriva.............	...	...	Amiens (du sud ouest)........	...
Nemetaco (xvi *corrigez* xxvi).	26	39	Arras (au centre)............	39

122. *Itinéraire de la route de* Samarobriva (*Amiens*) *à* Nemetacum (*Arras*).

Table Théodosienne, segment 1 B.	Lieues gaulois.	Milles romains.	Cartes de Cassini, nos 3 et 4.	Milles romains.
Sammarobriva.............	...	...	Amiens................	...
Teucera................	12	18	Thièvres sur l'Autie....	18
Nemetaco.............	13	19½	Arras................	19½

123. *Itinéraire de la route de* Samarobriva (*Amiens*) *à* Taruenna (*Thérouenne*).

Table Théodosienne, segment 1 B.	Lieues gauloises.	Milles romains.	Cartes de Cassini, n°s 3, 4 et 5.	Milles romains.
Sammarobriva...	...	...	Amiens...	...
Teucera...	12	18	Tièvres...	18
Duroïco-Regum...	5	7	Dourlens...	7
Ad Lullia...	11	16 ½	S.-Pol...	16 ½
Jonction des deux routes...	9	13	Auchy (jonction des routes)...	13
Teruanna...	5	7 ½	Thérouenne...	7 ½

124. *Itinéraire de la route de* Aug. Suessionum (*Soissons*) *à* Duro-Cortorum (*Reims*).

Inscription de Tongres, deuxième face.	Lieues gauloises.	Milles romains.	Cartes modernes.	Milles romains.
Aug. Suessionum...	...	...	Soissons...	...
Ad Fines...	12	18	Fismes (en ligne droite)...	18
Durocorier...	12	18	Reims...	18 ½

125. *Itinéraire de la route de* Mediolanum (*Saintes*) *à* Vesunna (*Périgueux*).

Table Théodosienne, segment 1 D et E.	Lieues gauloises.	Milles romains.	Cartes de Cassini.	Milles romains.
Mediolano Santonorum...	...	...	Saintes...	...
Condate...	10	15	Merpins (au confluent de la Charente et de la rivière Né)...	15
Sarrum...	20	30	Oum ou Houm...	30
Fines (transporté de l'autre route)...	14	21	La Tour-Blanche...	20 ¼
Vesunna...	14	21	Périgueux...	21

126. *Itinéraire de la route d'*Augustoritum (*Limoges*) *à* Avaricum (*Bourges*).

Table Théodosienne, segment 1.	Lieues gauloises.	Milles romains.	Cartes de Cassini.	Milles romains.
Ausrito...	...	...	Limoges...	...
Pretorio...	14	21	Pourrioux...	21
Acitodunum...	18	27	Ahun...	27
Mediolano...	24	36	Montmeillan...	36
Avaricum...	28	42	Bourges...	42

127. *Itinéraire de la route d'*Avaricum *(Bourges)* à Augusta Nemetum *(Clermont).*

Table Théodosienne, segment 1.	Lieues gauloises.	Milles romains.	Cartes de Cassini.	Milles romains.
Avaricum...............	...	...	Bourges.................	...
Mediolanum (confondu avec un autre lieu)...........	28	42	Vallon en Sully.........	42
Aquis Neri..............	12	18	Neris...................	18
Cantilia................	15	22	Chantelle-la-Vieille....	22
Augusta Nemete.........	24	36	Clermont................	36

128. *Itinéraire de la route d'*Avaricum *(Bourges)* à Aquæ Neræ *(Néris).*

Colonne trouvée à Alichamp. Caylus, tome III, page 372, planche 102, nos 1 et 2.	Lieues gauloises.	Milles romains.	Cartes de Cassini.	Milles romains.
Avaricum...............	...	...	Bourges.................	...
Leugas (xiv)............	14	21	Alichamp................	$22\frac{1}{2}$
Aquæ Neræ (xxv)........	25	$37\frac{1}{2}$	Néris...................	$37\frac{1}{2}$

129. *Itinéraire de la route d'*Augustoritum *(Poitiers)* à Argentomagus *(Argenton).*

Table Théodosienne, segment 1.	Lieues gauloises.	Milles romains.	Cartes de Cassini.	Milles romains.
Ansrito.................	...	...	Limoges.................	...
Pretorio................	14	21	Pourrioux...............	21
Argentomago (sans chiffre)..	...	48	Argenton................	48

130. *Route d'*Argentomagus *(Argenton) à* Aquæ Neræ *(Néris).*

Table Théodosienne, segment 1.	Lieues gauloises.	Milles romains.	Cartes de Cassini.	Milles romains.
Argentomago............	...	...	Argenton................	...
Mediolano (le chiffre manque).................	...	36	Montmeillant............	36
Aquis Neri (le chiffre manque[1])..................	...	32	Neris...................	32

[1] Les chiffres appartiennent à une autre route.

131. *Itinéraire de la route d'*Avaricum *(Bourges)* à Mediolanum *(Saintes).*

Colonne milliaire trouvée à Alichamp. Caylus, tome III, page 372, planche 102.	Lieues gauloises.	Milles romains.	Cartes de Cassini.	Milles romains.
Avaricum...............	...	...	Bourges..................	...
Leugas (XIIII)............	14	21	Alichamp................	22½
Mediolanum............	12	18	Château-Meillant........	20½

132. *Itinéraire de la route de* Cæsarodunum *(Tours)* à Avaricum *(Bourges).*

Table Théodosienne, segment 1 B.	Lieues gauloises.	Milles romains.	Cartes modernes.	Milles romains.
Casaroduno.............	...	...	Tours....................	...
Tasciaca (en passant par Ambacia (Amboise))........	24	36	Thesée...................	36
Gabris..................	13	19½	Chabris..................	20
Avaricum (XXIIII *corrigez* XXVIII)..............	28	42	Bourges..................	42

133. *Itinéraire de la route d'*Augustodunum *(Autun)* à Aquæ Borvonis *(Bourbon-l'Archambault).*

Table Théodosienne, segmens 1 et 2.	Lieues gauloises.	Milles romains.	Cartes de Cassini.	Milles romains.
Augustodunum...........	...	...	Autun...................	...
T. Lonno................	12	18	Grand et petit Thely......	18
Pocrinio.................	12	18	Perigny et S.-Laurent-les-Prignons ou Brinons.	18
Suillia..................	14	21	Thiel, près Montbeugny......	21
Aquæ Bormonis..........	16	24	Bourbon-l'Archambault.........	24

134. *Itinéraire de la route de* Sitillia *(Thiel)* à Rodumna *(Rouanne).*

Table Théodosienne, segment 1.	Lieues gauloises.	Milles romains.	Cartes de Cassini.	Milles romains.
Suillia.................	...	...	Thiel, près de Montbeugny.....	...
Roidomna..............	...	51	Rouanne..................	51

135. *Itinéraire de la route de* Decetia (*Decise*) à Aquæ Nisencii (*Bourbon-Lancy*).

Table Théodosienne, segment 1.	Lieues gauloises.	Milles romains.	Cartes de Cassini.	Milles romains.
Degena....................	...	...	Decise....................	...
Aquis Nisencii............	14	21	Bourbon-Lancy............	21

---

*136. *Premier itinéraire de la route de* Decetia (*Decise*) à Augustodunum (*Autun*).

Table Théodosienne, segm. 1 et 2.	Lieues gauloises.	Milles romains.	Cartes de Cassini.	Milles romains.
Degena....................	...	...	Decise....................	...
Boxum....................	22	33	Buis et S.-Léger (par la route indiquée ci-contre)............	33
Augustodunum............	8	12	Autun....................	12

---

*136. *Deuxième itinéraire de la route de* Decetia (*Decise*) à Augustodunum (*Autun*).

Table Théodosienne, segmens 1 et 2.	Lieues gauloises.	Milles romains.	Cartes de Cassini.	Milles romains.
Degena....................	...	...	Decise....................	...
Aquis Nisencii (confondu avec Alisincum)............	14	21	Anizy....................	21
Augustodunum............	22	33	Autun....................	33

---

137. *Itinéraire de la route d'*Augustodunum (*Autun*) à Decetia (*Decise*).

Table Théodosienne, segmens 2 et 1.	Lieues gauloises.	Milles romains.	Cartes de Cassini.	Milles romains.
Augustodunum............	...	...	Autun....................	...
Boxum....................	8	12	Buis, près S.-Léger............	12
Aquis Nisencii............	22	33	Bourbon-Lancy............	31
Degena....................	14	21	Decise....................	21

*138. *Premier itinéraire de la route de* Lugdunum (*Leyde*) *à* Argentoratum (*Strasbourg*) *et à* Vemania (*Immenstadt*).

Itinéraire d'Antonin, pages 368 et 251.	Lieues gauloises.	Milles romains.	Cartes de Wiebeking, de Sepp, de Hardy, de Cassini, de Weiss, d'Amann.	Milles romains.
Lugduno	...	...	Leyde	...
Alphinianis	...	10	Alphen	10
Trajecto	17	25½	Utrecht	24
Manuaritia	10	15	Maaren	15
Carvone	11	16	Rhenen	15
Harenatio	17	25	Arth et Herwen	25
Burginatio	4	6	Schanken-Schantz	6
Colonia Trajana	3	5	Kellen	5
Castra Ulpia Trajana	26	39	In-der Poll–Alpen–Xanten	39
Veteribus	1	1½	Buderich-Wesel-Werich	1½
Colonie	...	18	Colonie, près de Douisbourg	18
Novesiæ	18	27	Neuss ou Nuys	27
Colonia Agrippina	16	24	Cologne	24
Bonna	11	16½	Bonne	16½
Autumnaco	17	25½	Andernach	26
Confluentibus	9	13½	Coblentz	13½
Vinco	26	39	Bingen	39
Noviomago	34	51	Neumagen	51
Treveros	11	16½	Trèves	16
Divodurum	36	54	Metz	54
Ponte Sarvix (*lisez* Decem Pagis)	24	36	Saar alt roff (Dieuse)	36
Argentorato	...	...	Strasbourg	...
Helveto (xxvIIII, vIIII *lisez*)	12	18	Elle et Benfelden	18
Monte Brisiaco	19	28	Vieux-Brisach	28
Uruncis	...	23	Illzach (au confluent de l'Ill et de la Doller)	23
Artabbinno	...	22	Binningen ou Biugen	22
Rauracis (xxvII *omettez*)	6	9	Kayser Augst	...
Vindonissa	27	40	Windisch	40
Station inconnue	6	9	*Kloffen, près Biddendorff*	9
Vitoduro	15	23	Winterthür	29
Finibus	14	22	Pfyn	16
Arbore Felici	20	30	Arbon	30
Brigantia	14	20	Bregentz	19
Vemania	...	24	Immenstadt	24

* 138. *Deuxième itinéraire de la route de* Lugdunum (*Leyde*) *à* Argentoratum (*Strasbourg*) *et à* Vemania (*Immenstadt*).

Table Théodosienne, segm. 1 A B C, segm. 2 A B C.	Lieues gauloises.	Milles romains.	Cartes de Wiebeking, de Sepp, de Hardy, de Rheinwald et Dewart, de Cassini, de Weiss, d'Amann.	Milles romains.
Lugduno................	...	...	Leyde (du milieu de la ville)....	...
Pretorium Agrippine......	...	2	Römburg...............	2
Matilone...............	...	3	Rynenburg..............	3
Albauianis..............	...	5	Alphen (en allant droit sans suivre le grand détour du Rhin)....	5
Nigro Pullo.............	...	2	Swadenburger............	2
Lauri..................	...	5	Bykeness-Whyport........	5
Fletione...............	8	12	Fleuten (*confondu avec* Trajecto : on passe le Rhin à Bruchdyck).	12
Trajecto (oublié)........	...	4	Utrecht (*oublié ou confondu avec* Fleuten)...............	4
Levefanum.............	...	16	Leersum (un peu plus à l'est)....	16
Carvone...............	...	8	Rhenen................	8
Castra Herculis...........	...	13	Hervelt (en passant le Rhin à Wageningen)...............	13
Noviomagi..............	...	8	Nimegen...............	8
Arenatio...............	...	10	Arth et Herwen..........	10
Burginatio..............	...	6	Schenken-Schantz.........	6
Colo. Trajana...........	...	5	Kellen................	5
Veteribus...............	...	40	Buderich-Wesel-Werich.....	40
Asciburgia..............	...	13	Aesberg (en allant droit par Haalen)	13
Novesio................	14	21	Neuss ou Nuys (en suivant le Rhin).	21
Agripina...............	16	24	Cologne (par la route).......	24
Bonnæ.................	11	16½	Bonne (par la route)........	16
Rigomagus..............	8	12	Rimagen (par la route)......	13
Autumnaco.............	9	13½	Audernach.............	13½
Confluentes.............	9	13½	Coblentz...............	13½
Bontobrice..............	8	12	Boppart...............	12
Vosavia................	9	13½	Ober-Wesel.............	13½
Bingium................	9	13½	Bingen................	13½
Mogontiaco.............	12	18	Mayence...............	18
Bonconica..............	9	13½	Oppenheim.............	12
Borgetomagi............	11	16½	Worms................	16½
Noviomagus.............	13	19½	Speyr.................	21
Tabernis...............	12	18	Rhein Zabern............	17½
Saletione...............	11	16½	Seltz..................	19
Brocomagus.............	18	27	Brumat................	24
Argentorate.............	7	10½	Strasbourg.............	11½
Helellum...............	12	18	Elle et Benfelden.........	18
Argentovaria............	12	18	Artzenheim.............	18
Cambete (xii *lisez* xxii)....	22	33	Gross Kembs............	33
Arialbinnum.............	7	10½	Binningen ou Bingen.......	10½
Augusta Rauracum........	6	9	Kayser Augst............	9
Vindonissa.............	22	33	Vindisch (en suivant le Rhin jusqu'à Lauffenbourg)..........	33
Ad Fines...............	30	45	Pfyn..................	45
Arbor Felix.............	21	31½	Arbon.................	30
Ad Rhenum (*transposé*)....	...	9	Rheineck..............	9
Brigantia...............	...	10	Bregentz...............	10
Ad Rhenum (*faussement mis ici pour une autre station*)..	...	9	*Station dont le nom a été omis*, Sulzberg.................	9
Vemania...............	...	15	Immenstadt.............	15

* 139. *Premier itinéraire de la route de* Vemania *(Immenstadt) à* Lugdunum *(Leyde).*

Itinéraire d'Antonin. Wessel., p. 237, 259, 368 et 252.	Lieues gauloises.	Milles romains.	Cartes d'Amann, de Weiss, de Cassini, de Haas, de Rheinwald et Wart, de Lecoq, de Wiebeking, de Seep.	Milles romains.
Vemania................	...	...	Immenstadt................	...
Brigantia................	...	24	Bregentz................	24
Arbore Felici............	...	20	Arbon................	19
Finibus................	...	30	Pfyn................	30
Vitoduro................	...	22	Winterthür................	16
Vindonissa............	...	23	Windisch................	29
Rauracis................	...	27	Kayser Augst............	27
Artalbinno (Legio xxvii)...	...	9	Binningen ou Bencken......	9
Uruncis................	...	22	Illzach (au confluent de l'Ill et de la Doller................	22
Monte Brisiaco¹..........	...	23	Vieux-Brisach............	23
Helveto................	19	28	Elle et Benfelden..........	28
Argentorato (xxviii Leg. viiii lisez)................	...	18	Strasbourg................	18
Brocomago (xx *corrigez* x)..	...	10	Brumat................	11¾
Concordia²................	20	30	Lauterbourg..............	30½
Noviomago..............	20	30	Spire....................	30½
Bingio (xxv)............	...	...	Bingen..................	...
Baudobrica (replacé ici).....	...	...	Boppart................	...
Autumnaco................	...	...	Anderuach................	...
....	...	...	....	...
Bonna................	...	...	Bonne................	...
Colonia Agrippina........	11	16½	Cologne................	16½
Durnomago *lisez* Burunco...	7	10	Woringen................	10½
Burunco *lisez* Durnomago...	5	7	Dorrmagen............	3
Novesio................	5	7	Neuss..................	10½
Gelduba................	7	10½	Gellep ou Gelloup........	10½
Calone................	9	13½	Haalen-Kievelt..........	13½
Veteribus................	7	10½	Budcrich-Wesel-Werisch....	10½
Ad Castra (*Legio* 30 *Ulpia Trajana*)................	...	...	In der Poll Alpen..........	1½
Colonia Trajana..........	...	...	Kellen................	...
Burginatio (vi *lisez* v)......	...	5	Schenkenschantz..........	5
Harenacio (x *lisez* vi)......	...	6	Arth et Herwen..........	6
Carvone................	...	12	Veene Daal..............	12¼
Mannaritio................	...	16	Maaren................	15
Trajecto................	...	15	Utrecht................	15
Albinianis..............	17	25½	Alphen................	24
Lugduno................	...	10	Leyde................	10

¹ Par la variante xxiii entre Uruncis et Mons Brisiacus.
² Selon la variante donnée par Wesseling, le manuscrit de Longolianus porte xx.

* 139. *Deuxième itinéraire de la route de* VEMANIA
(*Immenstadt*) *à* LUGDUNUM (*Leyde*).

Table Théodosienne, segm. 1 A B C, segm. 2 A.	Lieues gauloises.	Milles romains.	Cartes d'Amann, de Cassini, de Haas, de Rheinwald et Dewart, de Hardy, de Wiebeking, de Lecoq, de Sepp.	Milles romains.
Vemania.................	...	...	Immenstadt...............	...
Ad Rhenum (*mis faussement ici pour une autre station*).	...	15	Sulzberg.................	15
Brigautia.................	...	9	Bregentz.................	9
Ad Rhenum (transposé)....	...	10	Rheinek.................	10
Arbor Felix (*chiffre qui accompagne* Ad Rhenum)...	6	9	Arbon..................	9
Ad Fines.................	21	31½	Pfyn...................	30
Vindonissa................	...	...	Windisch................	...
Augusta Rauracorum.......	22	33	Augst..................	33
Arialbinnum...............	6	9	Binningen...............	9
Cambete..................	7	10½	Gross Kembs.............	10½
Argentovaria (XII *lisez* XXII).	22	33	Artzenheim..............	33
Helellum.................	12	18	Elle et Benfelden.........	18
Argentorate...............	12	18	Strasbourg...............	18
Brocomagus...............	7	10½	Brumat.................	11½
Saletione.................	18	27	Seltz...................	24
Tabernis..................	11	16½	Rhein Zabern............	19
Noviomagus...............	12	18	Speyr...................	17½
Borgetomagi..............	13	19½	Worms..................	21
Bouconica................	11	16½	Oppenheim..............	16½
Mogontiaco................	9	13½	Mayence................	12
Bingium..................	12	18	Bingen..................	18
Vosavia..................	9	13½	Ober-Wesel.............	13½
Bontobrice................	9	13½	Boppart.................	13½
Confluentes...............	8	12	Coblentz................	12
Autumnaco................	9	13½	Andernach..............	12
Rigomagus................	9	13½	Rimagen................	13½
Bonnæ...................	8	12	Bonne..................	13½
Agripina..................	11	16½	Cologne.................	16½
Novesio..................	16	24	Neuss ou Nuyss..........	24
Asciburgia................	14	21	Aesberg.................	21
Veteribus.................	...	13	Buderich-Wesel-Werisch...	13
Colonia Trajana...........	...	40	Kellen (près de Clèves)....	40
Burginatio................	...	5	Schenkenschantz (ancien confluent du Vahal et du Rhin)........	5
Arenatio..................	...	6	Arth ou Herwen..........	6
Noviomagi................	...	10	Nimegen................	10
Castra Herculis...........	...	8	Hervelt.................	8
Carvone..................	...	13	Rhenen.................	13
Levefano.................	8	12	Leersum................	12
Fletione..................	16	24	Fleuten.................	24
Lauri....................	...	12	Bikeness................	12
Nigro Pullo...............	...	5	Swadenburger...........	5
Albanianis................	...	2	Alphen.................	2
Matilone.................	...	5	Ryuenburg..............	5
Pretorium Agrippina.......	...	3	Romeburg...............	3
Lugduno..................	...	2	Leyden.................	2

140. Itinéraire de la route de Borbetomagus (*Worms*) à Bonna (*Bonne*).

Inscription de la colonne de Tongres.	Lieues gauloises.	Milles romains.	Cartes de Cassini, et carte routière de France de l'Administration, routes et chaussées.	Milles romains.
Borgitomagus........	...	...	Worms........	...
Bonconica..........	11	16¼	Oppenheim....	18
Mogontiaco.........	8	12	Mayence......	12
Bingium............	12	18	Bingen........	18
Vosolvia...........	8	12	Ober-Wesel....	12
Bondobrica.........	8	12	Boppart.......	12
Confluentes........	8	12	Coblentz......	12
Autumnacum........	8	12	Andernach.....	12
Rigomagus..........	8	12	Rimagen.......	12¼
Bonna..............	9	13½	Bonne.........	12
Colonia Agrippina (L. xi)...	11	16½	Cologne.......	16½

141. Itinéraire de la route de Noviomagus (*Nimègue*) à Lugdunum (*Leyde*).

Table Théodosienne, segment 1 A B.	Lieues gauloises.	Milles romains.	Cartes modernes de Wiebeking.	Milles romains.
Noviomagi........	...	...	Nimègue........	...
Ad Duodecimum....	12	18	Petit village sans nom après (Yssendorn......	18
Grinnibus.........	6	9	Warich et Boschstein.......	9
Caspingio.........	12	18	Gorkum et Spyck...	18
Tablis............	8	12	Ablas...........	12
Flenio............	12	18	Vlaerdingen.....	18
Foro Adriani......	8	12	Voorburg ou Foorburg...	12
Lugduno..........	...	...	Leyde...........	...

142. Premier itinéraire de la route d'Augusta Vindelicorum (*Augsbourg*) à Brigantia (*Bregentz*).

Itinéraire d'Antonin, Wesseling, p. 250 et 251.	Milles romains.	Carte manuscrite du Dépôt de la Guerre, et carte de la Suisse, par Weiss.	Milles romains.	Wesseling, p. 236 et 238.	Milles romains.	Cartes modernes.	Milles romains.
Augusta Vindelicum......	...	Augsbourg (à l'extrémité méridionale)....	...	Augusta Vindelicum......	...	Augsbourg......	...
Guntia..........	22	Etringen......	22	Rostro Nemaviæ..	25	Ramingen......	25
Celio Monte.....	16	Reichtertried....	16	....	...	....	...
Campoduno.....	14	Kempten (un mille au nord, entre ce lieu et Caims)..	14	Campoduno......	32	Kempten et Caims.	32
Vemania........	15	Immenstadt.....	15	Vemania........	15	Immenstadt.....	15
Brigantia.......	24	Bregentz........	24	Brigantia.......	24	Bregentz........	24

143. *Deuxième itinéraire de la route* d'Augusta Vindelicorum (*Augsbourg*) à Brigantia (*Bregentz*).

Table Théodosienne, segment 3.	Milles romains.	Carte du Dépôt de la Guerre, et carte de Weiss.	Milles romains.
Augusta Vindelicorum............	...	Augsburg.....................	...
Rostro Nemaviæ (oublié)........	25	Ramingen....................	25
Viaca............................	20	Un mille géographique au nord d'Ellemberg................	20
Vemania........................	23	Immenstadt..................	23
Ad Rhenum (par erreur)........	15	Station à Sulzberg...........	15
Brigantia.......................	9	Bregentz.....................	9

144. *Itinéraire de la route* d'Augusta Vindelicorum (*Augsbourg*) à Campodunum (*Kempten*).

Table Théodosienne, segment 3.	Milles romains.	Cartes modernes.	Milles romains.
Augusta Vindelicorum............	...	Augsbourg...................	...
Rapis...........................	18	Jonction des routes au midi de Schwabmünchigen..........	18
Navoæ.........................	24	Laueberg.....................	24
Campoduno.....................	18	Kempten et Caims............	18

145. *Itinéraire de la route de* Campodunum (*Kempten*) à Abodiacum.

Table Théodosienne, segment 3.	Milles romains.	Cartes modernes.	Milles romains.
Campoduno......................	...	Kempten et Caims............	...
Escone.........................	20	Salbenspurg..................	20
Abodiaco.......................	18	Sur la route entre Kinsen et Dinnhausen.....................	18

146. *Itinéraire de la route* d'Augusta Vindelicorum (*Augsbourg*) à Ad Lunam (*Ulm*).

Table Théodosienne, segment 3.	Milles romains.	Cartes modernes.	Milles romains.
Augusta Vindelicorum...........	...	Augsburg.....................	...
Pomone.........................	12	Maingerundel................	12
Ad Lunam......................	40	Ulm..........................	40

147. *Itinéraire de la route de* Vindonissa (*Vindisch*) *à* Ad Lunam (*Ulm*)[1].

Table Théodosienne, segment 3 A.	Milles romains.	Cartes de Weiss, d'Amann et du Dépôt de la Guerre.	Milles romains.
Vindonissa..................	...	Windisch...................	...
Tenedone (viii).............	12	Thingen....................	12
Juliomago...................	14	Stuelingen..................	14
Brigobanne..................	11	Breunlingen (sur la Brége)...	11
Arisflavis...................	13	Zimmern....................	13
Samulocenis.................	14	Mulheim et Altstadt.........	14
Grinarione...................	22	Sigmaringen.................	22
Clarenna....................	...	Marchtal....................	...
Ad Lunam...................	22	Ulm........................	22

Inscription de Tongres.

Cette inscription, dont nous avons déjà souvent fait emploi, est une pierre milliaire trouvée en 1817, à cinquante pas de Tongres, près de la porte de Saint-Trond, appelée Kruiss Poort. — Un *fac-simile* de cette pierre se trouve dans la Dissertation de M. Hennequin intitulée *De origine et natura principatus urbis Trajecti ad Mosam medio œvo.* Lovanii, 83 pages. — Cette inscription a été redonnée dans les *Archives historiques des Pays-Bas*, n° 3, novembre 1829, p. 166-168. — La pierre est la même que celle que l'on extrait des environs de Namur; sa forme primitive paraît avoir été celle d'un prisme de 38 pouces 6 lignes de diamètre, mesure des Pays-Bas. — Voici comme je restitue les parties rompues.

148. *Première face de l'inscription. Route de* Bonna (*Bonne*) *à* Borbetomagus (*Worms*).

Inscription.	Lieues gauloises.	Cartes modernes.	Milles romains.	Itinéraire d'Antonin, pages 368 et 374.	Lieues gauloises.	Table Théodosienne. segment 2.	Lieues gauloises.
Colonia Agrippina.	...	Cologne..........	...	Colonia..........	...	Colonia..........	...
Bonna (L. XI)....	11	Bonne............	16½	Bonna...........	11	Bonnæ...........	11
Rigomagus.......	9	Rimagen..........	12	....	...	Rigomagus.......	8
Antunnacum.....	8	Andernach........	12¾	Antunnaco.......	17	Autumnaco.......	9
Confluentes.......	8	Coblentz..........	12	Confluentes......	8	Confluentes.......	9
Bondobrica.......	8	Boppart...........	12	Baudobrica.......	...	Bontobrice.......	8
Vosolvia..........	8	Ober-Wesel.......	12	....	...	Vosavia...........	9
Bingium..........	8	Bingen............	12	Bingio............	...	Bingium..........	9
Mogontiac........	12	Mayence..........	18	Mogontiaco.......	12	Mongotiacum.....	12
Bonconica........	8	Oppenheim........	12	....	...	Boncouica........	8
Borbitomagus.....	11	Worms...........	18	Borbitomagus....	18	Borgitomagus.....	11

[1] Cette route est comme la continuation de celles de la Gaule, le long du Rhin.

149. *Deuxième face de l'inscription.* Route de DURO-CORTORUM à SAMAROBRIVA, *comparée avec la Table et l'itinéraire d'Antonin.*

Inscription.	Lieues gauloises.	Itinéraire d'Antonin, page 379.	Lieues gauloises.	Itinéraire d'Antonin, page 362.	Lieues gauloises.	Table Théodosienne, segment 1.	Lieues gauloises.
..... L. XV.....	15	.....	...	.....	...	.....	...
Noviomag.......	15	.....	...	.....	...	Noviomagus.,....	25
Durocorier......	12	Durocortoro.....	...	Durocortoro.....	...	Durocortoro.....	12
Ad Fines.......	12	Fines.......	12	.....	...	.....	...
Augusta Suessionum........	12	Augusta Suessonum........	13	Augusta Suessonas¹.......	24	Augusta Suessionum........	...
Isara..........	16	.....	...	.....	...	Lura.........	16
Rovdium.......	9	.....	...	Noviomagus.....	18	Rodium........	9
Steviæ.........	8	.....	...	.....	...	Setucis.......	10
Samarabriva....	...	.....	...	Ambianis.......	23	Samarobriva.....	10

---

150. *Deuxième face de l'inscription. Itinéraire de la route de* DURO-CORTORUM (*Reims*) *à* SAMAROBRIVA (*Amiens*), *comparé avec les cartes modernes et restitué.*

Inscription.	Lieues gauloises.	Milles romains.	Cartes modernes.	Milles romains.
Treveris Civitas............	...	...	*Trèves*.................	...
Orolauno................	15	22	*Arlon*.................	22
Epoïsso	20	30	*Carignan ou Ivois*...........	30
Ad (L. xv).............	15	22½	*Chesne-le-Populeux*..........	20½
Noviomagus.............	15	22½	*Neuville en Tournasuy*........	22½
Durocorier..............	12	18	*Reims*................	18
Ad Fines...............	12	18	*Fismes*...............	18
Aug. Suessionum..........	12	18	*Soissons*...............	18½
Isara...................	16	24	*Passage d'un bras de l'Oise à Pont-l'Evêque, près de Noyon*......	24
Rovdium...............	9	13½	*Roye, à S.-Médard, à l'entrée*...	13½
Steviæ	8	12	*Intersection de la route entre Baucourt et Mézières*...........	12
Samarabriva ²............	10	15	*Amiens*.................	15

¹ Selon le Ms. de Cusanus; les autres portent xxv, xxxvii pour Suessonas.
² La distance de Samarobriva n'est pas donnée dans l'inscription.

*151. *Troisième face de l'inscription. Route de* Castellum
(*Cassel*) *à* Nemetacum (*Arras*)[1].

Inscription.	Lieues gauloises.	Itinéraire d'Antonin, page 377.	Lieues gauloises.	Cartes modernes.	Milles romains.
Castello............	...	Castello............	...	Cassel............	...
....	...	Minariacum........	11	Merville.........	16¼
Fines Atrebatum....	14	....	...	Béthune et Annezin.	21½
Nemetacum........	17	Nemetacum........	19	Arras............	21½

---

*151. *Troisième face de l'inscription. Itinéraire de la
route de* Castellum (*Cassel*) *à* Nemetacum (*Arras*).

Inscription.	Lieues gauloises.	Milles romains.	Cartes modernes.	Milles romains.
Castello.................	...	...	Cassel..................	...
Fines Atrebatum.........	14	21½	Béthune et Annezin..........	21½
Nemetacum.............	14	21½	Arras (par la route directe de Lens).	21½

---

152. *Itinéraire de la route d'*Atuatuca (*Tongres*)
à Noviomagus (*Nimègue*).

Table Théodosienne, segment 1 C.	Lieues gauloises.	Milles romains.	Carte de Ferrari, carte de Westphalie, par Lecoq.	Milles romains.
Atuaca.................	...	...	Tongres..................	...
Feresne................	16	24	Maeswick et Eesden..........	24
Catualium..............	14	21	Horn (en suivant la Meuse)......	21
Blariaco................	12	18	Blerick (en suivant la Meuse)...	18
Cevelum................	22	33	Cleverburg................	33
Noviomagi..............	3	5½	Nimègue..................	5½

---

*153. *Premier itinéraire de la route de* Brigantium
(*Bregentz*) *à* Tarvessède (*Torre di Vercella*).

Itinéraire d'Antonin. Wesseling, page 278.	Milles romains.	Cartes modernes.	Milles romains.
Brigantia (confondu avec Ad Rhenum).............	...	Bregentz et Rheinek..........	...
Curia..................	50	Chür ou Coire.........	51
Tarvessède.............	60	Passage de l'Adda, près de Torre di Vercella.............	60

[1] Cette route passait par Atuatuca Tongrorum ou Tongres, et aboutissait à Amiens et à Cologne.

* 153. *Deuxième itinéraire de la route de* Brigantium
(*Bregentz*) *à* Tarvessède (*Torre di Vercella*)

Table Théodosienne, segment 3.	Milles romains.	Cartes modernes.	Milles romains.
Brigantia (confondu avec Ad Rhenum).	...	Bregentz et Rheinek.	...
Clunia	17	Altenstadt	17
Magia	18	Guschen et Meinfeld	18
Turia *lisez* Curia	16	Chür (en français Coire)	16
Lapidaria	32	Cresta	32
Cunu Aureu	17	Chiavenna et Pucerello	17
Tarvessedo	10	Passage de l'Adda, près de Torre di Vercella	10

* 154. *Premier itinéraire de la route de* Tarvessède
(*Torre di Vercella*) *à* Mediolanum (*Milan*).

Itinéraire d'Antonin. Wesseling, page 278.	Milles romains.	Cartes modernes.	Milles romains.
Tarvessède	...	Passage de l'Adda, près de Torre di Vercella	...
Clavenna	15	Varenna	15
Ad lacum Comacenum	10	Pointe du lac Côme à Nizzo	10
Per lacum Comum usque *Mediolano*	60	Traversée du lac Côme jusqu'à Milan	60

* 154. *Deuxième itinéraire de la route de* Tarvessède
(*Torre di Vercella*) *à* Mediolanum (*Milan*).

Table Théodosienne, segment 3.	Milles romains.	Cartes modernes.	Milles romains.
Tarvessedo	...	Passage de l'Adda, près de Torre di Vercella	...
Clavenna	20	Civenna	20
Como	18	Côme (en traversant le lac)	18
Mediolanum (à partir de *Clavenna*)	35	Milan (à partir de Civenna)	35

155. Itinéraire de la route de Brigantium (*Bregentz*) à Summo Lacu (*Samogia, extrémité du lac de Côme*).

Wesseling, page 277.	Milles romains.	Cartes de la Suisse, par Weiss, et carte des Alpes de Raymond, feuille 3.	Milles romains.
Brigantia (*confondu avec* Ad Rhenum)	...	Bregentz (confondu avec Rheinek).	...
Curia	50	Chür ou Coire	51
Tinnetione	20	Tinzen et Asmolin	20
Muro	15	Vico Sopra et Borgo Novo, sur les bords de la Maira	15
Summo Lacu	20	Samogia Riva, à la pointe nord du lac Côme	20

156. Itinéraire de la route d'Arbor Felix (*Arbon*) à Curia (*Chür ou Coire, et l'extrémité du lac Côme*)

Table Théodosienne, segm. 3.	Milles romains.	Cartes de la Suisse, par Weiss.	Milles romains.
Arbor Felix	...	Arbon	...
Curia (XLIII *lisez* LXIII)	63	Chür ou Coire (en passant par S.-Gall et la rive occidentale du Rhin (le x porte à S.-Gall)	63
Raie aboutissant à l'extrémité du lac, et le chiffre ayant rapport à la distance de Tarvessede	60	Commencement du lac Côme à Sorigo	60

*157. Premier itinéraire de la route de Vemania (*Immenstadt*) à Augusta Trevirorum (*Trèves*).

Itinéraire d'Antonin, page 237.	Lieues gauloises.	Milles romains.	Cartes de Cassini.	Milles romains.
Vemania	...	...	Immenstadt	...
Brigantia	16	24	Bregentz	25
Arbore Felice	20	30	Arbon	19
Ad Fines	20	30	Pfyn	30
Vindonissa	30	45	Windish et Brugg	45
Artalbinno	24	36	Binningen	34
Monte Brisiaco (xxx *lisez* xxv)	25	38	Vieux-Brisack	38
Argentorato (XXXVIII)	30	45	Strasbourg	45
Tabernis	14	21	Saverne	21
Decem Pagis	20	30	Dieuze	33
Divodoro	25	38	Metz	36
......XII	12	18	Chapelle S.-Pierre près Thionville	18
Caranusca XVI	16	24	Canach	24
Treveros	15	22	Trèves	22

*157. Deuxième itinéraire de la route de Vemania (Immenstadt) à Augusta Trevirorum (Trèves).

Table Théodosienne, segm. 3 A, et segm. 2 C.	Lieues gauloises.	Milles romains.	Cartes de Cassini.	Milles romains.
Vemania...	...	...	Immenstadt...	...
Ad Rhenum (mis ici pour une autre station)...	...	15	Station dont le nom est oublié (Sulzberg)...	15
Brigantia...	...	9	Bregeutz...	9
Ad Rhenum (transposé)...	...	10	Rheineck...	10
Arbor Felix...	6	9	Arbon...	9
Ad Fines...	21	31¾	Pfyn...	30
Vindouissa...	30	45	Windisch...	45
Augusta Rauracorum...	22	33	Augst...	33
Arialbinnum...	6	9	Binningen...	9
Cambete...	7	10½	Gross-Kembs...	10½
Argentovaria (xii lisez xxii).	22	33	Artzenheim...	33
Hellellum...	12	18	Elle...	18
Argentoratum...	12	18	Strasbourg...	18
Tabernis...	14	21	Saverne...	21
Ponte Saravi...	12	18	Sarr Altrofft (par la route)...	17¼
Decempagos...	10	15	Dieuze (en ligne droite)...	16
Ad Duodecimum...	12	18	Baudrecourt (au passage de la Nied)...	18
Divo Durimedio Matricorum.	12	18	Metz...	18
Carauusca...	...	42	Canach...	42
Ricciaco...	...	10	Muuscheker...	10
August. Tresvirorum...	...	10	Trèves...	10

158. Itinéraire de la route d'Augusta Trevirorum (Trèves) à Argentoratum (Strasbourg).

Itinéraire d'Antonin, page 371.	Lieues gauloises.	Milles romains.	Cartes modernes.	Milles romains.
Treveros...	...	...	Trèves...	...
Divodurum [1]...	36	54	Metz...	54
Ponte Sarvix lisez Decempagis...	22	33	Dieuze...	36
Argentorato lisez Tabernis...	22	33	Saverne...	33
Argentorato...	14	21	Strasbourg...	21

159. Itinéraire de la route de Divodurum (Metz) à Argentoratum (Strasbourg).

Table Théodosienne, segment 2 A B C.	Lieues gauloises.	Milles romains.	Cartes modernes.	Milles romains.
Divo Durimedio Matricorum.	...	...	Metz...	...
Ad Duodecimum...	12	18	Baudrecourt...	18
Decempagos...	12	18	Dieuze...	18
Ponte Saravi...	10	15	Saar Altrofft...	16
Tabernis...	12	18	Saverne...	17½
Argentorate...	14	21	Strasbourg...	21

[1] Par la variante du Ms. 7230.

160. *Itinéraire de la route de* Moguntiacum (*Mayence*) *à* Augusta Trevirorum (*Trèves*).

Table Théodosienne, segment 2 A B.	Lieues gauloises.	Milles romains.	Cartes modernes.	Milles romains.
Mogontiaco............	...	...	Mayence............	...
Bingium...............	12	18	Bingen..............	18
Dumnissus.............	16	24	Denzen, près Kirchberg....	24
Belginum..............	8	12	Beuren..............	12
Noviomago............	10	15	Neumagen...........	15
Augusta Tresvirorum.....	10	15	Trèves..............	15

161. *Itinéraire de la route de* Moguntiacum (*Mayence*) *à* Vosolvia (*Ober-Wesel*).

Inscription de Tongres.	Lieues gauloises.	Milles romains.	Cartes modernes.	Milles romains.
Mogontiaco............	...	...	Mayence............	...
Bingium...............	12	18	Bingen..............	18
Vosolvia...............	8	12	Ober Wesel..........	12

* 162. *Premier itinéraire de la route d'*Augusta Rauracorum (*Augst*) *à* Mogontiacum (*Mayence*).

Itinéraire d'Antonin, pages 353, 354 et 355.	Lieues gauloises.	Milles romains.	Cartes modernes.	Milles romains.
Augusta Rauracum........	...	...	Augst..............	...
Cambete...............	12	18	Gross Kembs (en abrégeant et en passant par Arialbinnum, et suivant la route)............	18
Stabulis...............	6	9	Skallampe............	9
Argentovaria............	18	27	Artzenheim (à Mauchon)........	27
Helveto................	16	24	Elle (en prenant la route de traverse qui conduit de Marckolsheim à Schélestadt)........	24
Argentorato	12	18	Strasbourg...........	18
Saletione (vii *lisez* xx par transposition de la p. 253).	20	30	Seltz (par route directe, sans passer par Brumat)............	30
Tabernis...............	12	18	Rhein-Zabern..........	19
Noviomago............	11	16½	Speyr...............	17½
Borbitomago...........	14	21	Worms...............	21
Bouconica.............	13	19½	Oppenheim (au confluent du Rhin et de la Mulbach à Nierstein).	19
Maguntiaco	7	11	Mayence............	11

* 162. *Deuxième itinéraire de la route d'*Augusta Rauracorum *(Augst) à* Mogontiacum *(Mayence)*.

Table Théodosienne, segm. 2.	Lieues gauloises.	Milles romains.	Cartes modernes.	Milles romains.
Angusta...............	...	...	Augst...............	...
Arialbinnum...........	6	9	Binningen............	9
Cambete...............	7	10½	Gross Kembs..........	10½
Stabulis (omis).......	6	9	Skalampe.............	9
Argentovaria (confondu avec Mons Brisiacus)......	12	18	Vieux-Brisach et Artzenheim...	18
Helellum..............	12	18	Elle (à partir d'Artzenheim, mais en ligne droite)......	18
Argentorate...........	12	18	Strasbourg...........	18
Brocomagus............	7	10½	Brumat...............	11½
Saletione.............	18	27	Seltz................	24
Tabernis..............	11	16½	Rhein Zabern.........	19
Noviomago.............	12	18	Speyr................	17½
Borgetomagi...........	13	19½	Worms................	21
Bonconica.............	11	16½	Oppenheim............	16½
Moguntiaco............	9	13½	Mayence..............	12

---

163. *Itinéraire de la route d'*Augusta Trevirorum *(Trèves) à* Colonia Agrippina *(Cologne)*.

Il est probable que le séjour des empereurs est la cause de ces mélanges de mesures en lieues gauloises et en milles romains que l'on observe dans les environs de Trèves ; c'est ce qui a brouillé la route que nous analysons. Pour pouvoir la rétablir dans son exactitude primitive, il faut faire une grande attention aux variantes des manuscrits. Dans deux manuscrits de la Bibliothèque Impériale (4807 et 4808), on lit :

Marcomagus.
M. P. LVIII.
Leugas XXVIII.

Dans le manuscrit 4806, on lit :

Marcomago vic.
Leg. LVIII.
Leg. XXVIII.

Dans le manuscrit de Lamoignon, dont je me suis servi pour l'édition du Dicuil, on lit :

MARCOMAGO.
LEUGAS.....M. P. M. XXVIII.

Ces diverses variantes, où tous les chiffres sont semblables, nous prouvent que *Marcomagus* était à 58 milles romains de Trèves et à 28 milles romains de Cologne, ce qui est en effet la distance où se trouve Marmagen de ces deux villes.

Le point de *Marcomagus* se trouvant déterminé par les mesures anciennes, celui de *Beda* étant pareillement fixé par les mêmes mesures à Bitbourg, il devient facile de choisir dans les variantes des manuscrits, et de rétablir, par ce choix, le texte de cette route dans son exactitude primitive. La Table, aussi bien que le plus grand nombre des manuscrits de l'Itinéraire, nous donne le chiffre XII pour la distance d'*Ausara* à *Egorigium*, mais le plus ancien manuscrit de la Bibliothèque Royale 7230[A] porte Leug. VIII, ce qui nous indique que le chiffre XII, dans les autres manuscrits et dans la Table, signifie des milles romains et non des lieues, et en effet cette distance est la seule qui s'accorde avec nos cartes modernes.

Le nom de *Belgica* manque dans quelques manuscrits, parce qu'en effet il n'appartenait pas à la même route que celle qui passait par *Tolbiacum* pour aller à Cologne, mais à une route directe entre *Marcomagus* et *Colonia* ; et ce qui a produit cette confusion et cette erreur, c'est que la distance XVI, évaluée en milles romains et non en lieues gauloises, qui se trouve après *Colonia*, convient également aux deux routes. Les tableaux suivants achèveront de démontrer toutes ces assertions.

Itinéraire d'Antonin. Wesseling, page 372.	Lieues gauloises.	Milles romains.	Cartes de Ferrari, n°s 25, 20, 15 et 10.	Milles romains.
Treviris..................	...	...	Trèves.....................	...
Beda vicus................	12	18	Bitbourg...................	18
Ausava vicus..............	12	18	Oos (sur la rive droite de l'Oosbach, canton de Prüm).......	18
Egorigio vicus (vicus Tgiga).	8	12	Kirchenhacher (au midi de Stadt-Kill et Kronenburg).........	12
Marcomago................	8	12	Marmagen..................	12
Tolbiaco (vicus Superuorum).	10	15	Zulpich ou Seueruich........	15
Agrippina Civitas...........	...	16	Cologne....................	16

164. *Itinéraire de la route directe entre* MARCOMAGUS *(Marmagen) et* COLONIA AGRIPPINA *(Cologne).*

Itinéraire d'Antonin. Wesseling, page 373.	Lieues gauloises.	Milles romains.	Cartes modernes.	Milles romains.
Marcomagus............	...	...	Marmagen...............	...
Belgica vicus..........	8	12	Byem (près de Enskichen)......	12
Agrippina..............	...	16	Cologne (à l'entrée de la ville)...	16

---

165. *Itinéraire de la route d'*AUGUSTA TREVIRORUM *(Trèves) à* COLONIA AGRIPPINA *(Cologne).*

Table Théodosienne, segm. 2 A	Lieues gauloises.	Milles romains.	Cartes de Ferrari, n°s 25, 20, 15 et 10.	Milles romains.
Augusta Trevirorum.......	...	...	Trèves..................	...
Beda..................	12	18	Bitbourg...............	18
Ausara	12	18	Oos (sur l'Oosbach, canton de Prüm).................	18
Icorigium..............	...	12	Kirchenhacher...........	12
Marcomagus............	8	12	Marmagen..............	12
Vicus Supernorum, oublié (x).	10	15	Seuernich..............	15
Agripina (VI *corrigez* XVI)...	...	16	Cologne................	16

---

166. *Itinéraire de la route d'*EPOÏSSO *(Ivois ou Carignan) à* DURO-CORTORUM *(Reims).*

Inscription de Tongres. Deuxième face.	Lieues gauloises.	Milles romains.	Cartes de Cassini.	Milles romains.
Epoïsso..................	...	...	Carignan ou Ivois.........	...
Ad.... L. xv...	15	22½	Chesne-le-Populeux	22½
Noviomagus.............	15	22½	Neuville en Tournasuy	22½
Ducorier...............	12	18	Reims.................	18

---

167. *Itinéraire de la route de* DURO-CORTORUM *(Reims) à* EPOÏSSO *(Ivois, actuellement Carignan).*

Inscription de Tongres. Deuxième face.	Lieues gauloises.	Milles romains.	Cartes modernes.	Milles romains.
Durocorier...............	...	...	Reims..................	...
Noviomagus.............	12	18	Neuville en Tournasuy.........	18
Ad L. xv..............	15	22½	Chesne-le-Populeux...........	22½
Epoïsso	15	22½	Carignan ou Ivois............	22½

168. *Itinéraire de la route de* Duro-Cortorum (*Reims*) *à* Augusta Trevirorum (*Trèves*).

Itinéraire d'Antonin. Wesseling, p. 365 et 366.	Lieues gauloises.	Milles romains.	Cartes de Cassini, n°⁸ 79, 78 et 109, et cartes de Ferrari, n°ˢ 24 et 25.	Milles romains.
Durocortoro................	...	...	Reims	...
Vungo Vicus................	22	33	Vonc ou Vonc-Terron sur Aisne..	35
Epoïsso	22	33	Iptsch ou Ivois (actuellement Carignan)...................	31
Orolauno...................	20	30	Arlon.......................	31
Andethannæ................	15	22½	Anwen (Nieder).............	23
Treveros Civitas............	15	22½	Trèves (en suivant la route actuelle).	20½

169. *Itinéraire de la route de* Duro-Cortorum (*Reims*) *à* Meduanto (*Martué*).

Table Théodosienne, segment 1 C, segment 2 A.	Lieues gauloises.	Milles romains.	Cartes de Cassini, n°ˢ 78, 79 et 109, et cartes de Ferrari, n° 24.	Milles romains.
Durocortoro................	...	...	Reims......................	...
Noviomagus................	12	18	Neuville en Tournasuy........	18
Mose......................	25	37½	Monzon	39½
Meduanto..................	9	13½	Martué (succursale, et le lieu nommé Menil).................	13½

170. *Itinéraire de la route de* Duro-Cortorum (*Reims*) *à* Treveros (*Trèves*).

Itinéraire d'Antonin. Wesseling, pages 365 et 366.	Lieues gauloises.	Milles romains.	Cartes de Cassini, n°ˢ 78, 79 et 109, et cartes de Ferrari, n°ˢ 24 et 25.	Milles romains.
Durocortoro................	...	...	Reims......................	...
Vungo Vicus................	22	33	Vonc.......................	35½
Epoïsso....................	22	33	Iptsch ou Ivois (Carignan).....	29½
Orolauno...................	20	30	Arlon.......................	31
Andethannæ *sive* Vandetaunaie	15	22½	Anwen (Nieder)..............	23
Treveros Civitas............	15	22½	Trèves......................	22

171. *Itinéraire de la route de* Duro-Cortorum (*Reims*) *à* Colonia Agrippina (*Cologne*).

Table Théodosienne, segm. 1 C, segment 2 A.	Lieues gauloises.	Milles romains.	Cartes de Ferrari, n°s 10, 15, 19 et 24. Cartes de Cassini, n°s 78, 79 et 109.	Milles romains.
Durocortoro	...	...	Reims	...
Noviomagus	12	18	Neuville en Tournasuy	18
Mose	25	37½	Mouzon	38½
Meduanto	9	13½	Menil et Martué	13½
....	...	...	Hamipré-Vaux-les-Rosières, Bastogue-Bourcy	...
....	...	...		
Munerica	72	108	Metternich (passage de l'Erfft)..	108
Agripina	6	9	Cologne	9

172. *Premier itinéraire de la route de* Duro-Cortorum (*Reims*) *à* Divodurum (*Metz*).

Itinéraire d'Antonin. Wesseling, p. 364.	Lieues gauloises.	Milles romains.	Cartes de Cassini.	Milles romains.
Durocortoro	...	...	Reims	...
Station oubliée	5	7½	Mille toises avant les deux maisons.	7½
Basilia	10	15	Grand-S.-Hilaire (au passage de la Suippe)	15
Axvenna	12	18	Vienne-la-Ville (au passage de l'Aisne)	18
Virodunum	17	25½	Verdun	25½
Fines	9	13½	Marcheville	15
Ibliodurum	6	9	Hannonville (au passage de l'Yron)	9
Divodurum	8	12	Metz (au milieu de la ville)	15½

173. *Deuxième itinéraire de la route de* Duro-Cortorum (*Reims*) *à* Divodurum (*Metz*).

Itinéraire d'Antonin. Wesseling, pages 364 et 365.	Lieues gauloises.	Milles romains.	Cartes de Cassini, n°s 79, 80, 111, 142 et 141.	Milles romains.
Durocortoro	...	...	Reims	...
Station oubliée	5	7½	*Portion de l'autre route*	7½
Fano Minervæ	14	21	La Cheppe, sur la Vesle (prétendu camp d'Attila)	21
Ariola	16	24	Montgarni	24
Caturigis	9	13½	Bar-le-Duc	13½
Nasium	9	13½	Naix	14½
Tullum	16	24	Toul	25
Scarpouna	10	15	Scarponne	15
Divodurum (xii *corrigez* xiiii d'après la Table)	14	21	Metz (au mur extérieur)	21

174. *Troisième itinéraire de la route de* Duro-Cortorum (*Reims*) *à* Divodurum (*Metz*).

Table Théodosienne, segm. 1 C, segm. 2 A.	Lieues gauloises.	Milles romains.	Cartes de Cassini, nos 79, 80, 111, 142 et 141.	Milles romains.
Durocortoro............	...	...	Reims................	...
Fanomia	19	28 ½	La Cheppe (prétendu camp d'Attila)................	28 ½
Caturices.	25	37 ½	Bar-le-Duc............	37 ½
Nasie.................	9	13 ½	Naix.................	14 ½
Ad Fines..............	14	21	Foug	21
Tullum................	5 ½	7 ½	Toul.................	6
Scarponna.............	10	15	Scarponne............	15
Divo Durimedio Matricorum.	14	21	Metz (au centre de la ville)......	21

---

175. *Itinéraire de la route de* Duro-Cortorum (*Reims*) *à* Andomatunum (*Langres*).

Table Théodosienne, segm. 1 G.	Lieues gauloises.	Milles romains.	Cartes de Cassini, nos 113, 81, 82, 80 et 79.	Milles romains.
Durocortor............	...	...	Reims	...
Corobilium	...	57	Corbeil...............	57
Segessera.............	21	31 ½	Bar-sur-Aube..........	29 ½
Andemantunno (xxi *corrigez* xxvii).............	21	40 ½	Langres..............	42 ½

---

176. *Premier itinéraire de la route d'*Argentoratum (*Strasbourg*) *à* Noviomagus (*Spire*).

Table Théodosienne. Von Scheyb, segm. 2 C et B.	Lieues gauloises.	Milles romains.	Cartes de Cassini, nos 161, 162 et 173.	Milles romains.
Argentorato...........	...	...	Strasbourg	...
Brocomagus...........	7	10 ½	Brumpt...............	11 ½
Saletione.............	18	27	Seltz.................	24
Tabernis	11	16 ½	Rhein-Zabern..........	19
Noviomagus	12	18	Speyre...............	17 ½

177. *Deuxième itinéraire de la route d'*Argentoratum *(Strasbourg) à* Noviomagus *(Spire)*.

Itinéraire d'Antonin. Wesseling, pages 252 et 253.	Lieues gauloises.	Milles romains.	Cartes de Cassini.	Milles romains.
Argentorato..............	...	...	Strasbourg...............	...
Brocomago (xx *corrigez* vii, d'après la page 354 et à cause de la transposition).	7	10½	Brumpt.................	11½
Concordia...............	18	27	Altstadt, près Weissembourg....	23½
Noviomagus..............	20	30	Speyre.................	32½

178. *Troisième itinéraire de la route d'*Argentoratum *(Strasbourg) à* Noviomagus *(Spire)*.

Itinéraire d'Antonin. Wesseling, page 354.	Lieues gauloises.	Milles romains.	Cartes de Cassini.	Milles romains.
Argentorato...............	...	...	Strasbourg...............	...
Saletione (vii *corrigez* xx d'après la page 253 et à cause de la transposition)......	20	30	Seltz...................	30
Tabernis.................	13	19½	Rhein-Zabern...........	19
Noviomagus..............	11	16½	Speyre.................	17½

179. *Itinéraire de la route de* Tullum *(Toul) à* Durocortorum *(Reims), en passant par* Mosa *(Meuvy)*.

Table Théodosienne. segm. 2 A, segm. 1 C.	Lieues gauloises.	Milles romains.	Cartes de Cassini, 111, 112, 113, 80, 79.	Milles romains.
Tullio...................	...	...	Toul...................	...
Solimariaca (distance par l'itinéraire)................	15	22½	Soulosse................	22½
Noviomagus..............	7	10½	Église de Notre-Dame-des-Piliers..	10½
Mose...................	9	13½	Meuvy..................	14½
Caturiges (voie indiquée par un trait sans distance)....	...	72½	Bar-le-Duc (chaussée romaine encore existante entre Laugres et Bar-le-Duc................	72½
Fanomia.................	25	37½	La Cheppe..............	37½
Durocortoro..............	19	28½	Reims..................	28½

180. *Itinéraire de la route* d'Andomatunum (*Langres*) à Tullum (*Toul*).

Itinéraire d'Antonin. Wesseling, 385.	Lieues gauloises.	Milles romains.	Cartes de Cassini, n°⁸ 113, 112, 111.	Milles romains.
Adematunno...............	...	...	Langres.....................	...
Mosa.....................	12	18	Meuve.....................	18
Solimariaca...............	16	24	Soulosse...................	25½
Tullum...................	15	22½	Toul......................	21½

181. *Premier itinéraire de la route de* Divodurum (*Metz*) à Augusta Trevirorum (*Trèves*).

Table Théodosienne, segment 2 B.	Milles romains.	Cartes modernes.	Milles romains.
Divodurimedio Matricorum......	...	Metz......................	...
Caranusca.................	42	Canach...................	42
Ricciaco...................	10	Munschecker...............	10
Augusta Tresviror..........	10	Trèves.....................	10

C'est un fragment mutilé de cette route qui se trouve à la page 240 de l'Itinéraire. Nous allons le rétablir dans son exactitude primitive:

182. *Deuxième itinéraire de la route de* Divodurum (*Metz*) à Augusta Trevirorum (*Trèves*).

Itinéraire d'Antonin. Wesseling, page 240.	Lieues gauloises.	Milles romains.	Cartes modernes.	Milles romains.
Divodoro..................	...	...	Metz......................	...
Theodonis Villa (XII).......	12	18	Thionville.................	18
Caranusca................	16	24	Canach....................	24
Treveros (XVI *lisez* XIV)....	14	21	Trèves.....................	20

En combinant ces deux itinéraires, on aura le tableau complet de cette route de la manière suivante:

183. *Troisième itinéraire de la route de* Divodurum (*Metz*) à Augusta Trevirorum (*Trèves*).

Table Théodosienne, segm. 2 B.	Lieues gauloises.	Milles romains.	Cartes modernes.	Milles romains.
Divodurum................	...	...	Metz......................	...
Theodonis Villa............	12	18	Thionville.................	18
Caranusca................	16	24	Canach....................	24
Ricciaco...................	7	10	Munschecker...............	10
Augusta Trevirorum........	7	10	Trèves.....................	10

184. *Itinéraire de la route de* Tullum *(Toul) à* Confluentes *(Coblentz), selon l'anonyme de Ravenne.*

Anonymi Ravennatis, lib. IV, cap. XXVI, p. 188, édit. Porcheron.	Milles romains.	Cartes de Cassini, nos 111, 142, 141, 141 bis et 175.	Milles romains.
Tulla (Tullum)...............	...	Toul.......................	...
Scarbona (Scarpouna).........	10	Scarponne..................	10
Mecusa (Mettis)..............	14	Metz.......................	14
Gannia (Caranusca)..........	42	Canach.....................	42
Treoris (Treviris).............	20	Trèves ou Trier............	20
Nobia (Noviomagus)..........	12	Neumagen..................	12
Princastellum................	17	Berncastell.................	17
Cardena.....................	27	Carden.....................	27
Conbalentia (Confluentes).....	17	Coblentz...................	17

185. *Itinéraire de la route de* Tullum *(Toul) à* Indesina *(Nancy).*

Table Théodosienne, segm. 2 A.	Lieues gauloises.	Milles romains.	Cartes de Cassini, nos 110 et 141.	Milles romains.
Tullio.......................	...	...	Toul.......................	...
Andesina	11	16	Nancy et d'Essay...........	16

186. *Itinéraire de la route de* Castellum *(Cassel) à* Colonia Agrippina *(Cologne).*

Itinéraire d'Antonin, Wesseling, page 377.	Lieues gauloises.	Milles romains.	Cartes de Cassini.	Milles romains.
Castello.....................	...	...	Cassel......................	...
Minariacum..................	11	16½	Merville....................	16½
Nemetacum..................	19	28½	Arras.......................	28½
Camaracum..................	14	21	Cambray....................	21
Bagacum.....................	18	27	Bavay......................	27
Vodgoriacum.................	12	18	Wandre.....................	18½
Geminiacum..................	10	15	Vieuville....................	16
Perniciacum..................	22	33	Acosse (épine d'Acosse, ou tombe de l'Empereur)...........	33
Advaca Tongrorum..........	14	21	Tongres (en partant de la tombe de l'Empereur)............	21
Coriovallum..................	16	24	Corten et Walem (en passant par Maestricht)...............	24
Juliacum.....................	12	18	Juliers (au pont sur la Roer)....	19½
Colonia......................	18	27	Cologne (au milieu de la ville, en passant par Bercheim).......	25½

187. *Itinéraire de la route de* CASTELLUM *(Cassèl)* à COLONIA AGRIPPINA *(Cologne), rétabli.*

Inscription de Tongres. Troisième face.	Lieues gauloises.	Milles romains.	Carte routière des ponts et chaussées, Atlas national.	Milles romains.
Castello............	...	...	Cassel............	...
Fines Atrebatum.........	14	21½	Béthune...........	21½
Nemetacum...........	14	21½	Arras............	21½
Ad *Camaracum*.........	14	21½	Cambray...........	21½
Item Ad *Atuatuca Tongror*...	96	114	Tongres...........	114
Et *Colonia Agrippina*......	46	69	Cologne...........	69

188. *Itinéraire de la route de* TERUANNA *(Thérouenne)* à COLONIA AGRIPPINA *(Cologne).*

Table Théodosienne, segm. 1 B C, segm. 2 A.	Lieues gauloises.	Milles romains.	Cartes de Cassini.	Milles romains.
Teruanna..................	...	...	Thérouenne................	...
Nemetaco..................	22	33	Arras....................	34
Cameraco..................	14	21	Cambray..................	21
Hermomacum...............	11	16½	Bermerain................	16
Bagacouervio...............	8	12	Bavay...................	12½
Vosoborgiaco..............	12	18	Waudre.................	18½
Geminico vico.............	12	16½	Vieuville................	16
Perniciaco (XLVI *aarrigas*)...	22	33	Acosse (Épine-d'Acosse)........	33
Atvaca....................	16	24	Tongres (en partant d'Acosse)....	24
Cortovallio................	16	24	Corten et Walem (en passant par Maestricht).............	24
Juliaco....................	12	18	Juliers (au pont sur la Roer).....	19½
Agripina..................	18	27	Cologne (aux murs de la ville, en passant par Bercheim)........	25½

189. *Itinéraire de la route de* COLONIA TRAJANA *(Alpen)* à COLONIA AGRIPPINA *(Cologne).*

Itinéraire d'Antonin, page 375.	Lieues gauloises.	Milles romains.	Cartes de Cassini.	Milles romains.
Colonia Trajana...........	...	...	Alpen.................	...
Mediolano................	8	12	Gueldre................	12
Sablonibus...............	8	12	Vanlo (en passant par Blerich)...	12
Mederiacum..............	10	15	Merum-Ruremonde..........	15
Teudurum................	9	13½	Tudder.................	12
Coriovallum..............	6	9	Corten.................	9
Juliacum.................	12	18	Juliers.................	19½
Tiberiacum...............	8	12	Bercheim (ou Berghen)........	12
Colonia Agrippina.........	10	15	Cologne (au milieu)...........	15

190. *Itinéraire de la route de* Vesontium (*Besançon*) *à* Andomatunum (*Langres*).

Table Théodosienne, segm. 2 et 1.	Lieues gauloises.	Milles romains.	Cartes modernes.	Milles romains.
Vesontine............	...	...	Besançon............	...
Crusinie.............	15	22 ½	Orchamps............	22 ½
Ponte Dubris.........	19	28 ½	Ponthoux et Navilly..	28 ½
Cabillione...........	14	21	Challons............	21
Vidubia.............	20	30	Passage de la Vouge près Villebicht.	30
Filena..............	19	28 ½	Thil-le-Château.....	28 ½
Andemantunno........	19	28	Langres............	28

191. *Itinéraire de la route d'*Andomatunum (*Langres*) *à* Cambate (*Gross-Kembs*).

Itinéraire d'Antonin. Wesseling, page 386.	Lieues gauloises.	Milles romains.	Cartes modernes.	Milles romains.
Andematunno..........	...	...	Langres............	...
Varcia...............	16	24	Larrey.............	24
Vesontione [1]........	18	27	Besançon...........	27
Epamanduoduro.......	31	46 ½	Mandeurre..........	51
Cambate.............	31	46 ½	Gross-Kembs........	42

192. *Itinéraire de la route de* Cambate (*Gross-Kembs*) *à* Andomatunum (*Langres*).

Itinéraire d'Antonin, Wesseling, page 386.	Lieues gauloises.	Milles romains.	Cartes de Cassini.	Milles romains.
Cambate.............	...	...	Gross-Kembs........	...
Epamanduoduro.......	31	46 ½	Mandeure...........	42
Vesontione..........	31	46 ½	Besançon...........	51
Varcia..............	18	27	Larrey.............	27
Andematunno.........	16	24	Langres............	24

193. *Itinéraire de la route de* Vesontione (*Besançon*) *à* Larga (*Largitzen*).

Itinéraire d'Antonin. Wesseling, p. 349.	Lieues gauloises.	Milles romains.	Cartes de Cassini.	Milles romains.
Visontione..........	...	36	Besançon...........	...
Velatoduro..........	22	33	Velero.............	33
Epamantadurum......	12	18	Mandeurre..........	18
Larga...............	16	24	Passage de la Largue à Largitzen.	24

[1] Variante du Ms. 7230. La collation de Melo porte 19, mais j'ai lu 18 dans le Ms

194. Itinéraire de la route d'ANDOMATUNUM (Langres) à CAMBATE (Gross-Kembs).

Table Théodosienne, segm. 1 et 2.	Lieues gauloises	Milles romains	Cartes modernes.	Milles romains
Andemantunno............	...	...	Langres................	...
Varcia (x, xi)............	...	21	Larrey.................	21
Segobodium..............	6	9	Séveux ou Savoyeux...........	9
Vesontine...............	18	27	Besançon................	18
Loposagio...............	13	19½	Baume-les-Dames et S.-Ligier....	19½
Epomanduo..............	18	27	Mandeurre................	27
Larga..................	16	24	Passage de la Largue à Largitzen.	24
Cambete................	12	18	Gross-Kembs..............	18

195. Premier itinéraire de BURDIGALA (Bourdeaux) à NARBONA (Narbonne).

Itinéraire d'Antonin, page 549.	Lieues gauloises	Milles romains	Cartes modernes.	Milles romains
Burdigala................	...	...	Bourdeaux..............	...
Mutatio Stomatas..........	7	10½	S.-Médard d'Ayran.........	10
Mutatio Sirione............	9	13½	Pont sur le Céron, vers son embouchure................	13
Civitas Vasatas...........	9	13½	Basas..................	13½
Mutatio Tres Arbores.......	5	7½	Trétiu.................	8
Mutatio Oscinejo..........	8	12	Moulin d'Escinjot sur le Cérou...	13½
Mutatio Scittio............	8	12	Sos (Cieutat sur la Galise).......	12
Civitas Elusa.............	8	12	Cieutat-Eause............	13½
Mutatio Vanesia...........	12	18	Lezian.................	18½
Civitas Auscius............	8	12	Auch (en ligne droite)........	12
Mutatio Ad Sextum........	6	9	Ollet et la Laque...........	9
Mutatio Hungunuero.......	7	10½	Hundu de devant, et Menjoulet...	10½
Mutatio Bucconis..........	7	10½	Empeaux (près du bois de Bouconne)................	10½
Mutatio ad Jovem..........	7	10½	Teula et Chaubet (non loin de Legnevin)................	10½
Civitas Tholosa............	7	10½	Toulouse................	10½
Mutatio ad Nonum.........	...	9	Pont Pertusat............	9
Mutatio ad Vicesimum......	...	11	Visconti (entre Montjaillard et Thome)................	11
Mansio Elusione...........	...	9	S.-Pierre d'Elzonne, église de Montferrand)............	9
Mutatio Sostomago.........	...	9	Castelnaudary............	9
Vicus Hebromago..........	...	10	Villarazen et Bram..........	10
Mutatio Cœdros...........	...	6	Passage de la Bougeanne......	6
Castellum Carcassone.......	...	8	Carcassonne..............	8
Mutatio Tricensimum.......	...	8	Millepetit et Milgrand.........	8
Mutatio Hosuerbas.........	...	15	Lezignan (passage du torrent de Jourre)................	15
Civitas Narbone...........	...	15	Narbonne (au milieu)........	15

196. *Deuxième itinéraire de* BURDIGALA (*Bourdeaux*) *à* NARBONA (*Narbonne*).

Table Théodosienne, segment 1.	Lieues gauloises.	Milles romains.	Cartes modernes.	Milles romains.
Burdigalo............	...	...	Bourdeaux............	...
Civit. Basatas........	...	...	*Basas*...............	...
M. Tres Arbores......	...	...	*Crétin*..............	...
Oscineio............	...	...	*Moulin d'Escinjot*....	...
Scittio..............	...	...	*Sos*................	...
Elusa...............	15	22	La Cieutat-Eause......	16
Besino..............	10	15	S.-Paul de Bèse ou de Baize (au passage de la Baize)........	16
Eliberre.............	12	18	Auch...............	17
Casinomago..........	15	22½	Cazejus et Cazeaux (sur Save)....	22
Tolosa..............	19	28½	Toulouse............	28
Bad**...............	...	15	Baziéges............	15
Fines...............	...	19	Pechbusque..........	19
Eburomago..........	...	...	Villarazen ou Bram...	...
Carcassione (XVII *corrigez* XIIII).........	...	14	Carcassonne........	14
Luvaria.............	...	12	Capendou..........	12
Usuerna............	...	11	Lezignan...........	11
Narbone............	...	16	Narbonne à Creissel..	16

197. *Itinéraire de la route de* BURDIGALA (*Bourdeaux*) *à* SERIONE (*Céron*).

Itinéraire de Jérusalem. Wesseling, page 549.	Lieues gauloises.	Milles romains.	Cartes modernes.	Milles romains.
Burdigala............	...	...	Bourdeaux...........	...
Mut. Stomatas........	7	10½	S.-Médard d'Ayran....	10½
Mut. Sirione.........	9	13½	Pont sur le Céron....	13½

198. *Itinéraire de la route de* BURDIGALA (*Bourdeaux*) *à* DIOLINDUM (*la Linde*).

Table Théodosienne, segment 1.	Lieues gauloises.	Milles romains.	Cartes modernes.	Milles romains.
Burdigalo............	...	...	Bourdeaux..........	...
Stomatas...........	...	10	*S.-Médard d'Ayran*...	10
Sertone (Sirione).....	...	...	Pont sur le Céron....	...
Vesubio (*substitué à* Vasatas).	...	20	Usetz (substitué à Basas)......	20
Fines................	20	30	La Marque (près Tonneins).....	30
Aginnum.............	15	22½	Agen...............	22½
Excisum............	13	19½	La Mottescy.........	20
Diolindum..........	21	31½	La Linde............	31½

DES ITINÉRAIRES ANCIENS DES GAULES. 95

199. *Itinéraire de la route de* Vesunna (*Périgueux*) *à* Augustoritum (*Limoges*).

Table Théodosienne, segm. I.	Lieues gauloises.	Milles romains.	Cartes modernes.	Milles romains.
Vesonna..................	...	...	Périgueux.................	...
Fines.....................	14	21	Thiviers (en ligne droite)......	21
Ausrito...................	...	...	Limoges...................	...

200. *Itinéraire de la route de* Agedincum (*Agen*) *à* Lactora (*Lectoure*).

Table Théodosienne, route indiquée sans distance.	Lieues gauloises.	Milles romains.	Cartes modernes.	Milles romains.
Aginnum..................	...	...	Agen......................	...
Lactora...................	...	...	Leitoure...................	...

201. *Itinéraire de la route de* Burdigala (*Bourdeaux*) *à* Fines (*La Marque*).

Table Théodosienne, segm. I.	Lieues gauloises.	Milles romains.	Cartes modernes.	Milles romains.
Burdigala.................	...	...	Bourdeaux.................	...
Sertone (*confondu avec* Sto-matas)...................	,	10	S.-Médard d'Ayran (confondu avec l'embouchure du Céron).....	10
Vesubio (*substitué à* Vasatas).	...	20	Usetz (substitué à Basas).......	20
Fines.....................	20	30	La Marque (près Tonneins).....	30

202. *Itinéraire de la route de* Burdigala (*Bourdeaux*) *à* Argentomagus (*Argenton*).

Itinéraire d'Antonin, Wesseling, page 461.	Lieues gauloises.	Milles romains.	Cartes modernes.	Milles romains.
Burdigala.................	...	...	Bourdeaux.................	...
Sirione...................	15	22½	Embouchure du Céron.......	23
Ussubium (xx).............	...	...	Uzeste (substitué à Basas)......	...
Fines.....................	24	36	La Marque (près de Tonneins)...	36
Aginnum..................	15	22½	Agen......................	22½
Excisum..................	13	19½	La Mottesey................	20
Trajectus.................	21	31½	Dragaux et Pontour.........	31
Vesunna..................	18	27	Tour de Vesone à Périgueux....	26½
Fines.....................	21	31½	Vaux et Chante (entre les deux)..	31½
Augustoritum [1]..........	21	31½	Limoges (à la citadelle)........	31½
Augustomagus (dans le Ms. du Vatican).............	21	31½	Poste entre Montmagnis et Dognon ou Magnac................	31½
Argentomago..............	21	31½	Argenton..................	31½

[1] Variante d'après le Ms. de Paris.

203. Itinéraire de la route de BURDIGALA (*Bourdeaux*) à AGINNUM (*Agen*).

Itinéraire d'Antonin, Wesseling, page 461.	Lieues gauloises.	Milles romains.	Cartes modernes.	Milles romains.
Burdigala...............	...	...	Bourdeaux.............	...
Sirioue.................	...	...	Embouchure du Céron dans la Gironde, entre Barsac et Préguac.	...
Ussubium...............	20	30	Usetz.................	30
Fines...................	24	36	La Marque.............	35
Aginnum................	15	22½	Agen..................	22

204. Itinéraire de la route de VESUNNA (*Périgueux*) à AUGUSTORITUM (*Limoges*).

Itinéraire d'Antonin. Wesseling, page 461.	Lieues gauloises.	Milles romains.	Cartes modernes.	Milles romains.
Vesunna................	...	...	Périgueux.............	...
Fines...................	...	21	Thiviers (en ligne droite).......	21
Augustoritum...........	28	42	Limoges (par la route).........	42

205. Itinéraire de la route d'AGINNUM (*Agen*) à LUGDUNUM (*Saint-Bertrand de Comminges*).

Itinéraire d'Antonin. Wesseling, page 462.	Lieues gauloises.	Milles romains.	Cartes modernes.	Milles romains.
Aginno..................	...	...	Agen..................	...
Lactura.................	15	22½	Lectoure..............	22½
Climberrum.............	15	22½	Auch..................	22½
Belsino.................	10	15	Beres (au midi de Masseube, Belgarde)...............	15
Lugdunum..............	23	34½	S.-Bertrand-de-Comminges)....	34

206. Itinéraire de la route de CLIMBERRUM (*Auch*) à BERSINO (*Berginatz*).

Itinéraire d'Antonin. Wesseling, page 462.	Lieues gauloises.	Milles romains.	Cartes modernes.	Milles romains.
Climberrum.............	...	...	Auch..................	...
Bersino [1]..............	12	18	Berginats..............	18

[1] Variante du Ms. de Bâle.

207. Premier itinéraire de la route de Burdigala (Bourdeaux) à Augustodunum (Autun).

Itinéraire d'Antonin. Wesseling, page 458.	Lieues gauloises.	Milles romains.	Cartes modernes.	Milles romains.
Burdigala............	...	...	Bourdeaux............	...
Blavio...............	19	28 ½	Blaye...............	28
Tamnum..............	16	24	Valeyrat ou le banc vis-à-vis S.-Romans...............	24
Novioregum...........	12	18	Royan (en ligne droite)........	18
Mediolanum Santonum.....	15	22 ½	Saintes (en ligne droite).......	22
Aunedonnacum..........	16	24	Aunay (en ligne droite)........	24 ½
Rauranum.............	20	30	Rom (en ligne droite).........	30
Limonum (xxi corrigez xvi)..	16	24	Poitiers................	24
Fines................	21	31 ½	Haintz (en ligne droite)........	30
Argentomago...........	21	31 ½	Argenton...............	31 ½
Ernodorum.............	27	40 ½	Passage de l'Arnon à S.-Ambroise (Ernotorum du moyen âge)....	40 ½
Avaricum.............	13	19 ½	Bourges à S.-Priné...........	19
Tinconcium............	20	30	Sancon................	32
Deccidæ..............	22	33	Decise................	33 ½
Alisincum.............	14	21	Anizy.................	21
Augustodunum.........	22	33	Autun (par la route de Château-Chinon)...............	33

208. Deuxième itinéraire de la route de Burdigala (Bourdeaux) à Augustodunum (Autun).

Table Théodosienne, segm. 1 A B C, segm. 2 A.	Lieues gauloises.	Milles romains.	Cartes modernes.	Milles romains.
Burdigalo............	...	...	Bourdeaux............	...
Blania (ix corrigez xix).....	19	28 ½	Blaye...............	28
Lamnum..............	22	33	Talmont (en ligne droite, à la Vieille-Ville)............	33
Mediolano Saneorum.......	13	19 ½	Saintes................	20 ½
Avedonnaco...........	16	24	Aunay................	24
Brigiosum............	8	12	Ancien Briou (passage de la Boutonne à Chevigné).........	12
Raraunа..............	12	18	Raum ou Rom............	18 ½
Lemuno..............	16	24	Poitiers................	24
Fines................	20	30	Haintz................	30 ½
Argantomago...........	...	...	Argenton...............	31 ½
Alerta...............	14	21	S.-Vincent d'Ardentes.........	21
Avaricum.............	28	42	Bourges (à S.-Priné)..........	40
Tincollo..............	20	30	Sancon................	32
Degena...............	...	33	Decise................	33 ½
Alisincum...........	14	21	Anizy.................	21
Augustodunum..........	22	33	Autun................	33

209. *Itinéraire de la route d'*Avaricum (*Bourges*) *à* Aquæ Bormonis (*Bourbon-l'Archambault*).

Table Théodosienne, segment 1 E F.	Lieues gauloises.	Milles romains.	Cartes modernes.	Milles romains.
Avaricum............	...	...	Bourges............	...
Tincollo.............	20	30	Sancon.............	30
Degena..............	...	33	Decise..............	33
Aquis Bormonis......	...	30	Bourbon-l'Archambault.	30

210. *Itinéraire de la route de* Mediolanum (*Saintes*) *à* Augustoritum (*Limoges*).

Table Théodosienne, segment 1.	Lieues gauloises.	Milles romains.	Cartes modernes.	Milles romains.
Mediolano Saneor......	...	...	Saintes.............	...
Avedonnaco...........	16	24	Aunay..............	24
Seranicomago.........	29	43½	S.-Laurent de Séris et Manigossy.	43½
Casinomago...........	12	18	Chassenon..........	17½
Ausrito...............	17	25½	Limoges............	25½

211. *Itinéraire de la route d'*Augustoritum (*Limoges*) *à* Augustonemetum (*Clermont*).

Table Théodosienne, segment 1.	Lieues gauloises.	Milles romains.	Cartes modernes.	Milles romains.
Ausrito...............	...	...	Limoges............	...
Pretorio..............	14	21	Pourrioux...........	21
Acitodunum..........	18	27	Le Mouthiers d'Ahun.	27
Fines................	20	30	Croisacoigne (ruisseau de Merinthal, près de Montet-le-Gelat)..	30
Ubi..um.............	10	15	Pont-Giband........	15
Aug. Nemete.........	9	13½	Clermont...........	13½

212. *Itinéraire de la route de* Burdigala (*Bordeaux*) *à* Vesunna (*Périgueux*).

Table Théodosienne, segment 1.	Lieues gauloises.	Milles romains.	Cartes modernes.	Milles romains.
Burdigalo............	...	...	Bourdeaux..........	...
Va..tedo.............	...	...	Passage de la rivière au port d'Ison.	...
Corterate............	18	27	Coutras.............	27
C.unaco.............	19	28½	S.-Vincent de Conozat........	28½
Vesonna.............	10	15	Tour de Vesune à Périgueux....	15

213. *Itinéraire de la route de* Tolosa (*Toulouse*) *à* Divona (*Cahors*).

Table Théodosienne, segment 1 D.	Lieues gauloises.	Milles romains.	Cartes modernes.	Milles romains.
Tolosa............	...	...	Toulouse.......................	...
Fines.............	...	28	Le Fau.........................	28
Cosa..............	7	10½	Cos............................	10½
Dibona............	20	30	Cahors.........................	30

---

214. *Itinéraire de la route de* Divona (*Cahors*) *à* Segodunum (*Rhodez*).

Table Théodosienne, segment 1.	Lieues gauloises.	Milles romains.	Cartes modernes.	Milles romains.
Dibona............	...	...	Cahors.........................	...
Varadeto..........	15	22½	Varayre et Vidailhac...........	22½
Carantomago.......	11	16½	Cabanes et Badour..............	17
Segodum...........	15	22½	Rhodez.........................	22½

---

215. *Itinéraire de la route de* Segodunum (*Rhodez*) *à* Cesserone (*Saint-Thibery*).

Table Théodosienne, segment 1.	Lieues gauloises.	Milles romains.	Cartes modernes.	Milles romains.
Segodum...........	...	...	Rhodez.........................	...
Condatomagus......	30	45	Les Conqs, près de Nant........	45
Loteva............	...	23	Lodève.........................	23
Cesserone.........	...	28	S.-Thibery.....................	28

---

216. *Itinéraire de la route d'*Aginnum (*Agen*) *à* Tolosa (*Toulouse*).

Table Théodosienne, segment 1 D.	Lieues gauloises.	Milles romains.	Cartes modernes.	Milles romains.
Aginnum...........	...	...	Agen...........................	...
Lactora...........	...	...	Leytoure.......................	...
Sa...ali..........	16	24	Cologne et N.-D.-de-Sabouls....	24
Tolosa............	20	30	Toulouse.......................	30

217. *Itinéraire de la route d'*Aginnum (*Agen*) *à* Divona (*Cahors*).

Table Théodosienne, segment 1.	Lieues gauloises.	Milles romains.	Cartes modernes.	Milles romains.
Aginnum..............	...	...	Agen.................	...
Excisum..............	13	19½	Mottesey.............	19½
Diolindum (xxi)[1]...	...	...	La Linde (en passant la Dordogne à Pontour)........	...
Divona...............	24	36	Cahors...............	36

218. *Itinéraire de la route d'*Aginnum (*Agen*) *à* Vesunna (*Périgueux*).

Table Théodosienne, segment 1.	Lieues gauloises.	Milles romains.	Cartes modernes.	Milles romains.
Aginnum..............	...	...	Agen.................	...
Excisum..............	13	19½	La Motte-Esey........	19½
Diolindum............	21	31½	La Linde.............	31½
Vesonna..............	...	...	Périgueux............	27

219. *Itinéraire de la route de* Segodunum (*Rhodez*) *à* Lugdunum (*Lyon*).

Table Théodosienne, segment 1 et 2.	Lieues gauloises.	Milles romains.	Cartes modernes.	Milles romains.
Segodum..............	...	...	Rhodez...............	...
Silanum..............	...	24	Anglars, en Castelnau.	24
Aquis Calidis........	...	...	Aigues-Chaudes, près d'Anterrieux..............	...
Anderitum............	18	27	Anterrieux...........	27
Condate..............	22	33	S.-Arcons............	33
Revessione...........	12	18	S.-Paulien (Verrinac).	18
Icidmago[2]..........	14	21	Issengeaux...........	21
Aquis Segeste........	17	25½	S.-Etienne, en Forest.	25½
Foro Segustavarum....	9	13½	Farnay (Succurs.)....	13½
Lugdunum.............	16	24	Lyon.................	24

[1] Ce chiffre xxi appartient à l'itinéraire de la route de Périgueux, qui n'a pas été complété; conférez le n° 218.

[2] La nouvelle édition de la Table (Leipsick, 1824) nous apprend qu'il faut lire XIIII et non XVII, comme dans l'édition de Von Scheyb. — Conférez l'avertissement de cette nouvelle édition, page 11. — L'édition donnée à Bude, en 1824, qui accompagne l'*Orbis Antiquus ex Tabula Itineraria* de Katanschsich, est pareille à celle de Von Scheyb.

220. Itinéraire de la route d'Augusta Nemetum (*Clermont*) à Lugdunum (*Lyon*).

Table Théodosienne, segm. 1 et 2.	Lieues gauloises.	Milles romains.	Cartes modernes.	Milles romains.
Aug. Nemete............	...	...	Clermont................	...
Vorogio................	8	12	Vertaizon et Verdonnet......	12
Ariolica...............	19	28½	Roure et la Cartelas........	28½
Rodamna...............	12	18	Rouanne...............	18
Mediolano.............	22	33	Meylieu................	33
Foro Segustavarum.......	14	21	Farnay................	21
Lugdunum.............	16	24	Lyon.................	24

* 221. Premier itinéraire de la route d'Arelate (*Arles*) à Valentia (*Valence*).

Itinéraire d'Antonin. Wesseling, page 553.	Lieues gauloises.	Milles romains.	Cartes modernes.	Milles romains.
Civ. Arellate............	...	...	Arles.................	...
Mut. Arnagine...........	5	8	S.-Gabriel.............	7½
Mut. Bellinto............	7	10	Barbantane.............	10
Civitas Avenione.........	3	5	Avignon...............	5
Mutatio Cypresseta........	3	5	La Treille-Peyn (jonction de la Louvez et du Rhône)........	5
Civitas Arausione.........	10	15	Orange................	15
Mutatio ad Lectoce........	9	13	Passe du Lez...........	13
Mutatio Novem Crarls.....	7	10	Chartroussas (passage de la Berre).	10
Mansio Acuno...........	10	15	Auconne (la route passe ici à la gauche du Rhône).........	15
Mutatio Vantianis.........	8	12	Baix et Bance..........	12
Mutatio Umbenno........	8	12	Au bac, vis-à-vis Cerisier-Beauchastel.................	12
Valentia...............	6	9	Valence...............	9

* 221. Deuxième itinéraire de la route d'Arelate (*Arles*) à Valentia (*Valence*).

Table Théodosienne, segment 2 D.	Lieues gauloises.	Milles romains.	Cartes de Cassini, n°s 92, 120, 121, 122, 123.	Milles romains.
Arelato...............	...	...	* Arles................	...
Ernagina..............	...	6	S.-Gabrielle...........	7½
Avenione.............	10	15	Avignon (route le long du Rhône).	15
Arausione............	10	15	Orange...............	15
Senomago............	10	15	S.-Pierre-de-Senos (par la route moderne).............	15
Acunum..............	12	18	Jonction de la route d'Auconne à Montelimart.............	18
Batiana..............	8	12	Bances, vis-à-vis Baix.........	12
Valentia.............	13	19	Valence...............	19

222. *Itinéraire de la route de* CEMENELUM (*Simiers*) *à* ARELATE (*Arles*).

Itinéraire d'Antonin. Wesseling, page 296.	Lieues gauloises.	Milles romains.	Cartes modernes.	Milles romains.
Cemnelo..................	...	...	Simiers.....................	...
Varum flumine............	4	6	Le Var, fleuve (passage à S.-Laurent)........................	6
Antipoli..................	7	10	Antibes.....................	10
Ad Horrea................	8	12	Horibel ou Auribeau, à l'embouchure du ruisseau de Viviers...	12
Forum Julii...............	12	17	Fréjus......................	17
Forum Voconii............	16	24	Le Canet...................	24
Matavonio................	8	12	Vins........................	12
Ad Turrem................	9	14	Tourves....................	14
Tegulata..................	11	16	Tretz.......................	16
Aquis Sextis..............	10	15	Aix.........................	15
Massilia...................	12	18	Marseille...................	18
Calcaria...................	9	14	S.-Victoret et passage de la Cardière.	14
Fossis Marianis............	23	34	Foz-lès-Martigues (en faisant le tour de l'étang de Berre)......	34
Arelate...................	22	33	Arles (en suivant le rivage jusqu'au Rhône).....................	33

223. *Itinéraire du chemin direct de* MASSILIA (*Marseille*) *à* ARELATE (*Arles*), *indiqué par certains manuscrits de l'itinéraire.*

Itinéraire d'Antonin. Wessel., page 299, et les Mss.	Lieues gauloises.	Milles romains.	Cartes modernes.	Milles romains.
Massilia..................	...	...	Marseille....................	...
Calcaria..................	9	14	S.-Victoret et passage de la Cardière.	14
Fossis Marianis............	23	34	Extrémité nord-est de l'étang de Ligaguau, en passant par Foz-lès-Martigues................	33
Arelate...................	9	13	Arles (par la route et la plaine de Crau)........................	13

DES ITINÉRAIRES ANCIENS DES GAULES. 103

* 224. *Itinéraire de la route de* FORUM JULII (*Fréjus*)
à ARELATE (*Arles*).

Table Théodosienne, segment 2 D.	Lieues gauloises	Milles romains	Cartes de Cassini.	Milles romains
Foro Julii....................	...	...	Fréjus........................	...
Anteis.......................	12	19	Draguignan...................	18¼
Reis Apollinaris.............	23	32	Riez..........................	32
Aquis Sestis.................	29	44	Aix...........................	44
Pisavis......................	12	18	Pelissano et Langon...........	18
Tuisias [1]..................	12	18	S.-Martin-de-la-Crau..........	18
Arelato......................	7	11	Arles.........................	11

* 224. *Itinéraire de la route détournée de* FORUM JULII
(*Fréjus*) *à* AQUIS SESTIS (*Aix*).

Table Théodosienne, segment 2 D.	Lieues gauloises	Milles romains	Cartes modernes.	Milles romains
Foro Julii....................	...	...	Fréjus........................	...
Anteis.......................	12	19	Draguignan...................	18½
Matavone....................	15	22	Vins..........................	22
Ad Turrem (xvii *lisez* xiiii).	9	14	Tourves.......................	14
Tegulata.....................	11	16	Tretz.........................	16
Aquis Sestis.................	10	15	Aix...........................	15

225. *Itinéraire de la route de* CEMENELLUM (*Simiers*)
(*Nice*) *à* ARELATE (*Arles*).

Table Théodosienne, segm. 2 F E D.	Lieues gauloises	Milles romains	Cartes de Cassini.	Milles romains
Gemenello....................	...	...	Simiers.......................	...
Varum fl.....................	4	6	Le Var........................	6
Antipoli.....................	7	10	Antibes.......................	10
Ad Horrea...................	8	12	Horribel (à l'embouchure du ruisseau de Viviers et de la rivière de Singres)................	12
Foro Julii....................	12	17	Fréjus........................	17
Foro Voconii.................	17	25	Le Canet......................	24
Matavone....................	8	12	Vins..........................	12
Ad Turrem (xvii *corr.* xiiii).	11	14	Tourves.......................	14
Tegulata.....................	11	16	Tretz.........................	16
Aquis Sestis.................	10	15	Aix...........................	15
Massilia Grecorum...........	12	18	Marseille.....................	18
Calcaria.....................	9	14	S.-Victoret et passage de la Cardière.	14
Fossis Marianis..............	22	33	Foz-lès-Martigues.............	34
Arelate......................	22	33	Arles.........................	33

[1] La lettre qui suit le *T* est à moitié effacée dans l'édition de Von Scheyb, mais il n'y a ni *Tericias*, comme le voulait Welser, ni *Ticisias*, comme lit M. Katanschich, t. I, p. 184, de son *Orbis antiquus*. Dans l'édition de Munich on lit distinctement *Tuisias*.

226. *Itinéraire de* Forum Julii (*Fréjus*) *à* Matavone (*Vins*), *formant un embranchement de la route précédente.*

Table Théodosienne, segment 2.	Milles romains.	Cartes modernes.	Milles romains.
Foro Julii................	...	Fréjus..................	...
Anteis...................	19	Draguignan.............	19 ½
Matavone................	22	Vins....................	22

---

227. *Itinéraire de la route d'*Aquæ Sextiæ (*Aix*) *à* Arelate (*Arles*), *formant un autre embranchement de la route tracée dans le numéro 125.*

Table Théodosienne, segment 2.	Lieues gauloises.	Milles romains.	Cartes modernes.	Milles romains.
Aquis Sestis..............	...	...	Aix........................	...
Pisavis...................	...	...	La chapelle S.-Jean de Bernasse..	...
Calcaria..................	22	33	S.-Victoret et au passage de la Cardière, en passant par *Pisavis*...	33
Fossis Marianis...........	22	33	Foz-lès-Martigues............	34
Arelate...................	22	33	Arles.......................	33

---

228. *Itinéraire de la route directe d'*Aquæ Sestiæ (*Aix*) *à* Arelate (*Arles*).

Table Théodosienne, segment 2.	Lieues gauloises.	Milles romains.	Cartes de Cassini.	Milles romains.
Aquis Sestis..............	...	...	Aix........................	...
Pisavis...................	12	18	La chapelle S.-Jean de Bernasse..	18
Tuisias...................	12	18	S.-Martin-de-la-Crau........	18
Arelato...................	7	11	Arles.......................	11

---

229. *Itinéraire de l'embranchement de la route n° 227, entre* Aquæ Sestiæ (*Aix*) *et* Fossis Marianis (*Foz-lès-Martigues*).

Table Théodosienne, segment 2.	Milles romains.	Cartes modernes.	Milles romains.
Aquis Sestis.............	...	Aix........................	...
Massilia Grecorum........	18	Marseille...................	18
Calcaria.................	14	S.-Victoret.................	14
Fossis Marianis..........	33	Foz-lès-Martigues...........	33

230. *Itinéraire de la route d'*ARELATE *(Arles) à* JUNCARIA *(Jonquières).*

Itinéraire d'Antonin, Wessel., p. 388.	Milles romains.	Itinéraire d'Antonin, Wessel., p. 396.	Milles romains.	Cartes modernes.	Milles romains.
Arelate........	...	Arelate........	...	Arles..................	...
Nemausum...	19	Nemausum (XIII corrigez XIX)..	19	Nimes..................	19
Ambrussum.....	15	Ambrussum.....	15	Le pont Embérieu, sur la Vidour................	15
Sextatione......	15	Sextantionem...	15	Ruines de Sextantio, au passage du Loz, près de Castelnau................	15
Foro Domiti....	15	Foro Domiti....	15	S.-Sulpice de Thoron, église ruinée entre Poupan et Gigean................	18
Araura, *sive* Cesserone.......	18	Ceserone.......	18	S.-Thibery, sur l'Hérault...	15
Beterras........	12	Beterris........	12	Béziers................	9
Narbone........	16	Narbone¹.......	15	Narbonne..............	16
....	...	Ad Vigesimum...	20	Pont de Treille, près l'étang de la Palme...........	20
Salsulis.........	30	....	...	Fort Salas.............	30
....	...	Combusta......	14	Trois mille toises au sud de Salas................	14
....	...	Ruscione.......	6	Castel-Roussillon.........	6
Ad Stabulum....	...	Ad Centuriones..	20	S.- Martin, passage de la Tech, près le Boulou au-delà de la rivière.......	20
Ad Pyrenæum...	16	....	...	Château du Reart.........	16
....	...	Summo Pyrenæo.	5	Bellegarde et l'Ecluse.....	5
Juncaria.......	16	Juncaria.......	16	Jonquière..............	17

¹ Variante du Ms. 7230.

231. *Itinéraire de la route d'*ARELATE (*Arles*) *à* BARCINO (*Barcelone*).

Itinéraire d'Antonin, page 552 et 390.	Milles romains.	Cartes modernes.	Milles romains.	Table Théodosienne, segment 1.	Milles romains.	Cartes modernes.	Milles romains.
Civ. Arelate.....	...	Arles,...........	...	Arelate.........	...	Arles...........	...
Mut. Ponte Ærarium.........	8	Pontonneau, près la Trésorière...	8	Ugerno.........	9	Pont de Beaucaire (en ligne droite).	10
Civ. Nemausum...	12	Nimes...........	12	Nenniso........	15	Nimes..........	15
Mut. Ambrosio...	15	Pont Embrieu....	15	Ambrusium.....	15	Pont Embrieu....	15
Mut. Sostantione..	15	Ruines de Sextantio..........	15	Serranone.......	20	Ruines de Sextantio à Castelnau (en passant par Boisseron)........	20
Mut. Foro Domiti..	17	S.-Sulpice de Thoron.........	15	Foro Domitii....	15	S.-Sulpice de Thoron...........	15
Mans. Cessarone..	18	S.-Thibery......	18	Cesserone......	18	S.-Thibery......	18
Civit. Biterris....	12	Béziers.........	12	Beteris.........	12	Béziers.........	12
Civit. Narbone...	16	Narbonne.......	16	Narbone........	21	Narbonne (en passant par le lieu nommé Quarante)	21
....	...	....	...	Ruscione........	6	Castel-Roussillon de Combiesta..	6
....	...	....	...	Illiberre........	7	Alneya (un peu au-delà)........	7
....	...	....	...	Ad Centenarium..	12	A la chapelle S.-Martin, sous le Boulou........	12
....	...	....	...	In summo Pyreneo.	5	Bellegarde, sommet des Pyrénées...	5
....	...	....	...	Declana.........	4	Lécluse (à partir du château du Reart)........	4
....	...	....	...	Juncaria........	12	Jonquière.......	12

232. *Route* JUNCARIA (*Jonquières*) *à* BARCINO (*Barcelone*) [1].

Itinéraire d'Antonin, page 30.	Milles romains.	Itinéraire d'Antonin, page 397.	Milles romains.	Cartes modernes.	Milles romains.	Cartes modernes.	Milles romains.
Juncaria........	...	Juncaria........	...	Jonquière.......	...	....	...
....	...	Cinniana.......	15	Cuirana........	...	....	15
Gerunda........	27	....	...	Girona.........	27	....	...
....	...	Aquis Vocouiis...	24	Fontanillas et Gault. ..	...	....	24
....	...	Secerras........	15	Sectinea........	...	....	15
....	...	Prætorio.......	15	Arènes de Val....	...	....	15
Barcinone [2].....	47	Barcinone.......	17	Barcelone.......	47	....	17

---

[1] La Table, segment 1, met entre Juncaria et Cemvana (Cinniana), 15; entre Cemvana et Gerunda, 12, et entre Gerunda et Vocom (Voconi), 12, ce qui est d'accord avec l'itinéraire.

[2] Variante du Ms. 7230 A.

233. *Itinéraire de* AD PYRENÆUM (*château du Réart*) *à* JUNCARIA (*Jonquières*).

Table Théodosienne, segment 1.	Milles romains.	Cartes modernes.	Milles romains.
In Summo Pyreneo (confondu avec Ad Pyreneum)	...	Château du Reart	...
Declana	4	Lécluse	4
Juncaria	12	Jonquière	12

---

*234. *Itinéraire de la route de* PAMPELONE (*Pampelune*) *à* BURDIGALA (*Bourdeaux*)[1].

Itinéraire d'Antonin, Wesseling, page 455.	Lieues gauloises.	Milles romains.	Cartes modernes.	Milles romains.
Pompelone	...	...	Pampelune	...
Turissa	...	22	Iturin	22
Summo Pyrenæo	...	...	Sommet de Castel Pinon	...
Immo Pyrenæo	...	...	S.-Jean-de-Pied-de-Port	...
Carasa	...	...	Garis	...
Aquis Tarbellicis	39	58½	D'Aqs (Dax)	58½
Mosconnum	16	24	Mixe	24
Segosa	12	18	Escourse	18
Losa	12	18	Bois de Licogas	18
Boios	12	18	Bougès	17
Burdigalam	16	24	Bourdeaux	24

---

*234. *Itinéraire de la route de* PAMPELONE (*Pampelune*) *à* AQUIS TARBELLICIS (*D'Aqs*).

Itinéraire d'Antonin, Wesseling, page 455.	Lieues gauloises.	Milles romains.	Cartes modernes.	Milles romains.
Pampelone	...	...	Pampelune	...
Summo Pyrenæo	18	27	Sommet de Castel-Pinon	27
Imo Pyrenæo	5	7½	S.-Jean-Pied-de-Port	7½
Carasa	12	18	Garis	18
Aquis Tarbellicis[2]	19	28½	D'Aqs (Dax)	28½

[1] Cet itinéraire a été formé par deux itinéraires mélangés, et doit être dédoublé.
[2] Selon la variante du Ms. napolitain.

235. *Itinéraire de la route* d'Aquis Tarbellicis (*D'Aqs*) *à* Burdigala (*Bourdeaux*).

Itinéraire d'Antonin. Wesseling, page 456.	Lieues gauloises.	Milles romains.	Cartes modernes.	Milles romains.
Aquis Tarbellicis..........	...	...	D'Aqs ou Aquise (Dax).........	...
Coequosa................	16	24	Caussèque et Cuillic...........	24
Tellonum...............	18	27	Loustaley et Importey.........	27
Salomaco...............	12	18	Salles.....................	18
Burdigala...............	18	27	Bourdeaux.................	27

---

236. *Itinéraire de la route* d'Aquis Tarbellicis (*D'Aqs*) *à* Tolosa (*Toulouse*).

Itinéraire d'Antonin. Wesseling, page 456.	Lieues gauloises.	Milles romains.	Cartes modernes.	Milles romains.
Aquis Tarbellicis..........	...	...	D'Aqs ou Aquise (Dax).........	...
Beneharnum.............	19	28½	Vieille Tour de Maslac.........	28½
Oppido Novo............	18	27	Naix (Nay)................	29
Aquis Convenarum[1]......	18	27	Bagnères en Bigorre..........	27
Lugdunum..............	16	24	S.-Bertrand de Comminges.....	24
Calagorris..............	...	26	S.-Martorri, ou Martorris.....	26
Aquis Siccis.............	...	16	Ayguas-Sec................	16
Vernosole...............	...	15	Vernoz...................	15
Tolosa..................	...	15	Toulouse.................	15

---

237. *Itinéraire de la route* d'Aquis Siccis (*Ayguas-Sec*) *à* Vernosole (*La Vernose*).

Itinéraire d'Antonin. Wesseling, page 457.	Milles romains.	Cartes modernes.	Milles romains.
Aquis siccis...............	...	Ayguas-Sec................	...
Vernosole[2]...............	12	La Vernose (en ligne directe)....	12

[1] D'après les variantes d'un Ms. de Longolianus.
[2] Variante du Mss. de Cusanus et 4806.

DES ITINÉRAIRES ANCIENS DES GAULES. 109

* 238. *Premier et deuxième tracé de l'itinéraire de la route de* Cæsaraugusta *(Saragosse) à* Beneharnum *(la vieille tour à l'est de Maslac)* [1].

Premier itinéraire d'Antonin. Wesseling, p. 452.	Lieues gauloises.	Milles romains.	Deuxième itinéraire d'Antonin. Wesseling, p. 452.	Lieues gauloises.	Milles romains.	Cartes modernes.	Lieues gauloises.	Milles romains.
Cæsaraugusta.......	...	...	Cesar Augusta.......	...	...	Saragosse........	...	...
Foro Gallorum.....	...	30	Foro Gallorum......	...	30	Passage de la Gallijo à Ardissa........	...	30
Ebellino...........	22	...	....	...	...			
Summo Pyreneo.....	24	36	Summo Pyreneo.....	24	36	Port de Bernere....	...	33
Foro Ligneo........	5	7½	Foro Ligneo........	5	7½	Pene d'Arète.......	5	7½
Aspaluca..........	7	10½	Aspaluca..........	7	10½	Pont de Lesquit, dans la vallée d'Aspse...	7	10½
Ilurone............	12	18	Ilurone............	12	18	Oleron............	12	18
Beneharnum........	12	18	Beneharnum........	12	18	Vieille Tour à l'est de Maslac...........	12	18

* 238. *Troisième tracé de l'itinéraire de la route de* Cæsaraugusta *(Saragosse) à* Beneharnum *(la vieille tour à l'est de Maslac)*.

Itinéraire d'Antonin. Wesseling, p. 452.	Lieues gauloises.	Milles romains.	Cartes modernes.	Milles romains.	
Cesar Augusta.............	...	...	Saragosse................	...	...
Ebellino.................	...	...	Castillo.................	...	...
Foro Ligneo..............	...	...	Pene d'Arète............	...	...
Aspa Luca...............	7	10½	Pont l'Esquit............	7	10½
Ilurone..................	12	18	Oleron..................	12	18
Beneharnum..............	12	18	Vieille Tour à l'est de Maslac.	12	18

239. *Itinéraire de la route d'*Aquis Tarbellicis *(D'Aqs) à* Aquis Convenarum *(Bagnères de Bigorre)*.

Itinéraire d'Antonin. Wesseling, p. 457.	Lieues gauloises.	Milles romains.	Cartes modernes.	Milles romains.	
Aquis Tarbellicis..........	...	...	D'Aqs ou Aquise (Dax)....	...	...
Beneharnum..............	19	28½	Vieille Tour à l'est de Maslac.	19	28½
Oppido Novo.............	18	27	Naix....................	18	27
Aquis Convenarum........	18	27	Bagnères de Bigorre.......	18	27

[1] Formé de trois itinéraires mélangés, cet itinéraire doit être décomposé pour retrouver les distances.

ANALYSE GÉOGRAPHIQUE

DE

L'ITINÉRAIRE MARITIME.

OBSERVATIONS PRÉLIMINAIRES.

Dans l'itinéraire terrestre d'Antonin chaque lieu et son chiffre dépendent nécessairement du lieu qui les précède et qui les suit, puisque ce n'est qu'ainsi qu'ils expriment une corrélation de distances, et chaque ligne prise isolément ne peut rien exprimer. Les intercalations et les mélanges doivent donc y être rares ou en petit nombre, et il est possible, avec le secours de quelques légères corrections, de présenter le tableau de chaque route en particulier. Il n'en est pas de même de l'itinéraire maritime : comme le point de départ et celui d'arrivée se trouvent sur la même ligne, il s'ensuit que chaque ligne et son numéro forment un tout, et un sens complet. Chaque ligne est en quelque sorte un itinéraire à part qu'on peut ou transposer ou isoler sans qu'il cesse d'être entier. C'est comme les titres des itinéraires terrestres qui reprennent les deux points extrêmes d'une route par un seul chiffre, et qui n'ont pas besoin d'avoir une corrélation avec les autres routes qui précèdent ou qui suivent. Je ne prétends pas dire pour cela que ceux qui ont dressé l'itinéraire maritime n'ont gardé aucun ordre ; ils ont voulu au contraire conserver l'ordre et la progression qui se trouvent dans la position des lieux qu'ils indiquent, et chacun des itinéraires maritimes, d'où celui que nous avons a été tiré, observait sans doute cet ordre. Mais il est facile de comprendre que la manière dont cet itinéraire a été rédigé a dû rendre les intercalations et les interversions plus fréquentes. Il a été possible à chaque compilateur d'extraire de différentes cartes, tables ou itinéraires, des distances pour rendre son itinéraire maritime plus complet; et pour que son travail fût utile, il n'était pas absolument nécessaire qu'il connût, ou qu'il observât, la série des positions. Le navigateur plus instruit pouvait redresser ces dérangemens, et tirait néanmoins avantage de ces sortes de compilations, quoique dressées par des hommes ignorans. Voilà pourquoi nous trouvons dans l'Itinéraire maritime tant de confusion et d'inexactitude apparente. Comme il faut perpétuellement remettre en place des noms ou des chiffres transposés, il est impossible, comme dans l'Itinéraire terrestre, de présenter le tableau des distances comparées sans les remarques qui le concernent. Pour pouvoir me faire comprendre, il m'a fallu incorporer les remarques avec le tableau, et arrêter les totaux de chacune des lignes dont les positions se suivent sans dérangement.

Après une lecture attentive de ce travail, on jugera, sans peine, que l'Itinéraire maritime est peut-être de tous les monumens géographiques le plus difficile à expliquer, et à rétablir dans sa pureté primitive.

* 240. *Itinéraire maritime de* Pisanus Portus *à* Portus Delphini.

Itinéraire maritime dans Wesseling, *Vetera Romanorum Itineraria*, page 501.

                                                                Milles romains.

A Portu Pisano Pisis fluvius........................ 9
A Pisis Luna fluvius Macra......................... 30

A Portu Pisano Pisis fluvius........................ 9
A Pisis Luna fluvius Macra (embouchure de l'Arno confondue avec celle du Serchio)............................ 30

A Luna Segesta positio............................. 30

A Segesta Portum Veneris (xxx).....................

    Cette ligne manque dans tous les manuscrits de la Bibliothèque. Il est évident que c'est une intercalation fautive, puisqu'elle fait rétrograder la route.

A Portu Veneris (*lisez* A Segesta) Portus Delphini......... 18

    La ligne précédente étant retranchée, on doit partir de *Segesta* où la distance antérieure nous a porté; *A Portu Veneris* est donc une faute, il fallait lire *A Segesta*. C'est probablement cette erreur qui a donné lieu à l'intercalation de la ligne précédente.

* 240. *Itinéraire maritime de* Livourne *à* Porto Delfino.

Cartes modernes.	Milles romains.
De Livourne à l'embouchure de l'Arno, fleuve............	9
De l'Arno à l'embouchure du fleuve Magra ou de Luni....	31

La mesure est en ligne droite. Il y a un petit torrent ou rivière qui coule à Luni et se débouche dans l'embouchure même du fleuve Magra. La courbe formée par le rivage étant très peu bombée, les vaisseaux pouvaient aller en ligne droite sans perdre de vue la terre.

Cependant en considérant attentivement le court intervalle, et les marais, qui séparent les embouchures de l'Arno et du Serchio, on est porté à croire qu'autrefois une branche de l'Arno se détachait dans le Serchio. Alors ce dernier serait le *Pisanis fluvius*, et on aurait les mesures suivantes, qui sont encore plus exactes en suivant exactement la côte.

De Pise à l'embouchure du fleuve Serchio par Morona et Fiumicello, et ensuite le fleuve Serchio................	9
De l'embouchure du fleuve Serchio à celle du fleuve Magra.	30

On suit exactement la côte, et cette opinion paraît d'autant plus probable que du temps de Ptolémée le fleuve qui coule à Pise était connu sous le nom particulier de *Arnus fluvius*, et Simlerus nous apprend (j'ignore sur quelle autorité) que le *Pisavus fluvius* était appelé *Auserem*.

Du fleuve de Luni ou de Magra à Sestri di Levante.......	30

Dans ce trajet, pour retrouver la mesure ancienne, il ne faut pas suivre la côte trop rigoureusement; de l'embouchure de la rivière Magra on va droit à l'île Tino sans entrer dans l'anse ou le golfe de Spezia : de Tino droit à la Punta del Mesco; de Punta del Mesco droit à Sestri di Levante.

De Sestri di Levante à Porto Venere.......................	....

27 milles romains en côtoyant. 21 à 22 en ligne droite.

De Sestri di Levante à Porto del Fino (en suivant la côte)..	18

Il faut observer que la courbe formée par le rivage entre ces deux lieux étant extrêmement prononcée, on ne pouvait aller en ligne droite sans s'éloigner beaucoup de terre; ainsi on suivait la côte.

Itinéraire matitime. Wesseling, page 503.	Milles romains.
A Portu Delphini Genua Portus....................	16
A Genua Vadis Portus.............................	30
A Vadis Sabatiis Albingaunum portus................	18
Ab Albingauno portum Mauricii Tavia fluvius...........	25

Albingauno, *Portum Mauricii* et *Tavia fluvius*, voilà trois positions, et il n'en faut que deux ; nous donnons à la position suivante l'explication de cette anomalie, et nous prouverons qu'il faut lire :

Ab Albingauno Portum Mauricii..........	xxv
Portum Mauricii Tavia fluvius.............	xii

89

A Vintimilio Plagia (xii)............................	....

La plage de Vintimille ne formant qu'une seule position, il en faut une seconde pour exprimer une corrélation de distance ; la mesure doit nous démontrer quelle était cette autre position, mais cette mesure n'est pas la même dans tous les manuscrits de l'Itinéraire. Le Ms. 4806 de la Bibliothèque du Roi porte xxii et le Ms. 4807, xv. Le Ms. 4808, qui est le plus nouveau, marque xii. Je vais prouver que tous ces chiffres étaient parfaitement exacts et qu'ils exprimaient des distances différentes qu'on a mélangées et confondues ensemble.

1°. En retranchant une des positions de la ligne où il s'en trouve une de trop, parce qu'on a mélangé deux distances en une seule, je lis, pour le Ms. 4808 et Wesseling :

Portum Mauricii Tavia fluvius......................	12

2°. En liant la fin de la ligne qui précède dans l'Itinéraire à celle qui suit pour le Ms. 4807, on a :

Tavia fluvius Vintimilio Plagia.......................	15

3°. En liant le milieu de la ligne qui précède avec celle qui suit pour le Ms. 4806, on a :

Portum Mauricii Vintimilio Plagia.....................	22
A Vintimilio Hercolianico portu......................	16

Ptolémée distingue le *Portus Herculis* du *Portus Monœci* : le *Portus Herculis* se trouve placé par lui un peu à l'ouest du *Trophœa Augusti* ou la Turbie. C'est précisément là que nous portent les mesures de l'Itinéraire. Parce que Strabon a dit qu'il y avait au *Portus Monœci* un temple d'Hercule, je ne vois nulle nécessité d'y réunir le *Portus Herculis* de l'Itinéraire et de Ptolémée, et de corriger tous les manuscrits de l'Itinéraire et de l'édition des Aldes, qui portent tous *Herclemannico* ou *Herculianico*. J'aime mieux croire qu'il y avait sur cette côte deux *Portus Herculis*, et que c'est précisément par cette raison qu'on aura distingué l'un d'eux par un surnom. Mais ces deux lieux étaient si près qu'ils ont pu être confondus ensemble ; l'un était la citadelle ou le fort, l'autre le port, et la mesure totale de Wesseling y porte.

65

	Milles romains.
Cartes modernes.	
De Porto Fino à Gênes...............................	16

En tirant une ligne droite du Fanal, ou extrémité est de Gênes, à la Pointe près de S.-Frutoso et de là à l'autre cap qui donne entrée dans le Porto Fino, on compte 13 minutes ou milles géographiques.

De Gênes à Vado (en ligne droite)...................	30
De Vado à Albenga...................................	24

Les 18 milles porteraient à Loano ou Pullopice.

D'Albenga au port S.-Maurice.......................	19

Même en côtoyant tous les détours de la côte, on ne trouve pas plus de 16 minutes : ainsi ce qu'il y a de trop dans la mesure précédente se trouve exactement compensé par le déficit de celle-ci ; l'embouchure de la rivière Taggia est beaucoup plus loin. Pour savoir pourquoi elle se trouve mentionnée ici, consultez la remarque ci-contre.

	89
Plage de Vintimille...................................	
De S.-Maurice à l'embouchure de la rivière Taggia........	12

En suivant exactement la côte, on aboutit à Madonna di l'Arma, un peu à l'est de la rivière ; ou bien en suivant tous les plus petits détours du rivage, on aboutit à la rivière.

De l'embouchure de la rivière Taggia à Vintimille.......	15

En suivant exactement la côte avec une ouverture de compas de $\frac{1}{2}$ minute.

Du port S.-Maurice à Vintimille......................	22
De Vintimille au port d'Eza..........................	16
	65

Itinéraire maritime. Wesseling, page 503.	Stades.
Ab Herculianico Avisione portus................	22

Dans la plupart des manuscrits de l'Itinéraire, la distance de cette position et celle des deux suivantes manquent; si on admettait que les chiffres donnés par certains manuscrits, et que Wesseling a adoptés, sont des milles romains, il faudrait supposer que l'on a répété trois fois le même trajet, et qu'on a successivement avancé et rétrogradé. Il est bien plus présumable que ces chiffres indiquent des stades; une partie de l'Itinéraire maritime est en stades. Comme les Grecs marseillais étaient ceux qui naviguaient le plus dans ces parages, il est probable que leurs itinéraires ou cartes maritimes étaient en stades; c'est d'après un de ceux-là que l'on aura rempli la lacune de certains périples; peut-être aussi originairement les mesures se trouvaient-elles en stades et en milles romains, et c'est par ennui, ou par négligence, que les copistes n'en auront plus transcrit qu'une seule. Alors, comme à l'égard des lieues gauloises, il est facile de comprendre qu'on aura omis l'une, au lieu de l'autre. Mais quelle était la mesure de stades dont on se servait sur cette côte? Strabon nous dit (liv. IV, p. 202) que d'*Albingauno* au *Portus Monœci* (Monaco), on compte 480 stades; or, en suivant la côte, on trouve que cette distance équivaut à 43 minutes d'un grand cercle ou milles géographiques, ce qui fait juste 480 stades de $666\frac{2}{3}$ au degré. Si en effet nous mesurons depuis Eza, ou *Portus Herculianicus*, la côte sur l'excellente carte de Bourcet jusqu'au fond de l'anse, au sud du cap de S.-Hospicio, où nous savons que subsistait encore, il y a cinq cents ans, le port *Olivula*, nous trouverons que cette distance équivaut juste au nombre de stades de $666\frac{2}{3}$, marqués par l'Itinéraire.

Ab Avisione Anaone portus................	4
Ab Anaone ad Olivulam portus................	12
	38

	Stades.
Cartes modernes.	
D'Eza à l'anse du quartier de Beaulieu.....................	22
De l'anse du quartier de Beaulieu à l'anse de la chapelle de S.-François de Sales............................	4
De l'anse de la chapelle de S.-François de Sales au port de Monte Olivo, dans le fond de l'anse qui est au sud du cap de S.-Hospicio.....................................	12
	38

Il a existé dans ce lieu une ville qui, dans le dénombrement du diocèse de Nice, est nommée *Castrum de Monte Olivo*. Les franchises et priviléges accordés à Villefranche par le comte de Provence, Charles II, ont invité les habitans de *Mons Olivi* à s'y transporter vers l'an 1300 ; et en 1376, l'auteur d'*Un Voyage de Grégoire II à Rome* confond ce port avec celui de Villefranche. Dans l'ancienne carte portugaise de la bibliothèque de Jean-Vincent Pinelli, dont j'ai parlé dans mes notes sur la Géographie de Pinkerton, on trouve près de Niza le *Porte Olius*, mais il n'y est pas fait mention de Villefranche. Dans le Catalogue des lieux qui dépendent du diocèse de Vence, dressé en 1200, est *Castrum de Olivo*. Voyez Hon. Bouche, t. I, p. 286.

ANALYSE GÉOGRAPHIQUE

Itinéraire maritime. Wesseling, pages 504 et 505.	Milles romains.
Ab Olivula Nicia Plaga..................................	5
A Nicia Plaga Antipoli portus...........................	16
Ab Antipoli Lero et Lerinus insulæ.....................	11
A Lero et Lerino Foro Juli portus......................	24
A Foro Juli sinus Sambracitanus Plagia.................	25

    Les Mss. 4807 et 4808 portent :
        A Foro Julii Sambracitanus plagia........ 15
  Sur quoi voyez la remarque ci-contre :

A sinu Sambracitano Heraclia Caccabaria Porbaria portus..	16
Ab Heraclia Caccabaria Alconis.........................	12
Ab Alconis Pomponianis portus..........................	30
A Pomponianis Telone Martio portus.....................	18
	157

Cartes modernes.	Milles romains.
Du port de Monte Olivo à Nice....................	5
De Nice au port d'Antibes.........................	16

    Il faut prendre la mesure de l'orient de Nice qui conduit dans l'anse qui est au midi d'Antibes, où est la Salis. En partant de la rivière de Nice et s'arrêtant à Antibes même, on ne compte que 10,000 toises ou $13\frac{1}{2}$ milles. M. Tolosan dit[1] : « Voici la ligne que tiennent les bateaux ; ils vont reconnaître l'embouchure du Var, qui est à six milles de Nice ; puis ils suivent le contour du golfe, qui est de dix milles jusqu'à Antibes. Les patrons de felouques génoises qui avant 1814 venaient habituellement charger du vin dans ce dernier port, m'ont toujours dit qu'ils évaluaient ce trajet à 16 milles[2]. »

D'Antibes au port de Monterey, dans l'île Ste-Marguerite (en suivant la côte)................................	11
Du port de Monterey, dans l'île Ste-Marguerite jusqu'à Fréjus.	24

    Ces deux dernières mesures sont de la plus rigoureuse exactitude ; il faut suivre la côte jusqu'au cap de la Croisette, où est le plus court passage pour l'île Ste-Marguerite.

De Fréjus à la plage des Salins, à la sortie du golfe de S.-Tropez................................	25

    Leçon des Mss. 4807 et 4808 :

        Fond du golfe de S.-Tropez à l'étang de Fou....... 15

    Cette leçon est bonne comme détachée et sert à marquer le fond du golfe, mais elle n'est point en harmonie avec le reste de cet itinéraire, qui marche très bien et sans aucun dérangement jusqu'à Toulon en suivant les côtes.

De la plage des Salins à la grande plage de Cavalaire.....	16

    Près de là le canton de Praire et le canton de Cavalaire, et le cap de Portenon, à l'est.

De la plage de Cavalaire à la pointe des Gourdons et la plage de la Vieille..................................	12
De la pointe des Gourdons au lieu nommé le Port, dans la presqu'île de Gien................................	30
Du lieu nommé le Port, dans la presqu'île de Gien, à Toulon.	18
	157

    Les trois manuscrits de la Bibliothèque du Roi portent 18, et cette leçon est préférable à celle de 15, adoptée par Wesseling, qui ne mène que jusqu'à la tour S.-Louis, à l'entrée de la petite rade. Cependant la leçon de 15 peut se justifier en ne serrant plus tant la côte. Cette portion de l'itinéraire se trouve mieux refaite d'après une variante du Ms. 4126.

[1] *L'Ami du Bien*, octobre 1826, p. 71.

[2] Dans la Méditerranée, les pilotes grecs et autres emploient encore le mille romain ancien ou le mille de 75 au degré.

ANALYSE GÉOGRAPHIQUE

Toute la portion de l'Itinéraire qui se trouve entre *Telo Martius*, Toulon et *Massilia*, Marseille, a été dérangée, et il serait impossible de justifier les mesures qui s'y trouvent et de rétablir l'ordre primitif si les noms modernes ne retraçaient les noms anciens presque sans altération. Donnons d'abord l'itinéraire tel qu'il est à la page 506 de l'édition de Wesseling :

> A Telone Martio Taurento portus..... XII
> A Taurento Cariesis portus.......... XII
> A Carsicis Citharista portus......... XVIII
> A Citharista portu Æmines positio..... VI
> A portu Æmines Immadras positio..... XII
> Ab Immadris Massilia Græcorum portus. XII *(Suite, p. 121.)*

1°. Voici comment on doit lire l'itinéraire maritime :

> Itinéraire maritime. Wesseling, page 506.   Milles romains.

A Telone Martio Æmines positio..................... 18

A portu Æmines Taurento......................... 12
A Taurento Carsicis portus........................ 12
A Carsicis Citharista portus (en rétrogradant)............ 6

A Citharista portu Immadras positio.................. 12

Ab Immadris Massilia Græcorum portus.............. 12
                                                         72

L'ensemble de ces mesures forme 72 milles romains, et en suivant la côte avec une ouverture de compas de mille toises, on n'en trouve guère que 60 milles sur la carte moderne. Il y a donc double emploi dans quelques unes des mesures : il y a plus. Je dis qu'il y a deux manières de considérer cette portion de l'Itinéraire. Comme itinéraire maritime, il y a interversion dans une position et double emploi dans une mesure. Cette interversion et ce double emploi proviennent de ce qu'on a mélangé avec l'itinéraire maritime deux itinéraires terrestres sur cette côte qui offraient des noms et des distances semblables, mais différemment combinés : c'est ce qui paraîtra manifeste d'après la correspondance exacte des mesures anciennes avec les meilleures cartes modernes :

Cartes modernes.	Milles romains.
De Toulon à l'île d'Embiés, au port, près l'oratoire de S.-Pierre..	18

Dans ce trajet, je suis la côte avec une ouverture de compas de 1,000 toises, mais de Toulon je passe droit au fort de l'Eguillette ; et pour aboutir au cap Cepet, je suis la côte en droite ligne sans mesurer l'enfoncement de la plage du Lazaret ni du creux S.-George.

Du port de l'île Embies aux ruines de Taurenti..........	12
Des ruines de Taurenti à Cassis (toujours en suivant la côte).	12
De Cassis à Céreste ou son port à la Ciotat..............	6

Ici l'itinéraire rétrograde, et cependant la mesure est exacte, mais elle prouve en même temps le mélange de plusieurs autres itinéraires. Céreste est appelée *Cesarista* dans une bulle de Grégoire X de l'an 1084.

| De Céreste ou la Ciotat, à l'anse à l'ouest du cap Morgiou. | 12 |

La Ciotat est d'une fondation récente. Honoré Bouche observe que dans un ancien dénombrement des lieux de Provence, il est fait mention de Céreste et non de la Ciotat; et comme Céreste est à près de mille toises de la côte, ceci me persuade que *Citharista* est une intercalation tirée d'un itinéraire terrestre, mais la mesure en partant de la baie qui est vis-à-vis Céreste n'en est pas moins exacte.

| De l'anse à l'ouest du cap Morgiou, à l'entrée du port de Marseille.. | 12 |

C'est déranger bien gratuitement les mesures que d'aller placer la position d'*Immadris*, non sur la côte du continent, mais sur un petit îlot ou écueil nommé le Maire ou de Mairé : c'est ce qu'a fait M. Tolosan (*Ami du Bien*, juillet 1826, p. 277), et cela pour un prétendu rapport dans les noms qui n'existe pas ou n'existe que faiblement.

72

Afin qu'il soit facile de distinguer au premier coup d'œil de quelle manière les deux itinéraires terrestres ont pu se confondre et se mêler avec l'itinéraire maritime, je rapporterai de nouveau toute cette portion de l'itinéraire tel qu'il se trouve dans les manuscrits, et je mettrai en regard les deux itinéraires qui en résultent :

		Premier itinéraire. *Lises :*	Milles romains.	Milles romains.
A Telone Martio Taurento portus.	XII	A Telone Taurento portus...	12	
A Taurento Carsicis portus.....	XII	A Taurento Carsicis portus..	12	
		Deuxième itinéraire. *Lises :*		
A Carsicis Citharista portus.....	XVIII	*A Telone Citharista portus*......	18	
A Citharista portu Ænimes positio.	VI	*A Citharista portu Carsicis*.......	6	
A portus Æmines Immadras positio.	XII	*A Carsicis Massilia Grecorum*.....	12	
Ab Immadris Massilia Grecorum portus..................	XII	A Carsicis Massilia Grecorum portus................	12	
			36	36

Observez que la position d'*Embies* ou *Æmines* dans une île et celle d'*Immadras* ou anse du cap Morgiou sur une côte aride, qui ne peuvent trouver place dans ces deux itinéraires terrestres, sont précisément celles où la route moderne ne passe pas, et qui dans tous les temps ont dû être des positions purement maritimes.

Itinéraire maritime. Wesseling, page 507.	Milles romains.
A Massilia Græcorum Incaro positio..................	12
Ab Incaro Dilis positio........................	8
A Dilis fossis Marianis........................	12

Trois manuscrits de l'Itinéraire (4806-4808 7230 A) portent XII ; cependant la leçon de XX que contient l'édition de Wesseling n'est pas une erreur : elle provient d'un itinéraire où la position de Dilis n'était pas marquée, et elle marque la distance d'*Incaro* à *Fossis*.

A Fossis ad gradum Massilitanorum fluvius Rhodanus.....	16
A gradu per fluvium Rhodanum Arelatum..............	30
	78

	Milles romains.	Milles romains.
Premier itinéraire.		
De Toulon aux ruines de Taurenti (par la route moderne)............	14½	
De Taurenti à Cassis (par la route moderne).....................	9½	
Deuxième itinéraire terrestre.		
.... *De Toulon à Ceireste (par la route)*...........		18
.... *De Ceireste à Cassis (par la route moderne)*.....		6
.... *De Cassis à Marseille (par la route moderne)*....		12
De Cassis à Marseille (par la route moderne).....................	12	
	36	36

Cartes modernes. Milles romains.

De Marseille à Carry (en suivant la côte, mais sans la serrer de trop près).. 12

    Il y a 10,000 toises ou près de 13,000 en allant droit; il y a moins que 12 milles romains en suivant la côte de très près, et, en tenant compte de toutes les sinuosités, il y a 11,401 toises ou 15 milles romains. La mesure ancienne est le terme moyen de toutes ces mesures.

De Carry à Carro.................................... 8

    Ce nom moderne tire évidemment son origine des itinéraires maritimes ou portulans anciens, d'où le mot *dilis* était retranché.

De Carro à Foz-lès-Martigues (en suivant la côte de très près)... 12

De Foz-lès-Martigues à l'ancienne embouchure du Rhône ou Vieux-Rhône................................. 16

Du Vieux-Rhône à Arles (en remontant le Rhône)........ 30

                                                       78

241. *Analyse géographique de la portion de l'itinéraire maritime entre* ALBINGAUNUM (*Albinga*) *et* PORTUS MONÆCI (*Monaco*), *selon l'édition de Wesseling.*

La distance la plus prochaine pour *Hercolianicus Portus* nous conduit, ainsi qu'on l'a vu, à l'ouest de Turbie, à deux ou trois minutes géographiques de Monaco; et sous ce rapport, on ne peut guère douter que cette position ne soit le *Portus Herculis* de Ptolémée, que ce géographe distingue du *Portus Monœci*. Nous avons retrouvé, par le moyen des variantes puisées dans les manuscrits, les mesures exactes pour les distances intermédiaires; mais ceux qui donnent les mêmes leçons ou les mêmes chiffres que l'édition de Wesseling, et qui portent *Herclemanico* au lieu d'*Herculiano*, paraissent avoir eu en vue l'*Hercule Monœci portus*; du moins l'ensemble de leur mesure depuis Albengo porte juste à Monaco, mais toutes les mesures intermédiaires sont fautives.

Itinerarium maritimum. Wess., p. 503.	Milles romains.	Cartes modernes.	Milles romains.
Ab Abingauno Portum Maurici [1] Tavia fluvius.	25	D'Albinga au fleuve Taggia.	26¼
A Vintimilio Plagia.	12	Du fleuve Taggia à Vintimille (en ne serrant pas trop la côte).	13½
A Vintimilio Hercule Monæci portus.	16	De Vintimille à Monaco.	13
	53		53

On voit que l'ensemble de cette mesure est pour les deux extrêmes d'une admirable exactitude, et les positions intermédiaires, excepté la dernière, offrent aussi une précision suffisante. Le rédacteur avait peut-être la mesure totale entre *Albingauno* et *Portus Monœci* comme elle est dans Strabon. Trouvant une mesure de 16 entre *Albintimillo* et *Portus Herculis*, il aura confondu ce dernier avec *Hercle Monœci arcem*, et il aura retranché de chacune des deux positions antérieures ce qu'il fallait pour rendre son nombre exact.

[1] Il est évident que *Portum Mauricii* est ici mentionné parce qu'il se trouvait sur le passage.

242. *Analyse géographique de la portion de l'itinéraire maritime entre* Forum Julii (*Fréjus*) *et* Telone Martio (*Toulon*), *rétabli d'après deux variantes de l'itinéraire.*

En prenant pour cette ligne a *Foro Julii sinus Sembracitanus* la variante du Ms. 4806, qui marque xv, et pour la ligne ab *Heraclia Caccabaria Alconis* la variante du Ms. 4126 (*Codex Colbertinus olim*, 3120 et 3896), qui marque xxii, cette portion de l'Itinéraire maritime se trouve rétablie de la manière suivante :

Itinéraire maritime.	Milles romains.	Cartes modernes.	Milles romains.
A Foro Julii sinus Sambracitanus plagia.......	xv	De Fréjus à S.-Tropez.... Dans cette mesure on suit exactement la côte jusqu'à Gerre-Vieille, dans le golfe, et de là on se dirige droit à S.-Tropez.	15
A sinu Sambracitano Heraclia Caccabaria Porbaria portus.........	xvi	De S.-Tropez à la plage de Briande-Tour, et écueils de Camarat.......... Près de la tour de Camarat est la plage de l'Esquaret, un peu plus au sud, le cap de Porte et les écueils de Porte. Tous ces noms conservent évidemment des restes des anciennes dénominations. Il faut suivre la côte.	16
Ab Heraclia Caccabaria Alconis.............	xxii	De la plage d'Esquaret-Camarat, Briande-Porte, à la plage du Gaz et du Magazin, vis-à-vis l'île et Roc de la Fournique....... On suit bien exactement la côte. Les mesures sont ici la seule indication dans tout le trajet : sauf un seul nom qui rappelle l'ancien.	22
Ab Alconis Pomponianis portus.............	xxx	De la plage du Gaz et du Magazin au lieu nommé le Port (presqu'île de Gien)................	30
A Pomponianis Telone Martio portus........	xviii	Du port de Gien, dans la presqu'île de Gien, à Toulon..............	18
	101	Il faut suivre exactement les côtes. La leçon de xv milles conduit aussi à Toulon ; mais il faut serrer les côtes de moins près. La variante xii du Ms. 4126 conduit en ligne droite au passage de Goulet ou à l'entrée de la petite rade.	101

ANALYSE GÉOGRAPHIQUE

DES ITINÉRAIRES

DES COTES OCCIDENTALES,

SEPTENTRIONALES ET MÉRIDIONALES

DE LA GAULE,

SELON PTOLÉMÉE, EXPLIQUÉ PAR M. GOSSELLIN.

---

§. I. ITINÉRAIRES DES COTES OCCIDENTALES ET SEPTENTRIONALES DE LA GAULE.

243. *Itinéraire de la côte occidentale de la Gaule, depuis* ÆASO PROMONTORIUM (*cap Machichaco des Pyrénées*) *jusqu'à* GOBÆUM PROMONTORIUM (*cap de Gob-Estan*).

Positions anciennes, selon Ptolémée.	Stades de 5oo.	Positions modernes correspondantes.	Stades de 5oo.
Æaso promont. Pyrenæi.........	0	Cap Machichaco des Pyrénées..	0
Æaso civitas.................	304	Héa.................	92
Aturius fluvius...............	681	Adour, fleuve...............	650
Sigmanus fluvius..............	989	Rivière de Mimisan............	982
Curianum promont............	1,378	Cap Féret ou d'Arcachon....	1,379
Garumna fluvius..............	1,850	Embouchure de la Garonne....	1,851
Santouum portus..............	2,269	La Rochelle.................	2,276
Santonum promont............	2,519	Pointe de l'Aiguillon.........	2,527
Cancntellus fluvius............	2,910	Embouchure des rivières de Vie et de Jaunay...............	2,934
Pictonium promont............	3,071	Pointe de Boisvinet..........	3,065
Secor Portus.................	3,307	Pornic.................	3,285
Liger fluvius.................	3,449	Embouchure de la Loire......	3,443
Brivates portus...............	3,574	Brivain.................	3,543
Herius fluvius................	3,940	Rivière d'Aurai.............	3,938
Vindana portus...............	4,229	Anse de Kerguelin...........	4,237
Gobæum promont.............	4,730	Cap de Gob-Estan...........	4,763

* 244. *Premier itinéraire de la côte septentrionale de la Gaule, entre* Sequana (*la Seine*) *et* Gobæum promontorium (*le cap Gob-Estan*) [1].

Positions anciennes, selon les tables grecques de Ptolémée.	Stades de 500.	Positions modernes correspondantes.	Stades de 500.
Sequana fluvius................	0	Embouchure de la Seine à Villerville................	0
Neomagus	260	Neuville, près de Port-en-Bessin.	309
Olina fluvius..................	572	Embouchure de la Saire (les Aulnais)..................	585
Crociatonorum portus.........	907	Baie d'Ecalgrain.............	905
Argen........................	1,250	Agon, près Coutances (confondu avec Agan, près S.-Brieuc)..	1,281
Tetus fluvius.................	1,530	Rivière de Tréguier...........	1,552
Staliocanus portus............	1,865	Rivière de Morlaix............	1,903
Gobæum promontor...........	2,425	Cap de S.-Mathieu (confondu avec le cap de Gob-Estan)...	2,473

---

* 244. *Deuxième itinéraire des côtes septentrionales de la Gaule, entre* Sequana (*la Seine*) *et* Gobæum promontorium (*le cap Gob-Estan*) [2].

Positions anciennes, selon les tables latines de Ptolémée.	Stades de 500.	Positions modernes correspondantes.	Stades de 500.
Sequana fluvius................	0	Embouchure de la Seine à Villerville................	0
Neomagus.....................	687	Néville, près de Barfleur......	676
Olina fluvius..................	999	Rivière de Ste-Croix (cap aux Hélènes)...................	977
Crociatonorum portus.........	1,088	Port de Barneville, près de Croville....................	1,100
Argen fluvius.................	1,461	Argennes, près d'Avranches (confondu avec Agan, près de S.-Brieuc................,...	1,500
Tetus fluvius.................	1,741	Rivière de Tréguier...........	1,772
Staliocanus portus............	2,135	Rivière de Morlaix............	2,123
Gobæum promontor...........	2,694	Cap de S.-Mathieu (confondu avec le cap de Gob-Estan)...	2,692

[1] Cet itinéraire et le suivant sont suivant nous faussés, parce que M. Gossellin n'a pas pu trouver la véritable cause du dérangement que Ptolémée a fait subir aux itinéraires primitifs pour dresser cette partie de sa carte.

[2] Voyez la note sur l'itinéraire précédent.

245. *Itinéraire de la côte septentrionale de la Gaule, entre* SEQUANA FLUVIUS (*la Seine*) *et* MOSA FLUVIUS (*la Meuse*).

Positions anciennes, selon Ptolémée.	Stades de 500.	Positions modernes correspondantes.	Stades de 600.
Sequana fluvius..............	0	Embouchure de la Seine à Villerville...............	0
Phrudis fluvius	817	La Somme (Troise)..........	836
Itium promontorium..........	1,408	Cap Blanc-Nez.............	1,381
Gæsoriacum Navale...........	1,708	....	.....
Tabuda fluvius...............	2,008	Ancienne embouchure de l'Escaut....................	2,039
Mosa fluvius..	2,483	La Meuse..................	2,522

246. *Itinéraire de la côte septentrionale de la Gaule et de la Germanie, depuis* GESORIACUM NAVALE (*Boulogne*) *jusqu'à* ALBIS (*l'Elbe*).

Positions anciennes, selon Ptolémée.	Stades de 600.	Positions modernes correspondantes.	Stades de 600.
Gesoriacum Navale...........	0	Boulogne.................	0
Tabuda fluvius...............	300	(Aas, rivière de Gravelines)....	318
Mosa fluvius.....	774	(Ancienne embouchure de l'Escaut).....................	807
Lugdunum.....	1,508	Leyde, à Katwick...........	1,490
Rheni ostium occident........	1,608	Le Rhin, près de Zandwoord...	1,600
Medium fluvii ostium.........	1,737	Embouchure du canal de Bakkum.	1,730
Orientale fluv. ostium.........	2,316	Passage de Vlie.............	2,320
Manarmanis portus...........	2,576	Sur la côte nord d'Améland....	2,570
Vidrus fluvius................	2,865	Embouchure de la Hunnes.....	2,880
Amasius fluvius..............	3,285	Embouchure de l'Ems........	3,300
Visurgis fluvius...............	4,095	Embouchure du Veser........	4,100
Albis fluvius.................	4,595	Embouchure de l'Elbe........	4,480

Pour les preuves et les développemens de ce travail sur les côtes occidentales et septentrionales de la Gaule, je renvoie à l'ouvrage de M. Gossellin, intitulé *Recherches sur la Géographie systématique et positive des Anciens,* t. IV, p. 59 à 152, et p. 157 à 159.

§. II. ITINÉRAIRES DES CÔTES MÉRIDIONALES DE LA GAULE [1].

247. *Itinéraire des côtes méridionales de la Gaule, entre* TEMPLUM VENERIS *(cap de Creuz) et* MASSILIA *(Marseille).*

Positions anciennes, selon Ptolémée.	Distances en degrés de 666 ⅔ stades.	Positions modernes correspondantes.	Minutes.
Templum Veneris	0.0	Cap de Creuz	0.0
Illiberis fluvius	28.19	Le Tech, rivière	28.31
Ruscino fluvius	38.7	Tet, rivière	37.2
Atax fluvius	47.7	Ancienne embouchure de l'Aude, à Leucate	47.34
Orobius fluvius	56.7	Grau de la Vieille-Nouvelle (Aude)	57.46
Araurius fluvius	65.56	Grau de Pissevaques (Aude)	67.15
Agathapolis	74.56	Agde (confondu avec l'embouchure de l'Eraut)	78.56
Setius Mons	92.26	Montagne de Cette	92.37
Fossæ Marinæ	104.8	Grau et étang de Maguelone	103.21
Rhodani. Ost. Occident	112.7	Le Rhône, aux étangs d'Aigues-Mortes	112.50
Rhodani. Ost. Orient	121.45	Le Rhône-Mort	120.55
Maritima Colonia	145.7	A l'embouchure du vieux Rhône	141.27
Cœnus fluvius	154.8	Canal et étang de Ligagnan	152.11
Massilia	181.26	Marseille	179.33

248. *Itinéraire des côtes méridionales de la Gaule, entre* MASSILIA *(Marseille) et* ANTIPOLIS *(Antibes).*

Positions anciennes, selon Ptolémée.	En degrés de 666 ⅔ stades.	Positions modernes correspondantes.	Minutes.
Massilia	0.0	Marseille	0.0
Tauroentium	22.0	Tarente, dans le golfe de la Ciotat	23.9
Citharistos promont	43.30	Cap Cepet, à l'entrée de la grande rade de Toulon	43.9
Olibia civitas	65.30	S.-Vincent de Carquairanne	63.40
Argentius fluvius	81.30	Rivière et plage de l'Argentière	81.2
Forum Julium	121.30	Fréjus à l'ancien port	123.8
Antipolis	149.55	Antibes	149.59

249. *Iles et caps des côtes méridionales de la Gaule.*

Positions anciennes selon Ptolémée.	Positions modernes correspondantes.
Agatha insula	Cap d'Agde, réuni au continent
Blascon insula	Ile Brescou ou Brescon
Stœchades ins. quinque	Iles d'Hières
Loerone insula	Ile de Lérins ou de Ste-Marguerite

[1] Ce travail de M. Gosselin, sur les côtes méridionales de la Gaule, n'a jamais été imprimé, et a été exécuté à ma prière pour une Géographie ancienne des Gaules, que l'ingénieux auteur de la Géographie des Grecs analysée avait bien voulu lire en manuscrit, et qui avait obtenu son suffrage.

EXPLICATION

DES

ITINERAIRES DES CÔTES MÉRIDIONALES

DE LA GAULE.

§. I. DU CAP CREUZ A MARSEILLE.

Du *Templum Veneris*, où Ptolémée fait commencer les rivages méridionaux de la Gaule jusqu'à *Antipolis*, où il les termine, ses tables font compter pour la distance littorale 391′,50″. Sur la carte moderne, on trouve, en suivant les côtes, depuis le cap de Creuz, où était le Temple de Vénus Pyrénéenne, jusqu'à Antibes 329′,32″ : et quel que soit le stade que l'on emploie, les positions anciennes ne s'accorderont point dans toute cette longueur avec l'état actuel des lieux.

Mais si l'on fait attention qu'en suivant les côtes sur la carte moderne, Marseille se trouve à très peu près à mi-chemin du cap de Creuz à Antibes, tandis que sur la carte ancienne Marseille est presqu'aux deux tiers de la distance qui sépare le Temple de Vénus d'*Antipolis*, on reconnaîtra que les mesures qui composent cet intervalle n'ont pas été prises avec un même module, et que l'auteur de la carte ancienne a fait quelque confusion en employant les mesures qui lui étaient données.

Pour rétablir ces mesures dans leur intégrité, je divise l'itinéraire en deux parties : l'une depuis le *Templum Veneris* jusqu'à *Massilia*, l'autre depuis *Massilia* jusqu'à *Antipolis*.

Du Temple de Vénus à Marseille, la carte de Ptolémée fournit 241′,55″, et la carte moderne 179′,33″ seulement : et comme ces sommes sont entre elles dans la même proportion que le stade de $666\frac{1}{7}$ est au stade de 500, j'en conclus que les mesures de cette côte avaient été prises avec le premier de ces stades, et que l'auteur de la carte ancienne a employé ces mesures comme si elles eussent été données en stades de 500 au degré. C'est la cause pour laquelle sa graduation prend plus d'espace qu'elle n'aurait dû en avoir.

De Marseille à *Antipolis* la carte ancienne donne 149′,55″ d'intervalle; en suivant les sinuosités, je trouve 149′,59″ sur la carte moderne, pour la distance de Marseille à Antibes : ainsi, il n'y a pas d'erreur sur les mesures dans cette partie de la carte.

Les mesures du premier itinéraire étant réduites dans la proportion que j'ai indiquée, je pars du cap Creuz; je touche au port de Llanza, à Bagnoles de Mirande, au port Vendres, à Coulioure et à l'embouchure de la rivière de Massane, qui passe à Argelles, et qui se perd dans l'angle que forme la côte à 2,000 toises au sud du Tech. Jusqu'à la Massane, la côte est sinueuse et montueuse; au delà, elle est sablonneuse et plate. Je viens à l'embouchure du Tech, et je compte depuis le cap de Creuz.................................. 27,100ᵗ 28°31′21″

De l'embouchure du Tech, je suis une côte unie, sablonneuse et étroite, qui sépare de la mer un terrain marécageux, dans lequel est l'étang de Saint-Nazaire et un autre plus petit. J'arrive à l'embouchure du Tet, qui passe à Perpignan, et je compte depuis le Tech........ 8,100ᵗ 8°31′31″

Perpignan est à 6,500 toises en ligne droite de l'embouchure du Tet. Sur cette rivière, à 4,200 toises de son embouchure, est un ancien château fort, nommé Castel-Roussillon. C'est ce lieu qui a donné le nom de Roussillon à la province, et qui paraît avoir été le *Ruscinon* de Ptolémée, d'où la rivière a été appelée *Ruscino*.

A 18,500 toises de l'embouchure du Tet est une petite ville, appelée Ille, dont le nom a beaucoup d'analogie avec celui d'*Illiberis* de Ptolémée, mais la ville ne serait pas sur le fleuve de ce nom. Elle peut avoir donné lieu à quelques méprises. Mercator, au dos de sa carte, prend Ille pour *Illiberis*.

35,200ᵗ 37° 2′52″

Du cap de Creuz à l'embouchure du Tet. 35,200ᵗ 37° 2′52″

Du *Ruscino* à l'embouchure de l'*Atax*, les mesures réduites de Ptolémée sont de 9 ou environ 8,550 toises. En partant de l'embouchure du Tet, et en comptant 9 à 10,000 toises le long du rivage, on parvient à la hauteur d'un lieu nommé Leucade, situé sur l'étang du même nom, à 1,100 toises de la mer.... 10,000ᵗ 10°31′ 2″

C'est donc vers ce point qu'a dû se trouver l'ancienne embouchure de l'*Atax* ou du bras de l'Aude qui passe à Narbonne.

Il faut observer que toute cette côte, depuis les environs du Tech jusque vers Narbonne, est très marécageuse et remplie d'étangs qui se succèdent dans la direction du midi au nord, a peu près comme ceux qui existent entre Bayonne et Bordeaux, sur la côte de l'Océan. Ce terrain noyé s'étend même, et sans beaucoup d'interruption, jusqu'au delà des bouches du Rhône; et les eaux de ces étangs s'écoulent dans la mer par des ouvertures nommées graux, qui s'obstruent quelquefois par les sables qui s'y accumulent.

L'Aude, à 4,000 toises au-dessus de Narbonne, se divise en deux bras. Celui qui passe par cette ville, et qui est l'*Atax* des anciens, se jette maintenant dans l'étang de Sigean, en traversant une grande partie de sa longueur, sur une langue de terre basse et étroite. A l'extrémité sud de cet étang est le grau de la nouvelle, par où ses eaux s'écoulent dans la Méditerranée.

Mais près de ce grau on trouve les vestiges du canal par où l'Aude continuait autrefois son cours pour se rendre dans l'étang de la Palme. Ce canal, qui bordait le rivage de la mer à environ 300 toises de distance, est long de 2,100 toises, et vient aboutir au point le

45,200ᵗ 47°33′54″

*Du cap de Creuz à l'ancien grau de
Leucade*.................... 45,200ᵗ   47°33′54″

plus septentrional de l'étang de la Palme. Cet étang, au midi, n'est lui-même séparé d'un autre plus petit que par un espace sablonneux de 3 à 400 toises, et ce dernier verse ses eaux dans l'étang de Leucade.

L'étang de Leucade, à la hauteur du lieu de ce nom, n'est séparé de la mer que par une bande de sable unie, très basse et en partie noyée ; elle n'a pas plus de 150 toises de large : dans le siècle dernier, elle était encore traversée par un canal ou grau, que les sables obstruent maintenant, et qui formait l'entrée septentrionale de l'étang de Leucade. D'après les mesures anciennes, cette entrée a dû être autrefois l'embouchure de l'Aude ou *Atax* par laquelle les vaisseaux remontaient la mer jusqu'à Narbonne, en passant au pied de la colline de Leucade. Si le lieu ou la colline de ce nom avait été autrefois comme aujourd'hui relégué dans l'intérieur d'un étang, et sans communication avec la Méditerranée, il serait resté inconnu aux anciens, et Méla n'en aurait pas parlé.

De cette ancienne embouchure de l'*Atax* à *Agathapolis*, les mesures réduites de la carte de Ptolémée font compter 27′,49″, et la carte moderne en fournit 31′,21″,39‴ pour arriver à l'embouchure de l'Éraut, à 1,600 toises de laquelle Agde est située. Ainsi l'ensemble des mesures est assez juste, et l'on voit que, par suite des méprises précédentes, l'embouchure de l'Éraut est prise ici pour *Agathapolis*.

Mais comme dans cet intervalle Ptolémée indique deux fleuves, l'*Orobius*, qui conserve le nom d'Orob, et qui passe à Béziers ; ensuite l'*Araurius*, maintenant l'Éraut, qui baigne les murs d'Agde, les mesures partielles ne répondant pas aux embouchures de ces fleuves,

*Du cap de Creuz à l'ancien grau de
Leucade*.......................... 45,200ᵗ   47°33'54"

il faut que l'auteur de la carte ancienne, trompé par les indications incertaines des navigateurs, ait confondu les embouchures de ces deux fleuves avec quelques uns des canaux qui communiquent de la mer dans les étangs dont j'ai parlé. Il existe entre Leucade et l'Éraut douze de ces ouvertures ou graux ; et l'on voit d'après les mesures anciennes que le grau de la Vieille-Nouvelle, qui sert d'écoulement à l'étang de Gruissan, est donné par Ptolémée pour l'embouchure de l'*Orobius*, et qui assigne pour celle de l'*Araurius* le grau de Pissevaques, qui donne entrée à l'étang de Fleury, et qui communique avec l'embouchure actuelle de l'Aude. Ces méprises sont cause que dans la carte ancienne *Agathapolis* ou Agde et *Bœtire* ou Béziers se trouvent éloignées des fleuves dont nous parlons, tandis que ces villes sont situées sur leurs bords.

Je compte de l'ancien grau de Leucade au grau de la Vieille-Nouvelle.............. 9,700ᵗ   10°12'32"

Du grau de la Vieille-Nouvelle au grau de Pissevaques......................... 9,000ᵗ   9°28'20"

Du grau de Pissevaques à l'embouchure de l'Éraut, que Ptolémée confond avec la position d'*Agathapolis*, parce qu'il avait placé l'Éraut au grau de Pissevaques............ 11,100ᵗ   11°40'57"

De l'embouchure de l'Éraut au port de Cette, situé dans une péninsule et au pied de la montagne de ce nom, je compte......... 13,000ᵗ   13°40'56"

De la montagne de Cette au grau de Maguelone je trouve..................... 10,200ᵗ   10°44' 7"

Le grau de Maguelonne est l'entrée des vastes étangs ou lagunes qui se prolongent vers le sud-ouest jusque près d'Agde, et vers le nord-est jusque près d'Aigues-Mortes et de Lunel.

98,200ᵗ 103°20'46"

Du cap de Creuz au grau de Maguelone............... 98,200.t 103°20′46″

Cette entrée, d'après les mesures anciennes, me paraît être les *Fossæ Marianæ* que Ptolémée place entre le *Setius Mons* et l'embouchure occidentale du Rhône. Tous les autres géographes indiquent le *Fossæ Marianæ* à l'est du Rhône, entre ce fleuve et Marseille, et il paraît impossible de les chercher au grau de Maguelone. Je crois que le texte de Ptolémée a subi dans cet endroit une légère altération, et qu'il faut lire, comme portent l'édition de 1475, *Fossæ Marinæ*. Cette dénomination vague, qui indiquait seulement l'entrée des lagunes, aura été changée par des copistes en celui de *Fossæ Marianæ*, d'après les auteurs qui ont parlé des travaux que Marius avait fait faire au Rhône, et dont on voit encore les traces dans l'étang de Galejon, comme je le dirai dans la suite.

Du grau de Maguelone, les mesures indiquent l'embouchure occidentale du Rhône à l'ancienne embouchure, maintenant obstruée, de l'étang de Repausset. Cette embouchure forme encore un canal qui, en traversant cet étang, communique à Aigues-Mortes, située au milieu des vastes marais et des nombreuses lagunes que l'ancien passage du Rhône et ses inondations ont laissés dans tout ce terrain. Une partie des eaux du fleuve le traverse encore, quoique son lit principal se soit porté plus à l'orient.

Le bras du Rhône qui passait à Aigues-Mortes sort du fleuve à 7 ou 800 toises au-dessus d'Arles, on l'appelle le Petit-Rhône. La disposition du terrain semble annoncer que jadis cette branche du fleuve est venue former la longue suite des étangs de Mauguio, de Perols, de Maguelone et de Thau, pour se je-

Du cap de Creuz au grau de Maguelone........................	98,200ᵗ	103°20′46″

ter dans la Méditerranée, à peu de distance du cap d'Agde. Mais dans les premiers siècles de l'ère chrétienne son embouchure occidentale se trouvait, d'après les mesures anciennes, à l'extrmité septentrionale et occidentale de l'étang de Repausset, éloignée du grau de Maguelone de.................. 9,000ᵗ 9°28′20″

De l'ancienne embouchure de l'étang de Repausset à l'ancienne embouchure du Rhône-Mort, près de la Martelière et de la redoute de Terre-Neuve, il y a................ 7,700ᵗ 8° 6′15″

Cette longue lisière de sable, qui sépare de la mer les lagunes dont j'ai parlé, et qui souvent n'a que 2 ou 300 toises de large, est couverte de dunes depuis le grau de Maguelonne jusqu'à l'ancienne embouchure du Rhône-Mort. Après ce point, ce ne sont plus que des sables noyés, accumulés par les eaux, et dont quelques parties deviennent habitables, comme l'indique le nom de Redoute de Terre-Neuve.

Le Rhône-Mort est l'ancienne embouchure du Petit-Rhône, qui vient des environs d'Ales. A environ 700 toises de la mer, il a laissé son ancien lit à sec pour se porter plus à l'orient ; et l'on a été obligé de creuser un canal pour détourner une partie des eaux qui suivent cette nouvelle route, afin de les ramener dans leur ancien lit.

Du Rhône-Mort à l'embouchure du Vieux-Rhône il y a..................... 19,500ᵗ 20°31′23″

Cette embouchure du Vieux-Rhône se détache du lit principal de ce fleuve, à 5 ou 600 toises de la mer, où il se jette maintenant, et à l'ouest de sa nouvelle embouchure. On suit dans les sables et dans les marais l'ancien lit

---

134,400ᵗ 141°26′44″

Du cap de Creuz à l'embouchure de l'étang de Galéjon.............	134,400ᵗ	141°26′44″

qu'il s'était creusé, et dans lequel il ne coule plus maintenant qu'un filet d'eau.

L'espèce de *delta* compris entre la branche principale du Rhône et le bras nommé le Petit-Rhône est ce qu'on appelle l'île de la Camargue, toute couverte de marais, à travers lesquels on suit encore d'anciennes traces du cours du fleuve, qui a changé de lit plusieurs fois. La moitié de cette île, qui avoisine la mer, est couverte de vastes étangs et de lagunes : c'est un sable noyé.

Le lit du Vieux-Rhône s'appelle aussi canal du Japon. De son embouchure à l'embouchure de l'étang de Galéjon il y a........	10,200ᵗ	10°44′ 7″

L'étang de Galéjon et celui de Ligagnou forment une lagune droite de 9,000 toises de long sur 600 à 1,200 de large. Cette lagune ressemble aux vestiges d'un vaste canal creusé de mains d'hommes. Elle reçoit à son extrémité nord les eaux de deux petits canaux qui viennent d'au delà d'Arles, et qui longent le cours du Rhône. Ces étangs sont, je crois, les *Fossæ Marianæ*.

De l'embouchure de l'étang de Galéjon à Marseille je compte..................	26,000ᵗ	27°21′53″
	170,600ᵗ	179°32′44″

A 2,500 toises de l'embouchure de l'étang de Galéjon on trouve *Fos-lès-Martigues*, qui rappelle les *Fossæ Marianæ*; et à 2,500 toises de Fos l'embouchure de l'étang de Berre, où sont les Martigues. Ensuite la côte est montueuse jusqu'à Marseille.

Vis-à-vis et au midi du *Setius Mons*, Ptolémée place deux îles : *Agatha*, dans laquelle il indique une ville du même nom, et l'île *Blascon*.

On ne connaît point d'îles en avant du port de Cette, mais comme Ptolémée met 20 minutes de distance entre le *Setius Mons* et l'île *Agatha*, et que ces 20 minutes, réduites comme les autres distances de cet itinéraire, n'en représentent que 15, l'île *Agatha* ne peut se rapporter qu'aux collines qui forment le cap d'Agde, situé à 11,000 toises ou 11′,34″.38‴ du port de Cette. Le cap d'Agde paraît avoir été séparé autrefois du continent; les étangs de Luno, d'Embourres, et les marais qui l'environnent du côté de la terre ferme, sont des vestiges du séjour de la mer.

A 500 toises du cap d'Agde est un rocher entouré par la mer; il conserve le nom de Brescou ou Brescon, ainsi que le fort qu'on a bâti dessus. Le nom de ce rocher rappelle celui de l'île *Blascon*, dont parle Ptolémée, quoique le texte de cet auteur l'indique comme étant à mi-chemin du *Setius Mons* à *Agatha*.

§. II. DE MARSEILLE A ANTIBES.

J'ai dit que les mesures de la carte de Ptolémée entre Marseille et Antibes étaient justes, et n'avaient besoin d'aucune réduction.

De l'entrée du port de Marseille je suis le rivage, qui est très sinueux; j'évite les petites sinuosités, et je viens à Tarente, ancienne ville ruinée, sur la côte orientale du golfe de Lèques, et vis-à-vis la Ciotat. Je compte depuis Marseille. . . . .   22,000ᵗ   23° 9′17″

De Tarente, le rivage continue d'être sinueux, je le suis, et j'arrive au cap Cépet, à l'entrée de la grande rade de Toulon. . . . . . .   19,000ᵗ   19°59′49″

Du cap Cépet, j'entre dans la grande rade de Toulon, j'en suis toutes les sinuosités, telles que le creux Saint-Georges, la plage du Lazaret; j'entre dans la petite rade, j'en fais le tour, et en suivant toujours le rivage, je viens à Saint-Vincent de Carquairanne, gros village au midi et un peu à l'ouest d'Hières. Depuis le cap Cépet je compte. . . .   19,500ᵗ   20°31′23″

La variante du texte grec porterait *Olbia* au château de Giens, situé au milieu de la côte méridionale de la presqu'île de Giens, qui est vis-à-vis Hières.

De Saint-Vincent, je longe la presqu'île de Giens; j'en suis les contours, et je viens à

60,500ᵗ   63°40′29″

De Marseille à Saint-Vincent......	60,500ᵗ	63°40′29″
la plage de l'Argentière, où se jette la rivière du même nom. Cette plage et cette rivière sont à l'extrémité orientale des salines d'Hières (Salines). De Saint-Vincent à l'Argentière.	16,500ᵗ	17°21′57″
De la rivière d'Argentière, je suis la côte, qui est sinueuse, et je viens au fanal de l'ancien port de Fréjus, près de l'embouchure du Reyran, rivière. Fréjus est à 900 toises de la mer. De l'embouchure du Reyran à l'embouchure de la rivière Argentière, il y a 1,300 toises. De l'Argentière au fanal précédent...	40,000ᵗ	42° 5′58″
Du fanal de Fréjus à Antibes, je suis les sinuosités de la côte, et je trouve..........	25,500ᵗ	26°50′18″
	142,500ᵗ	149°58′42″

Dans ce trajet, Ptolémée place :

Les cinq îles *Stœchades*, qu'il dit être vis-à-vis le promontoire *Citharestes*, et qui ne peuvent représenter que les îles d'Hières.

Lerone Insula, qu'il dit être vis-à-vis le Var. Cette île doit répondre à la plus grande des îles de Lérins, connue sous le nom de Sainte-Marguerite.

D'Antibes au Var, il y a 6,500 toises.

FIN DES ITINÉRAIRES.

TABLE ANALYTIQUE

DES MATIÈRES

CONTENUES

DANS LE TOME PREMIER.

AVIS AU LECTEUR.................................Page j

PREMIÈRE PARTIE.

DEPUIS LES PREMIERS TEMPS DE L'HISTOIRE JUSQU'A L'INVASION DE LA GAULE TRANSALPINE PAR JULES CÉSAR, L'AN 58 AVANT JÉSUS-CHRIST.

CHAPITRE PREMIER. Depuis les premiers temps de l'histoire jusqu'à la fondation de Marseille, l'an 600 avant J.-C... 1

CHAP. II. Depuis la fondation de Marseille, l'an 600 avant J.-C., jusqu'aux dernières expéditions des Gaulois en Italie, ou 478 ans avant J.-C., époque du passage de Xerxès en Grèce................................ 24

§. I. Examen des côtes des deux Gaules durant ce période................................ ibid.

§. II. Examen de l'intérieur des deux Gaules durant ce période................................ 51

   A. — Première expédition des Gaulois au delà ou au midi des Alpes................................ ibid.

   B. — Seconde, troisième et quatrième expédition des Gaulois et des Ligures au delà des Alpes.......... 66

   C. — Expédition de Sigovèse au nord des Alpes. — Expédition des Boii................................ 75

142   TABLE ANALYTIQUE

Chap. III. Depuis l'an 478 avant J.-C. jusqu'à l'an 350 avant
J.-C., époque des découvertes de Pythéas......... Page   81
   A. — Avant-dernière, ou cinquième expédition des Gaulois, qui fut celle des *Boïi* et des *Lingones*............ *ibid.*
   B. — Sixième et dernière expédition des Gaulois, qui est celle des Senonois...............................   88

Chap. IV. Découvertes d'Himilcon et de Pythéas, 350 ans avant J.-C., et premières connaissances des Grecs de Marseille, sur le cours du Rhône et l'intérieur de la Gaule...   97

Chap. V. De la Gaule cisalpine depuis la prise de Rome par les Gaulois, l'an 390 avant J.-C., jusqu'à l'an 218 avant J.-C., avant le passage d'Annibal dans les Gaules, et lors de la fondation de Crémone et de Plaisance par les Romains..   120

Chap. VI. Des peuples qui habitaient les deux Gaules lorsque Annibal les traversa, l'an 218 avant J.-C., jusqu'à l'an 203 avant J.-C............................   129
   A. — De la Gaule transalpine lors du passage d'Annibal.. *ibid.*
   B. — De la Gaule cisalpine lors du passage d'Annibal...   141

Chap. VII. Conquête de la Gaule cisalpine par les Romains, après qu'Annibal eut quitté l'Italie, depuis l'an 203 avant J.-C. jusqu'à l'an 117 avant J.-C., époque des conquêtes des Romains dans la Gaule transalpine, et de l'établissement de la colonie romaine à Narbonne.............   149

Chap. VIII. Depuis l'entrée des Romains dans la Gaule transalpine, l'an 155 avant J.-C., jusqu'au commencement de la conquête générale de ce pays par Jules César, l'an 59 avant J.-C.......................................   175

DEUXIÈME PARTIE.

DEPUIS L'INVASION DE LA GAULE TRANSALPINE ET L'ENTIÈRE
CONQUÊTE DE CETTE CONTRÉE PAR JULES CÉSAR JUSQU'A LA
SOUMISSION DES PEUPLES DES ALPES SOUS AUGUSTE.

Chapitre premier. Du progrès des connaissances géographiques dans les temps anciens relativement aux Gaules transalpine et cisalpine, et des noms généraux qui leur furent donnés. — Indication des moyens à employer pour déterminer la position et les limites des peuples pour les périodes qui vont suivre, et par quelles raisons on peut tracer une carte plus exacte de ces différens peuples pour la Gaule transalpine que pour toute autre contrée.......... Page 201

Chap. II. De l'état des deux Gaules depuis l'invasion de Jules César dans la Gaule transalpine, l'an 58 avant J.-C., jusqu'à l'entière conquête de ce pays, 50 avant J.-C...... 246

§. I. (A) Divisions générales........................ *ibid.*

   §. I. Gaule transalpine........................ 252

      1. De la Province romaine, ou *Gallia braccata*.... *ibid.*

   §. II. De la Gaule chevelue, *Gallia comata*......... 282

      2. De l'Aquitaine de César, *Aquitania*............ 283

   §. III. De la Celtique de César, *Celtica*............ 306

   §. IV. De la Belgique de César, *Belgica*............ 419

§. II. (B) Peuples indépendans des Alpes, entre la Gaule et l'Italie, au temps de César..................... 535

§. III. (C) Gaule cisalpine 560

FIN DE LA TABLE DU TOME PREMIER.

TABLE ANALYTIQUE

DES MATIÈRES

CONTENUES

DANS LE TOME SECOND.

DEUXIÈME PARTIE.

(SUITE.)

CHAP. III. Depuis l'an 49 avant J.-C. ou 704 de Rome, époque du commencement de la guerre civile, jusqu'à l'an 27 avant J.-C. ou 726 de Rome, époque où Auguste tint les états de la Gaule.................................... Page 1

§. I. Gaule transalpine............................... *ibid.*

§. II. Gaule cisalpine................................. 11

CHAP. IV. Depuis l'an 27 avant J.-C. jusqu'à l'an 8 après J.-C., ou depuis la première division de la Gaule par Auguste, jusqu'à la création des deux commandemens ou provinces militaires, nommées la première et la seconde Germanie.. 13

§. I. Préliminaires................................. *ibid.*

§. II. Limites des deux Gaules....................... 16

§. III. Peuples des Alpes, au temps d'Auguste......... 22

§. IV. Gaule cisalpine.............................. 82

§. V. Gaule transalpine............................. 162

Première division sous Auguste. — Agrandissement de l'Aquitaine.. *ibid.*

Gallia comata (Gaule chevelue).................. 231
De l'Aquitaine............................... *ibid.*
De la Celtique ou Lyonnaise..................... 250
De la Belgique............................... 267

TROISIÈME PARTIE.

DEPUIS LA FIN DU RÈGNE D'AUGUSTE, OU L'ENTIÈRE CONQUÊTE DE LA GAULE TRANSALPINE ET LA SOUMISSION DES PEUPLES DES ALPES, JUSQU'A LA CHUTE DE L'EMPIRE D'OCCIDENT.

CHAPITRE PREMIER. Depuis la fin du règne d'Auguste jusqu'à la fin du règne de Vespasien, ou depuis l'an 14 de J.-C., jusqu'à l'an 79 de J.-C......................... 310
 A. — De la Gaule transalpine..................... *ibid.*
 B. — De la Gaule cisalpine...................... 321

CHAP. II. Depuis l'an 80 de J.-C., époque de la mort de Vespasien, jusqu'à l'an 360 après J.-C., époque du séjour de Julien-l'Apostat à Paris. Division de la Gaule transalpine en onze provinces............................ 323

CHAP. III. Depuis l'an 360 jusqu'en l'an 369............ 343

CHAP. IV. Depuis l'an 369 jusqu'en 381 après J.-C....... 360

CHAP. V. Depuis l'an 380 jusqu'en 401................ 370

CHAP. VI. Depuis l'an 401 jusqu'en 420............... 373

 Notice des provinces et cités de la Gaule............ 377
 Divisions civiles et militaires de la Gaule transalpine.... 413
  A. — Divisions civiles de la Gaule................ 416
   Du préfet du prétoire des Gaules................ *ibid.*
   Du vicaire des dix-sept provinces................ 420
   Du trésorier général de l'Empire................ 421
   De l'intendant de l'empereur................... 424
  B. — Divisions militaires de la Gaule.............. 425
   1. Du généralissime de la cavalerie............... 426
   2. Du généralissime de l'infanterie............... 444

Chap. VII. De la Gaule cisalpine au commencement du second siècle de l'ère chrétienne. — Détails géographiques donnés par l'inscription gravée sur cuivre, nommée Table alimentaire Véléiane, dite de Trajan.................. 457

Chap. VIII. De la Gaule cisalpine, depuis le règne de Trajan, ou l'an 117 de J.-C., jusqu'à la chute de l'empire romain en Occident, l'an 410........................ 485

Notice des dignités de l'Empire..................... 497

   A. — Divisions civiles........................... *ibid.*
     Du vicaire d'Italie............................ *ibid.*
     Du trésorier général de l'Empire................ 500
   Divisions militaires 502
     Généralissime de l'infanterie................... *ibid.*
     Du maître des manufactures d'armes............ 508

Chap. IX. De la Gaule cisalpine, depuis l'an 410 jusqu'au ixe siècle...................................... 510

FIN DE LA TABLE DU TOME SECOND.

TABLE ANALYTIQUE

DES MATIÈRES

CONTENUES

DANS LE TOME TROISIÈME.

INTRODUCTION A L'ANALYSE GÉOGRAPHIQUE DES ITINÉRAIRES ANCIENS POUR LES GAULES CISALPINE ET TRANSALPINE.. Page j

ANALYSE GÉOGRAPHIQUE DES ITINÉRAIRES ANCIENS POUR LES GAULES CISALPINE ET TRANSALPINE.................. 1

* 1. Itinéraires de *Faventia* (Faenza) à *Mediolanum* (Milan), à *Bergamum* (Bergame), et à *Patavium* (Padoue)....... 2

* 1. Itinéraires de *Faventia* (Faenza) à *Bergamum* (Bergame) et à *Patavium* (Padoue)........................ 3

2. Itinéraire de *Faventia* (Faenza) à *Parma* (Parme) et à *Dertona* (Tortone)............................... 6

3. Itinéraire de *Comum* (Côme) à *Brixia* (Brescia) par *Bergamum* (Bergame).................................. ibid.

4. Route d'*Ariminum* (Rimini) à *Faventia* (Faenza)....... 7

5. Itinéraire de la route de *Patavium* (Padoue) à *Aquileia* (Aquilée)................................... ibid.

6. Route d'*Ariminum* (Rimini) à *Aquileia* (Aquilée)....... ibid.

* 7. Itinéraire de la route d'*Aquileia* (Aquilée) à *Pola* (Pola) et à *Tarsaticum* (Thersat)........ 8

* 7. Itinéraire de la route d'*Aquileia* (Aquilée) à *Tergeste* (Trieste) et à *Pola* (Pola)...................... ibid.

8. Itinéraire de la route d'*Aquileia* (Aquilée) à *Tharsaticus* (Thersat)................................... ibid.

9. Itinéraire de la route de *Verona* (Vérone) à *Bononia* (Bologne)... 9

10. Itinéraire de *Verona* (Vérone) à *Bononia* (Bologne, selon une seconde combinaison......................Page 9

11. Itinéraire de la route de *Cremona* (Crémone) à *Bononia* (Bologne)..*ibid.*

12. Itinéraire de la route de *Patavium* (Padoue) à *Bononia* (Bologne), selon deux itinéraires mélangés, rétablis dans leur exactitude primitive................................ 10

13. Extrait de la route d'*Aquileia* (Aquilée) à *Bononia* (Bologne), avec les noms modernes correspondans..........*ibid.*

* 14. Route de *Patavis* (Padoue) à *Bononia* (Bologne)..... 11

* 14. Route de *Patavis* (Padoue) à *Mutina* (Modène).......*ibid.*

15. Itinéraire de la route de *Faventia* (Faenza) à *Luca* (Lucques).. 12

16. Route de *Parma* (Parme) à *Luca* (Lucques) donnée en une seule distance......................................*ibid.*

17. Itinéraire de la route de *Mediolanum* (Milan) à *Hostilia* (Ostiglia).. 13

18. Itinéraires de plusieurs routes de *Luca* (Lucques) à *Pisa* (Pise) et à *Florentia* (Florence).......................*ibid.*
Premier tracé...*ibid.*
Deuxième tracé... 14

* 19. Itinéraire de la route de *Pisa* (Pise) à *Tegolata* (Trigoze), en passant par *Lunæ* (Lune)..................*ibid.*

* 19. Itinéraire de la route de *Pisis* (Pise) à *Monilia* (Moneglia)... 15

20. Itinéraire d'une route de *Florentia* (Florence) à *Pisa* (Pise)...*ibid.*

21. Itinéraire de la route de *Mediolanum* (Milan) à *Placentia* (Plaisance)...*ibid.*
Premier tracé...*ibid.*
Deuxième tracé...*ibid.*

22. Itinéraire de la route de *Placentia* (Plaisance) à *Bergamum* (Bergame)....................................... 16
Premier tracé...*ibid.*
Deuxième tracé...*ibid.*

23. Itinéraire de la route de *Placentia* (Plaisance) à *Dertona* (Tortone)... Page 17
    Premier tracé... *ibid.*
    Deuxième tracé.. *ibid.*
24. Itinéraire de la route de *Augusta Taurinorum* (Turin) à *Dertona* (Tortone)... *ibid.*
    Premier tracé... *ibid.*
    Deuxième tracé.. *ibid.*
25. Itinéraires de la route des côtes de la Ligurie, et du passage de la Gaule cisalpine dans la Gaule transalpine par les Alpes maritimes.. 18
    Premier tracé... 19
    Deuxième tracé.. *ibid.*
26. Rétablissement de la route de l'itinéraire depuis *Albinganum* (Albenga) jusqu'à *Varum flumen* (le Var)........ 20
    Premier tracé... *ibid.*
    Deuxième tracé.. *ibid.*
    Troisième tracé... *ibid.*
    Quatrième tracé... *ibid.*
27. Rétablissement de la route entre *Genua* (Gênes) et *Figlinis* (Finale), qui se trouve dans la Table Théodosienne, segment 3—D, et segment 2—F........................... 21
    Premier tracé... *ibid.*
    Deuxième tracé.. *ibid.*
    Troisième tracé... *ibid.*
    Quatrième tracé... *ibid.*
    Premier tracé pour la variante du Ms. 7230 [A].......... 22
    Deuxième tracé.. *ibid.*
    Troisième tracé... *ibid.*
28. Itinéraires des routes de la Gaule cisalpine dans la Gaule transalpine. — Depuis *Mediolanum* (Milan) jusqu'à *Brigantio* (Briançon). — Passage des Alpes cottiennes par le mont Genèvre... 23
    Premier tracé... *ibid.*
    Deuxième tracé.. *ibid.*

29. Route de *Mansio Ebrodunum* (Embrun) à *Mediolanum* (Milan).................................. Page 24
    Premier tracé................................. *ibid.*
    Deuxième tracé............................... 25
30. Extraits de différentes routes de l'Itinéraire d'Antonin, où se trouvent répétées des portions de la route précédente. *ibid.*
31. Itinéraire de la route de *Mediolanum* (Milan) à *Vienna* (Vienne) par les Alpes Graies........................ 26
32. Itinéraire de la route de *Vercellæ* (Verceil) à *Vienna* (Vienne)................................... *ibid.*
* 33. Itinéraire de la route d'*Arebrigium* (Pont-de-Seran) à *Darantasia* (Moutiers en Tarentaise), faisant voir que dans l'Itinéraire d'Antonin il y a eu confusion dans les chiffres et les noms des deux routes *Arebrigium* et *Darantasia*.... 27
* 33. Itinéraire de la route entre *Arebrigium* (Pont-de-Seran) à *Darantasia* (Moutiers en Tarentaise), selon la Table Théodosienne, faisant voir qu'il y a eu intercalation de deux routes en une seule........................ *ibid.*
34. Itinéraire de la route de *Sena Gallica* (Sinigaglia) à *Ancona* (Ancône), selon l'Itinéraire d'Antonin et la Table Théodosienne combinés............................ 28
* 35. Itinéraire de la route de *Segusio* (Suse) à *Augusta Taurinorum* (Turin)............................. *ibid.*
* 35. Itinéraire de la route de *Segusio* (Suse) à *Augusta Taurinorum* (Turin)............................. *ibid.*
* 35. Itinéraire de la route de *Segusio* (Suse) à *Augusta Taurinorum* (Turin)............................. *ibid.*
36. Route de *Laumellum* (Lomello) à *Taurinis* (Turin)..... 29
* 37. Itinéraire de la route de *Mediolanum* (Milan) à *Argentoratum* (Strasbourg)......................... *ibid.*
* 37. Itinéraire de la route de *Mediolanum* (Milan) à *Argentoratum* (Strasbourg)......................... 30
* 38. Itinéraire d'une route d'*Epamanduodurum* (Mandeure) à *Utirensis* (Ensisheim)........................... *ibid.*

DES MATIÈRES.

* 38. Itinéraire d'une route d'*Epamanduodurum* (Mandeure) à *Cambete* (Gross-Kembs).................... Page 31
* 39. Itinéraire d'une route d'*Augusta Rauracorum* (Augst) à *Argentoratum* (Strasbourg)........................ ibid.
* 39. Itinéraire d'une route d'*Augusta Rauracorum* (Augst) à *Argentoratum* (Strasbourg)........................ ibid.
* 40. Itinéraire d'une route de *Vesontio* (Besançon) à *Argentoratum* (Strasbourg)........................ 32
* 40. Itinéraire d'une route de *Vesontio* (Besançon) à *Argentoratum* (Strasbourg)........................ ibid.
* 41. Itinéraire de la route de *Vindonissa* (Vindisch) à *Argentoratum* (Strasbourg)........................ ibid.
* 41. Itinéraire de la route de *Vindonissa* (Vindisch) à *Argentoratum* (Strasbourg)........................ 33
  42. Itinéraire de la route de *Vindonissa* (Vindisch) à *Artalbinno* (Binningen)........................ ibid.
  43. Itinéraire de la route d'*Eburodunum* (Yverdun) à *Abiolica* (Auberson)........................ ibid.
  43 bis. Itinéraire d'une route d'*Epamantadurum* (Mandeurre) à *Uruncis* (Illzach)........................ ibid.
  44. Itinéraire de la route de *Vercellæ* (Verceil) à *Laus Pompeia* (Lodi)........................ 34
  45. Itinéraire de la route de *Mediolanum* (Milan) à *Moguntiacum* (Mayence)........................ ibid.
  46. Itinéraire de la route de *Mediolanum* (Milan) à *Vitricio* (Verrez)........................ 35
* 47. Itinéraire de la route de *Mediolanum* (Milan) à *Octodurus* (Martigny)........................ ibid.
* 47. Itinéraire de la route de *Mediolanum* (Milan) à *Octodurus* (Martigny)........................ ibid.
  48. Itinéraire de la route d'*Octodurus* (Martigny) à *Moguntiacum* (Mayence)........................ 36
* 49. Itinéraire de la route de *Vibiscum* (Vevey) à *Aventicum* (Avenche)........................ ibid.

* 49. Itinéraire de la route de *Vibiscum* (Vevey) à *Aventicum* (Avenche).................................... Page 37

* 50. Itinéraire de la route d'*Augusta Prætoria* (Aoste) à *Vivisco* (Vevey).. ibid.

* 50. Itinéraire de la route d'*Augusta Prætoria* (Aoste) à *Vivisco* (Vevey).. ibid.

51. Itinéraire de la route d'*Augusta Vindelicorum* (Augsbourg) à *Verona* (Vérone)............................ 38

52. Itinéraire de la route d'Espagne en Italie par les Alpes cottiennes, depuis *Ugernum* (Tarascon) jusqu'à *Ebrodunum* (Embrun), selon Strabon et l'Itinéraire d'Antonin comparés... 39

53. Itinéraire de la route d'Espagne en Italie par les Alpes maritimes, telle qu'elle est donnée dans Strabon, livre IV, avec les distances de ce géographe comparées à celles des cartes modernes.. ibid.

54. Itinéraire de la route romaine qui de *Nicæa* (Nice) ou *Cemenelium* (Simiers) se dirigeait au nord dans la vallée de Barcelonnette, rétabli d'après les bornes milliaires trouvées sur place.. 40

Route romaine par la vallée de Tinea.................. 41

* 55. Itinéraire de la route de *Brigantio* (Briançon) à *Vapincum* (Gap).. 42

* 55. Itinéraire de la route de *Brigantio* (Briançon) à *Vapincum* (Gap)... ibid.

* 56. Itinéraire de la route de *Vapincum* (Gap) à *Arelate* (Arles).. ibid.

* 56. Itinéraire de la route de *Vapincum* (Gap) à *Arelate* (Arles)... 43

57. Extrait de l'itinéraire de Bordeaux à Jérusalem........ ibid.

58. Itinéraire de la route in *Alpe Cottia* (Mont-Genèvre) à *Cularo* (Grenoble) et *Vienna* (Vienne)................. ibid.

* 59. Itinéraire de la route de *Brigantio* (Briançon) à *Vapincum* (Gap).. 44

DES MATIÈRES. 155

* 59. Itinéraire de la route de *Brigantio* (Briançon) à *Vapincum* (Gap).................................. Page 44
60. Extrait de l'itinéraire de Bordeaux à Jérusalem, route de *Vapincum* (Gap) à *Brigantio* (Briançon)................ *ibid.*
* 61. Itinéraire de la route de *Vapincum* (Gap) à *Lugdunum* (Lyon)... 45
* 61. Itinéraire de la route de *Vapincum* (Gap) à *Lugdunum* (Lyon)... *ibid.*
62. Extrait de l'itinéraire de Bordeaux à Jérusalem, contenant l'itinéraire de la route de *Valencia* (Valence) à *Vapincum* (Gap)................................... 46
* 63. Itinéraire de la route de *Lugdunum* (Lyon) à *Augustodunum* (Autun)................................. *ibid.*
* 63. Itinéraire de la route de *Lugdunum* (Lyon) à *Augustodunum* (Autun).................................. 47
64. Itinéraire de la route d'*Augustodunum* (Autun) à *Duro-Cortorum* (Reims)............................. *ibid.*
65. Itinéraire de la route d'*Augustodunum* (Autun) à *Augustobona* (Troyes).................................. *ibid.*
* 66. Itinéraire de la route de *Duro-Cortorum* (Reims) à *Ambianis* (Amiens)............................... 48
* 66. Itinéraire de la route de *Duro-Cortorum* (Reims) à *Samarobriva* (Amiens)............................ *ibid.*
67. Itinéraire de la route d'*Ambianis* (Amiens) à *Gesoriacum* (Boulogne)................................... *ibid.*
68. Itinéraire de la route de *Duro-Cortorum* (Reims) à *Samarobriva* (Amiens)............................ 49
69. Itinéraire de la route de *Duro-Cortorum* (Reims) à *Samarobriva* (Amiens), selon l'inscription de Tongres, pour l'éclaircissement de la route de *Duro-Cortorum* (Reims) à *Gesoriaco* (Boulogne)............................ *ibid.*
70. Itinéraire de la route de *Nevirnum* (Nevers) à *Lutetia* (Paris)....................................... *ibid.*
71. Portion de la route romaine de *Burdigala* (Bordeaux) à *Augustodunum* (Autun)........................ 50

72. Route d'*Augustodunum* (Autun) à *Lutetia* (Paris), en passant par *Nevirnum* (Nevers) et *Genabum* (Orléans). Page 50
73. Route de *Cæsaromagus* (Beauvais) à *Lutetia* (Paris). . . . *ibid.*
74. Route de *Rotomagus* (Rouen) à *Cæsaromagus* (Beauvais). 51
75. Route de *Petrum Viaco* (Estrépagny) à *Lutetia* (Paris). . *ibid.*
76. Route de *Petrum Viaco* (Estrépagny) à *Lutetia* (Paris). . *ibid.*
77. Route de *Rotomagus* (Rouen) à *Lutetia* (Paris). 52
78. Route de *Mediolanum Aulercorum* (Évreux) à *Durocasses* (Dreux) . . . . *ibid.*
79. Route de *Juliobona* (Lillebonne) à *Durocasses* (Dreux. . *ibid.*
* 80. Route de *Juliobona* (Lillebonne) à *Rotomagus* (Rouen). *ibid.*
* 80. Itinéraire de la route précédente de *Juliobona* (Lillebonne) à *Mediolanum* (Évreux), passant par *Lotum* (Caudebec). 53
81. Route de *Juliobona* (Lillebonne) à *Rotomagus* (Rouen). . *ibid.*
82. Route de *Juliobona* (Lillebonne) à *Noviomagus* (Lisieux). *ibid.*
83. Itinéraire de la route de *Juliobona* (Lillebonne) à *Durocassis* (Dreux), en passant par *Noviomagus* (Lisieux). . . . *ibid.*
84. Route de *Juliobona* (Lillebonne) à *Durocasses* (Dreux), en passant par *Mediolanum* (Évreux). 54
85. Route de *Rotomagus* (Rouen) à *Durocassis* (Dreux). . . . *ibid.*
86. Route de *Carocotinum* (Harfleur) à *Augustobona* (Troyes). *ibid.*
87. Route de *Juliobona* (Lillebonne) à *Augustobona* (Troyes). 55
88. Route de *Riobe* (Orby) à *Agedincum* (Sens). . . . . *ibid.*
89. Route de *Samarobriva* (Amiens) à *Suessiones* (Soissons). *ibid.*
90. Route de *Cæsaromagus* (Beauvais) à *Augustomagus* (Verberie). 56
91. Route de *Bagacum* (Bavay) à *Duro-Cortorum* (Reims). . . *ibid.*
92. Route de *Bagacum* (Bavay) à *Duro-Cortoro* (Reims). . . . *ibid.*
93. Route de *Cæsaromagus* (Beauvais) à *Augustobona* (Troyes). . . . . *ibid.*
94. Route d'*Agedincum* (Sens) à *Fixtuinum* (Meaux). 57

DES MATIÈRES.

95. Route d'*Autissiodurum* (Auxerre) à *Genabum* (Orléans)... Page 57

96. Itinéraire de la route de *Limonum* (Poitiers) à *Cæsarodunum* (Tours).. *ibid.*

97. Itinéraire de la route de *Limonum* (Poitiers) à *Namnetum* (Nantes).. *ibid.*

98. Itinéraire de la route de *Juliomagus* (Angers) à *Namnetum* (Nantes).. 58

99. Route de *Juliomagus* (Angers) à *Cæsarodunum* (Tours) et à *Genabum* (Orléans)................................. *ibid.*

100. Itinéraire de la route de *Juliomagus* (Angers) à *Gesobrivates* (Brest).. *ibid.*

101. Itinéraire de la route d'*Alauna* (Alleaume), près de Valognes, à *Condate* (Rennes)........................... *ibid.*

102. Itinéraire de la route de *Coriallum* (Cherbourg) à *Condate* (Rennes)... 59

103. Itinéraire de la route de *Reginea* (Granville) à *Condate* (Rennes)... *ibid.*

104. Itinéraire de la route de *Genabum* (Orléans) à *Juliomagus* (Angers)... *ibid.*

105. Itinéraire de la route de *Juliomagus* (Angers) à *Condate* (Rennes)... *ibid.*

106. Itinéraire de la route de *Condate* (Rennes) à *Reginea* (Granville)... 60

107. Itinéraire de la route d'*Alauna* (Alleaume) (Valognes) à *Cæsarodunum* (Tours)............................... *ibid.*

108. Itinéraire de la route de *Subdinum* (le Mans) à *Autricum* (Chartres) et *Durocasses* (Dreux)................ *ibid.*

109. Itinéraire de la route de *Rotomagus* (Rouen) à *Coriallum* (Cherbourg), selon divers monumens géographiques........ 61

110. Itinéraire de la route de *Cæsarodunm* (Tours) à *Alauna* (Alleaume)... *ibid.*

111. Itinéraire de la route de *Gesoriacum* (Boulogne) à *Bagacum* (Bavay)... 62

112. Itinéraire de la route de *Gesoriacum* (Boulogne) à *Bagacum* (Bavay) .... Page 62

113. Itinéraire de la route de *Castellum* (Cassel) à *Turnacum* (Tournay) .... ibid.

114. Itinéraire de la route de *Castellum* (Cassel) à *Bagacum* (Bavay) .... ibid.

115. Itinéraire de la route de *Teruenna* (Thérouenne) à *Bagacum* (Bavay) 63

116. Itinéraire de la route de *Castellum* (Cassel) à *Nemetacum* (Arras) .... ibid.

117. Itinéraire de la route de *Taruenna* (Thérouenne) à *Turnacum* (Tournay) .... ibid.

118. Itinéraire de la route de *Taruenna* (Thérouenne) à *Nemetacum* (Arras) .... ibid.

119. Itinéraire de la route de *Taruenna* (Thérouenne) à *Duro-Cortorum* (Reims) 64

120. Itinéraire de la route de *Taruenna* (Thérouenne) à *Duro-Cortorum* (Reims) .... ibid.

121. Itinéraire de la route directe entre *Nemetacum* (Arras) et *Samarobriva* (Amiens) .... ibid.

122. Itinéraire de la route de *Samarobriva* (Amiens) à *Nemetacum* (Arras) .... ibid.

123. Itinéraire de la route de *Samarobriva* (Amiens) à *Taruenna* (Thérouenne) 65

124. Itinéraire de la route de *Aug. Suessionum* (Soissons) à *Duro-Cortorum* (Reims) .... ibid.

125. Itinéraire de la route de *Mediolanum* (Saintes) à *Vesunna* (Périgueux) .... ibid.

126. Itinéraire de la route d'*Augustoritum* (Limoges) à *Avaricum* (Bourges) .... ibid.

127. Itinéraire de la route d'*Avaricum* (Bourges) à *Augusta Nemetum* (Clermont) 66

128. Itinéraire de la route d'*Avaricum* (Bourges) à *Aquæ Neræ* (Néris) .... ibid.

129. Itinéraire de la route d'*Augustoritum* (Limoges) à *Argentomagus* (Argenton).......................... Page 66

130. Route d'*Argentomagus* (Argenton) à *Aquæ Neræ* (Néris).. ibid.

131. Itinéraire de la route d'*Avaricum* (Bourges) à *Mediolanum* (Saintes).. 67

132. Itinéraire de la route de *Cæsarodunum* (Tours) à *Avaricum* (Bourges)....................................... ibid.

133. Itinéraire de la route d'*Augustodunum* (Autun) à *Aquæ Borvonis* (Bourbon-l'Archambault)................. ibid.

134. Itinéraire de la route de *Sitillia* (Thiel) à *Rodumna* (Rouanne)... ibid.

135. Itinéraire de la route de *Decetia* (Decise) à *Aquæ Nisencii* (Bourbon-Lancy)............................... 68

* 136. Premier itinéraire de la route de *Decetia* (Decise) à *Augustodunum* (Autun)............................ ibid.

* 136. Deuxième itinéraire de la route de *Decetia* (Decise) à *Augustodunum* (Autun)............................ ibid.

137. Itinéraire de la route d'*Augustodunum* (Autun) à *Decetia* (Decise)... ibid.

* 138. Premier itinéraire de la route de *Lugdunum* (Leyde) à *Argentoratum* (Strasbourg) et à *Vemania* (Immenstadt).. 69

* 138. Deuxième itinéraire de la route de *Lugdunum* (Leyde) à *Argentoratum* (Strasbourg) et à *Vemania* (Immenstadt).. 70

* 139. Premier itinéraire de la route de *Vemania* (Immenstadt) à *Lugdunum* (Leyde)............................ 71

* 139. Deuxième itinéraire de la route de *Vemania* (Immenstadt) à *Lugdunum* (Leyde)........................ 72

140. Itinéraire de la route de *Borbetomagus* (Worms) à *Bonna* (Bonne)....................................... 73

141. Itinéraire de la route de *Noviomagus* (Nimègue) à *Lugdunum* (Leyde)....................................... ibid.

142. Premier itinéraire de la route d'*Augusta Vindelicorum* (Augsbourg) à *Brigantia* (Bregentz)............... ibid.

143. Deuxième itinéraire de la route d'*Augusta Vindelicorum* (Augsbourg) à *Brigantia* (Bregentz).............. Page, 74

144. Itinéraire de la route d'*Augusta Vindelicorum* (Augsbourg) à *Campodunum* (Kempten).................. *ibid.*

145. Itinéraire de la route de *Campodunum* (Kempten) à *Abodiacum*....................................... *ibid.*

146. Itinéraire de la route d'*Augusta Vindelicorum* (Augsbourg) à *Ad Lunam* (Ulm)........................ *ibid.*

147. Itinéraire de la route de *Vindonissa* (Vindisch) à *Ad Lunam* (Ulm)................................... 75

Inscription de Tongres................................ *ibid.*

148. Première face de l'inscription. Route de *Bonna* (Bonne) à *Borbetomagus* (Worms)..................... *ibid.*

149. Deuxième face de l'inscription. Route de *Duro-Cortorum* à *Samarobriva*, comparée avec la Table et l'Itinéraire d'Antonin.. 76

150. Deuxième face de l'inscription. Itinéraire de la route de *Duro-Cortorum* (Reims) à *Samarobriva* (Amiens), comparé avec les cartes modernes et restitué................. *ibid.*

* 151. Troisième face de l'inscription. Route de *Castellum* (Cassel) à *Nemetacum* (Arras)................... 77

* 151. Troisième face de l'inscription. Itinéraire de la route de *Castellum* (Cassel) à *Nemetacum* (Arras)......... *ibid.*

152. Itinéraire de la route d'*Atuatuca* (Tongres) à *Noviomagus* (Nimègue)................................... *ibid.*

* 153. Premier itinéraire de la route de *Brigantium* (Bregentz) à *Tarvessède* (Torre di Vercella) .... *ibid.*

* 153. Deuxième itinéraire de la route de *Brigantium* (Bregentz) à *Tarvessède* (Torre di Vercella)............ 78

* 154. Premier itinéraire de la route de *Tarvessède* (Torre di Vercella) à *Mediolanum* (Milan).................. *ibid.*

* 154. Deuxième itinéraire de la route de *Tarvessède* (Torre di Vercella) à *Mediolanum* (Milan)................. *ibid.*

155. Itinéraire de la route de *Brigantium* (Bregentz) à *Summo Lacu* (Samogia, extrémité du lac de Côme)............ Page 79
156. Itinéraire de la route d'*Arbor Felix* (Arbon) à *Curia* (Chür ou Coire, et l'extrémité du lac Côme)............ *ibid.*
* 157. Premier itinéraire de la route de *Vemania* (Immenstadt) à *Augusta Trevirorum* (Trèves)................ *ibid.*
* 157. Deuxième itinéraire de la route de *Vemania* (Immenstadt) à *Augusta Trevirorum* (Trèves)................ 80
158. Itinéraire de la route d'*Augusta Trevirorum* (Trèves) à *Argentoratum* (Strasbourg)........................ *ibid.*
159. Itinéraire de la route de *Divodurum* (Metz) à *Argentoratum* (Strasbourg)........................... *ibid.*
160. Itinéraire de la route de *Moguntiacum* (Mayence) à *Augusta Trevirorum* (Trèves)...................... 81
161. Itinéraire de la route de *Moguntiacum* (Mayence) à *Vosolvia* (Ober-Wesel)............................ *ibid.*
* 162. Premier itinéraire de la route d'*Augusta Rauracorum* (Augst) à *Moguntiacum* (Mayence)................. *ibid.*
* 162. Deuxième itinéraire de la route d'*Augusta Rauracorum* (Augst) à *Moguntiacum* (Mayence)................ 82
163. Itinéraire de la route d'*Augusta Trevirorum* (Trèves) à *Colonia Agrippina* (Cologne).................... *ibid.*
164. Itinéraire de la route directe entre *Marcomagus* (Marmagen) et *Colonia Agrippina* (Cologne)............... 84
165. Itinéraire de la route d'*Augusta Trevirorum* (Trèves) à *Colonia Agrippina* (Cologne).................... *ibid.*
166. Itinéraire de la route d'*Epoïsso* (Ivois ou Carignan) à *Duro-Cortorum* (Reims)...................... *ibid.*
167. Itinéraire de la route de *Duro-Cortorum* (Reims) à *Epoïsso* (Ivois, actuellement Carignan)............... *ibid.*
168. Itinéraire de la route de *Duro-Cortorum* (Reims) à *Augusta Trevirorum* (Trèves) 85
169. Itinéraire de la route de *Duro-Cortorum* (Reims) à *Meduanto* (Martué).......................... *ibid.*

170. Itinéraire de la route de *Duro-Cortorum* (Reims) à *Treveros* (Trèves)... Page 85

171. Itinéraire de la route de *Duro-Cortorum* (Reims) à *Colonia Agrippina* (Cologne)........................... 86

172. Premier itinéraire de la route de *Duro-Cortorum* (Reims) à *Divodurum* (Metz) .... ibid.

173. Deuxième itinéraire de la route de *Duro-Cortorum* (Reims) à *Divodurum* (Metz)........................... ibid.

174. Troisième itinéraire de la route de *Duro-Cortorum* (Reims) à *Divodurum* (Metz)....................... 87

175. Itinéraire de la route de *Duro-Cortorum* (Reims) à *Andomatunum* (Langres)............................. ibid.

176. Premier itinéraire de la route d'*Argentoratum* (Strasbourg) à *Noviomagus* (Spire)...................... ibid.

177. Deuxième itinéraire de la route d'*Argentoratum* (Strasbourg) à *Noviomagus* (Spire).................... 88

178. Troisième itinéraire de la route d'*Argentoratum* (Strasbourg) à *Noviomagus* (Spire)..................... ibid.

179. Itinéraire de la route de *Tullum* (Toul) à *Duro-Cortorum* (Rheims), en passant par *Mosa* (Meuvy)............ ibid.

180. Itinéraire de la route d'*Andomatunum* (Langres) à *Tullum* (Toul).. 89

181. Premier itinéraire de la route de *Divodurum* (Metz) à *Augusta Trevirorum* (Trèves)....................... ibid.

182. Deuxième itinéraire de la route de *Divodurum* (Metz) à *Augusta Trevirorum* (Trèves).................. ibid.

183. Troisième itinéraire de la route de *Divodurum* (Metz) à *Augusta Trevirorum* (Trèves)................. ibid.

184. Itinéraire de la route de *Tullum* (Toul) à *Confluentes* (Coblentz), selon l'anonyme de Ravenne.............. 90

185. Itinéraire de la route de *Tullum* (Toul) à *Indesina* (Nancy)....................................... ibid.

186. Itinéraire de la route de *Castellum* (Cassel) à *Colonia Agrippina* (Cologne)........................... ibid.

187. Itinéraire de la route de *Castellum* (Cassel) à *Colonia Agrippina* (Cologne), rétabli................. Page 91

188. Itinéraire de la route de *Teruanna* (Thérouenne) à *Colonia Agrippina* (Cologne)......................... ibid.

189. Itinéraire de la route de *Colonia Trajana* (Alpen) à *Colonia Agrippina* (Cologne)..................... ibid.

190. Itinéraire de la route de *Vesontium* (Besançon) à *Andomatunum* (Langres)................................ 92

191. Itinéraire de la route d'*Andomatunum* (Langres) à *Cambate* (Gross-Kembs)............................ ibid.

192. Itinéraire de la route de *Cambate* (Gross-Kembs) à *Andomatunum* (Langres)........................... ibid.

193. Itinéraire de la route de *Vesontione* (Besançon) à *Larga* (Largitzen).............................. ibid.

194. Itinéraire de la route d'*Andomatunum* (Langres) à *Cambate* (Gross-Kembs)............................ 93

195. Premier itinéraire de *Burdigala* (Bourdeaux) à *Narbona* (Narbonne).................................... ibid.

196. Deuxième itinéraire de *Burdigala* (Bourdeaux) à *Narbona* (Narbonne)................................ 94

197. Itinéraire de la route de *Burdigala* (Bourdeaux) à *Scrione* (Céron)..................................... ibid.

198. Itinéraire de la route de *Burdigala* (Bourdeaux) à *Diolindum* (la Linde)............................... ibid.

199. Itinéraire de la route de *Vesunna* (Périgueux) à *Augustoritum* (Limoges)............................ 95

200. Itinéraire de la route d'*Aginnum* (Agen) à *Lactora* (Lectoure).. ibid.

201. Itinéraire de la route de *Burdigala* (Bourdeaux) à *Fines* (La Marque)................................. ibid.

202. Itinéraire de la route de *Burdigala* (Bourdeaux) à *Argentomagus* (Argenton)............................ ibid.

203. Itinéraire de la route de *Burdigala* (Bourdeaux) à *Aginnum* (Agen)..................................... 96

204. Itinéraire de la route de *Vesunna* (Périgueux) à *Augustoritum* (Limoges).................... Page 96

205. Itinéraire de la route d'*Aginnum* (Agen) à *Lugdunum* (Saint-Bertrand de Comminges)..................... *ibid.*

206. Itinéraire de la route de *Climberrum* (Auch) à *Bersino* (Berginatz)....................... *ibid.*

207. Premier itinéraire de la route de *Burdigala* (Bourdeaux) à *Augustodunum* (Autun)........................ 97

208. Deuxième itinéraire de la route de *Burdigala* (Bourdeaux) à *Augustodunum* (Autun)..................... *ibid.*

209. Itinéraire de la route d'*Avaricum* (Bourges) à *Aquæ Bormonis* (Bourbon-l'Archambault).................... 98

210. Itinéraire de la route de *Mediolanum* (Saintes) à *Augustoritum* (Limoges)........................ *ibid.*

211. Itinéraire de la route d'*Augustoritum* (Limoges) à *Augustonemetum* (Clermont)..................... *ibid.*

212. Itinéraire de la route de *Burdigala* (Bourdeaux) à *Vesunna* (Périgueux)........................ *ibid.*

213. Itinéraire de la route de *Tolosa* (Toulouse) à *Divona* (Cahors)............................ 99

214. Itinéraire de la route de *Divona* (Cahors) à *Segodunum* (Rhodez)........................... *ibid.*

215. Itinéraire de la route de *Segodunum* (Rhodez) à *Cesserone* (Saint-Thibery)...................... *ibid.*

216. Itinéraire de la route d'*Aginnum* (Agen) à *Tolosa* (Toulouse)............................ *ibid.*

217. Itinéraire de la route d'*Aginnum* (Agen) à *Divona* (Cahors)............................ 100

218. Itinéraire de la route d'*Aginnum* (Agen) à *Vesunna* (Périgueux).......................... *ibid.*

219. Itinéraire de la route de *Segodunum* (Rhodez) à *Lugdunum* (Lyon).......................... *ibid.*

220. Itinéraire de la route d'*Augusta Nemetum* (Clermont) à *Lugdunum* (Lyon)........................ 101

* 221. Premier itinéraire de la route d'*Arelate* (Arles) à *Valentia* (Valence)..................................... Page 101
* 221. Deuxième itinéraire de la route d'*Arelate* (Arles) à *Valentia* (Valence).. *ibid.*
222. Itinéraire de la route de *Cemenelum* (Simiers) à *Arelate* (Arles).. 102
223. Itinéraire du chemin direct de *Massilia* (Marseille) à *Arelate* (Arles), indiqué par certains manuscrits de l'Itinéraire... *ibid.*
224. Itinéraire de la route de *Forum Julii* (Fréjus) à *Arelate* (Arles).. 103
224 *bis*. Itinéraire de la route détournée de *Forum Julii* (Fréjus) à *Aquis Sestis* (Aix)........................... *ibid.*
225. Itinéraire de la route de *Cemenellum* (Simiers) (Nice) à *Arelate* (Arles).. *ibid.*
226. Itinéraire de *Forum Julii* (Fréjus) à *Matavone* (Vins), formant un embranchement de la route précédente....... 104
227. Itinéraire de la route d'*Aquæ Sextiæ* (Aix) à *Arelate* (Arles), formant un autre embranchement de la route tracée dans le numéro 125................................... *ibid.*
228. Itinéraire de la route directe d'*Aquæ Sestiæ* (Aix) à *Arelate* (Arles)... *ibid.*
229. Itinéraire de l'embranchement de la route n° 227, entre *Aquæ Sestiæ* (Aix) et *Fossis Marianis* (Foz-lès-Martigues). *ibid.*
230. Itinéraire de la route d'*Arelate* (Arles) à *Juncaria* (Jonquières)... 105
231. Itinéraire de la route d'*Arelate* (Arles) à *Barcino* (Barcelone).. 106
232. Route de *Juncaria* (Jonquières) à *Barcino* (Barcelone).. *id.*
233. Itinéraire de *Ad Pyrenæum* (château du Réart) à *Juncaria* (Jonquières)....................................... 107
* 234. Itinéraire de la route de *Pampelone* (Pampelune) à *Burdigala* (Bourdeaux)................................ *ibid.*
* 234. Itinéraire de la route de *Pampelone* (Pampelune) à *Aquis Tarbellicis* (D'Aqs)............................ *ibid.*

235. Itinéraire de la route d'*Aquis Tarbellicis* (D'aqs) à *Bùrdigala* (Bourdeaux)........................... Page 108
236. Itinéraire de la route d'*Aquis Tarbellicis* (D'Aqs) à *Tolosa* (Toulouse).................................. *ibid.*
237. Itinéraire de la route d'*Aquis Siccis* (Aiguas-Sec) à *Vernosole* (La Vernose)............................ *ibid.*
* 238. Premier et deuxième tracés de l'itinéraire de la route de *Cæsaraugusta* (Saragosse) à *Beneharnum* (la vieille tour à l'est de Maslac).................................. 109
* 238. Troisième tracé de l'itinéraire de la route de *Cæsaraugusta* (Saragosse) à *Beneharnum* (la vieille tour à l'est de Maslac)....................................... *ibid.*
239. Itinéraire d'*Aquis Tarbellicis* (D'Aqs) à *Aquis Convenarum* (Bagnères de Bigorre)......................... *ibid.*

ANALYSE GÉOGRAPHIQUE DE L'ITINÉRAIRE MARITIME........ 110
    Observations préliminaires........................ *ibid.*
* 240. Itinéraire maritime de *Pisanus Portus* à *Portus Delphini*... 112
* 240. Itinéraire maritime de *Livourne* à *Porto Delfino*..... 113
241. Analyse géographique de la portion de l'itinéraire maritime entre *Albingaunum* (Albinga) et *Portus Monæci* (Monaco), selon l'édition de Wesseling................. 124
242. Analyse géographique de la portion de l'itinéraire maritime entre *Forum Julii* (Fréjus) et *Telone Martio* (Toulon), rétabli d'après deux variantes de l'Itinéraire.......... 125

ANALYSE GÉOGRAPHIQUE DES ITINÉRAIRES DES CÔTES OCCIDENTALES, SEPTENTRIONALES ET MÉRIDIONALES DE LA GAULE, ELON PTOLÉMÉE, EXPLIQUÉ PAR M. GOSSELLIN........ 126
  §.I. Itinéraires des côtes occidentales et septentrionales dla Gaule. .... *ibid.*
243. Itiiraire de la côte occidentale de la Gaule, depuis *OEaso pmontorium* (cap Machichaco des Pyrénées) jusqu'à *Gobæu promontorium* (cap de Gob-Estan)........... *ibid.*

* 244. Premier itinéraire de la côte septentrionale de la Gaule, entre *Sequana* (la Seine) et *Gobæum promontorium* (le cap Gob-Estan).................................... 127

* 244. Deuxième itinéraire des côtes septentrionales de la Gaule, entre *Sequana* (la Seine) et *Gobæum promontorium* (le cap Gob-Estan)............................... *ibid.*

245. Itinéraire de la côte septentrionale de la Gaule, entre *Sequana fluvius* (la Seine) et *Mosa fluvius* (la Meuse). ... 128

246. Itinéraire de la côte septentrionale de la Gaule et de la Germanie, depuis *Gesoriacum Navale* (Boulogne) jusqu'à *Albis* (l'Elbe)... *ibid.*

§. II. Itinéraire des côtes méridionales de la Gaule...... 129

247. Itinéraire des côtes méridionales de la Gaule, entre *Templum Veneris* (cap de Creuz) et *Massilia* (Marseille)... *ibid.*

248. Itinéraire des côtes méridionales de la Gaule, entre *Massilia* (Marseille) et *Antipolis* (Antibes).............. *ibid.*

249. Iles et caps des côtes méridionales de la Gaule........ *ibid.*

EXPLICATION DES ITINÉRAIRES DES CÔTES MÉRIDIONALES DE LA GAULE.. 130

§. I. Du cap Creuz à Marseille.......................... *ibid.*

§. II. De Marseille à Antibes........................... 138

Table analytique des matières contenues dans le tome premier. 141

Table analytique des matières contenues dans le tome second.. 145

FIN DE LA TABLE DU TOME TROISIÈME ET DERNIER.

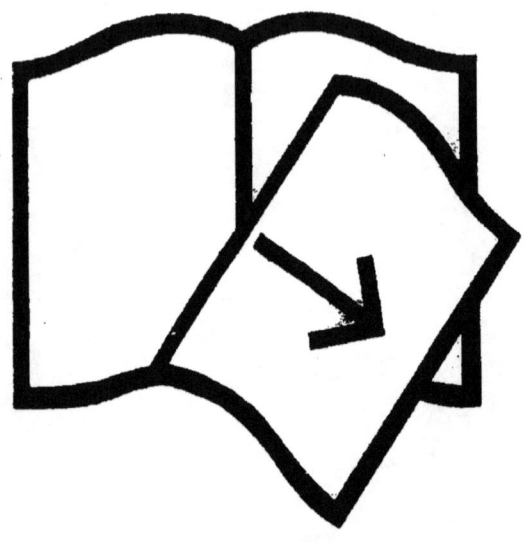

Documents manquants (pages, cahiers...)
NF Z 43-120-13

Atlas manquant

TABLE DES CARTES

QUI COMPOSENT

L'ATLAS DE LA GÉOGRAPHIE

HISTORIQUE ET COMPARÉE

DES GAULES CISALPINE ET TRANSALPINE.

PLANCHE PREMIÈRE.

Avant l'arrivée des Étrusques et des colonies grecques en Italie, 1300 ans avant J.-C.

PLANCHE II.

Premier Empire des Rhasenæ ou Tyrrhéniens, antérieurement à leurs conquêtes au nord des Apennins.

PLANCHE III.

Deuxième Empire des Étrusques, à l'époque de la plus grande extension de ce peuple. — Arrivée des premières colonies grecques dans le nord de l'Italie, antérieurement à l'an 600 avant J.-C., ou à la fondation de Marseille.

PLANCHE IV.

Premières conquêtes des Gaulois en Italie, et premier établissement de ces peuples au nord du Pô, sur le territoire des Tyrrhéniens, dans le viie siècle avant J.-C.

PLANCHE V.

Deuxième, troisième et quatrième expédition des Gaulois au delà des Alpes et du Rhin, depuis l'an 600 avant J.-C. jusqu'à l'an 478 avant J.-C. — Limites des peuples à cette époque dans les deux Gaules.

PLANCHE VI.

Cinquième expédition des Gaulois en Italie, et leur établissement au midi du Pô.

PLANCHE VII.

Sixième expédition des Gaulois. — Limites de la confédération gauloise dans la Cisalpine, dans sa plus grande extension, immédiatement avant la prise de Rome, de 350 à 390 ans avant J.-C.

PLANCHE VIII.

Ora Maritima de Festus Avienus, montrant les premières notions des Grecs de Marseille vers les sources du Rhône, et leurs établissemens sur les côtes de la Gaule, entre les Pyrénées et Marseille.

PLANCHE IX.

Carte des Itinéraires anciens dans les Gaules cisalpine et transalpine, dressée d'après l'analyse géographique de M. Walckenaer.

FIN DE LA TABLE DES CARTES.

ERRATA

AVEC CORRECTIONS ET ADDITIONS.

TOME I.

Page 9, ligne 7, *Maestra*, lisez : *Maestro*.
Pages 60, 130, 250, *Vertacomiri*, lisez : *Vertacomicori*.
Pages 61 et 62, *Sculteri*, lisez : *Suelteri*.
Page 70, ligne 14, *Vertaconieri*, lisez : *Vertacomicori*.
Page 82, ligne 12, *Duro-Catalonum*, lisez : *Cabillonum*.
Page 145, ligne 1, non ceux, *lisez :* non de ceux.
Page 213, ligne dernière en note, éditeur, *lisez :* éditions.
Page 223, ligne 14, Val de Vice, *lisez :* Val de Viù.
Page 225, ligne 1, graphie de, *effacez ces mots*.
Page 234, ligne 10, *ajoutez à la note 2 au bas de la page :*
> Nous avons dit ci-dessus, page 231, que par ces mots *Galliam Veterem*, Ausone désignait la Gaule cisalpine, mais en nous rappelant les actes de l'empereur Gratien, nous croyons que c'est la Gaule transalpine qu'Ausone a voulu désigner.

Page 245, avant-dernière ligne, Augt, *lisez :* Augst.
Page 251, ligne 18, qui contient la province romaine, *lisez :* qui contient toute la Gaule, y compris la province romaine.
Page 269, ligne 12, Mont-Genève, *lisez :* Mont-Genèvre.
Page 354 et ailleurs, Barbier du Bocage, *lisez partout :* Barbié du Bocage.
Page 375, dernière ligne en note, *Recherches*, lisez : *Recueil*.
Page 449, ligne 1, Flamands, *lisez :* les Flamands.
Page 541, ligne 27, *Eburodunum*, lisez : *Ebrodunum*.
Page 542, ligne 25, ni la vallée, *lisez :* ni dans la vallée.

TOME II.

Page 47, ligne 1 des notes, Barbier du Bocage, *lisez :* Barbié du Bocage.
Page 126, ligne 10, *Ingannum*, lisez : *Ingaunum*.
Page 137, avant-dernière ligne des notes, n'avait, *lisez :* n'avaient.
Page 164, ligne 14, l'Aquitaine, *lisez :* l'*Aquitaine*.

ERRATA.

Page 278, ligne 16, *Catelauni*, lisez : *Catalauni*.
Page 339, après la ligne 3, *intercalez la ligne suivante :*
  —— *Betterrensium*, Béziers.
Page 351, dernière ligne du texte, *supprimez le chiffre 8*.
Page 371, après la ligne 13, *intercalez la ligne suivante :*
  —— *Cabellicorum*, Cavaillon.
Page 488, *Ariminium*, lisez : *Ariminum*.

TOME III.

Page xxij, ligne 16, explorés, *lisez :* exploré.
Page xlv, ligne 24, Hiéron, *lisez :* Héron.
Page lix, ligne 6, p. 556, *lisez :* p. 536 et 533.
 Idem, ligne 24, p. 544, *lisez :* p. 542.
Page lx, ligne 19, tome I, p. 544, *lisez :* tome II, p. 542.

> En rectifiant ces citations, je m'aperçois que je n'ai point épuisé la liste des erreurs de M. Delambre pour la Gaule, il faut y ajouter :
>   *Juliobona*, Honfleur.
>   *Rhotomagus*, Bayeux.
>
> Bien plus, M. Delambre met *Gottingue*, sous son nom moderne, au nombre des villes inscrites dans les Tables de Ptolémée ; ceci prouve qu'il a copié sa liste dans une édition de Ptolémée où se trouvent interpolées des positions modernes : comme nous avons réuni toutes les éditions de cet ancien géographe, il nous serait facile de découvrir celle qui a induit M. Delambre en erreur, mais cette recherche est inutile à notre objet.

Page 13, Lucca, *lisez :* Luca.
Page 22, ligne 10 (colonne à gauche), 30, *lisez :* 20.
Page 27, lignes 3 et 4, des deux routes *Arebrigium*, *lisez :* des deux routes entre *Arebrigium*.
Page 66, n° 129, *Augustoritum* (Poitiers), lisez : *Augustoritum* (Limoges).
Page 95, ligne 7, *Agedincum*, lisez : *Aginnum*.
Page 129, au n° 248 (colonne à gauche), *au lieu de*   lisez :
    En degrés   En degrés
           de
    de ? stades.   500 stades.

FIN.

INDEX

DES NOMS DE PEUPLES, DE VILLES, etc.,

DE LA

GÉOGRAPHIE

ANCIENNE, HISTORIQUE ET COMPARÉE

DES GAULES

CISALPINE ET TRANSALPINE.

A.

Aballo, Avallon, II, 351.

Abano, village du Padouan; a des sources chaudes renommées, I, 7.

Abrincatui, peuple du territoire d'Avranches, I, 384; II, 261.

Accion, nom du lac Léman dans Aviénus, I, 114.

Acedum, Azolo, II, 147.

Acerræ, Gerra, près de Pizzighettone, I, 126.

Aciacum, Auchy, I, 443.

Acitavones, peuple de la Vanoise, aux sources de l'Isère, II, 37, 65.

Acunum, Ancône, II, 204.

Adanates, peuple d'une partie de la Maurienne, II, 32.

Adertisus pagus, pays d'Artois, I, 433.

Adriatique (golfe), I, 11, 48.

Aduatici, peuple germain, I, 502.

Adulas (monts), le Saint-Gothard, I, 227.

Adunicates, peuple des environs d'Aiglun, II, 41.

Ædui, Ædussii, Æduens, peuples d'Autun, I, 54, 55; appelés *Ædussi* par Apollodore, 56, 62, 65, 82, 84, 176, 178, 181. L'un des peuples les plus nombreux de la Gaule, 198; alliés des *Ambarri*, 324, 372.

Ægidia, position à Capo d'Istria, II, 159.

Æmona, Laybach, I, 228; II, 155.

Æpiaticus portus, à l'embouchure de la rivière d'Ypère, I, 465.

Ærenosii, Ærénésiens, peuple des environs d'Arinio, I, 130.

Aeria, établissement marseillais, I, 187.

Æsis fluvius, le Fiumesino, rivière, I, 50. L'*Esino*, 83; II, 17, 93.

Agatha, Agde, I, 27; fondée par les Phocéens, 28, 186; II, 178.

Agathon portus, Agaye, I, 183.

Agedincum, Sens, I, 54, 57, 325; métropole de *Lutetia* jusqu'en 1622, 405. Sa position prouvée historiquement, 409.

Agesinates, peuple du territoire des *Pictavi*, dans le district d'Aisenai, I, 367; II, 245.

Aginnum, Agen, 1, 191 ; capitale des Nitiobriges, 304, 359.

Agones, peuple voisin des *Taurisci*, 1, 144.

Agnotes, peuple de la Gaule, aux bords de l'Océan, 1, 199.

Agrippinensium civitas, Cologne, 1, 459.

Aigues-Mortes, présumée être *Rhodanusia*, 1, 28.

Alauna, Alaume, 11, 258.

Albaugusta, capitale des *Elicocii* ou *Helvii*, Aps, 1, 275.

Alba Helviorum, Apt, village du Vivarais, 1, 275; 11, 168.

Alba Pompeia, Alba, 11, 88, 109.

Albenga, 1, 36.

Albiæci, *Albici*, *Albioeci*, peuple de la Gaule méridionale, 1, 61, 185, 256. — Le même que les *Reii*. — D'Albiose, 257.

Albis, l'Elbe, fleuve, 1, 446.

Albingaunum, Albenga, 11, 107.

Albium, nom substitué à celui d'*Antium*, 1, 35. (Voyez *Antium*.)

Albium ingannum, 1, 143; Albenga, 11, 126.

Albium intemelium, Ventimille, 1, 162; 11, 107.

Alesia, Alais, 1, 54.

Alexia, Alise, bourg de Sainte-Reine en Auxois, 1, 21, 328.

Alliana regio, Allia ou *Halia*, au midi de Laumello, 11, 130.

Allobroges, peuple des bords de l'Isère, 1, 133; position de leur territoire, 134, 179, 181, 189. — *Allobrogie*, 250; description de ses peuples, 261 ; 11, 200; prend le nom de *Sapaudia*.

Alona et *Alauna*, Alleaume, près de Valogne, 1, 385.

Alonis, île et ville du pays des Marseillais, 1, 289.

Alpes cottiennes, par où passa Annibal, 1, 59; 11, 491.

Alpes graiæ, petit Saint-Bernard, 1, 221, 556; réunies à la Gaule, 11, 322, 491.

Alpes maritimæ, province composée de plusieurs petites peuplades, 1, 537, 556.

Alpes penninæ, Alpes pennines, le grand Saint-Bernard, 1, 69, 71, 220. — Juliennes, 226. — Carniques, ibid. — Noriques, 227. — Pannoniennes, 228. — Vénitiennes, *ibid.* — Centroniques ou Centroniennes, *ibid.*, 548.

Alpes rhétiques, de Rhétius, chef des Étrusques, 1, 67.

Alpes tridentines, 1, 170. — Istriennes, 11, 70.

Alpis Juliæ saltus, défilés des Alpes cottiennes, 1, 63.

Alpium maritimarum Provincia, Province des Alpes maritimes; étendue, limites, métropole et cités, 11, 361.

Alteium, Altzeheim ou Eltz, près de Trèves, 1, 517.

Altinum, Altino, 11, 55, 148.

Altus mons, Haut-Mont, 1, 475.

Alutrenses, peuple des bords de l'Ala, 11, 68, 146, 155.

Alvum, Albona, 11, 159.

Amagetobria ou *Magetobria*, position à Amage, à l'est de Luxeuil, 1, 319.

Amasius, l'Ems, fleuve, 1, 453.

Ambarri, *Ambibarri*, peuple près de Lyon, dans les environs d'Amberrieu et d'Ambronay, 1, 56, 62, 133, 324.

Ambiani et *Ambitui*, position et limites de ce peuple, 1, 429. — La ville d'Amiens, 451.

Ambilatri, peuple des environs de Mirebeau, 11, 244.

Ambiliates ou *Ambialites*, peuple du territoire de Lamballe, 1, 382, 433.

Ambisuntes, *Ambisontii*, peuple du Tyrol, 11, 59.

Ambitui, peuple de la Gaule d'Asie, 1, 79. — Nommé *Ambiani* par Du Cange, *ibid.*; par d'autres, *Ambituati* ou *Ambituatos*, ibid.

INDEX GÉOGRAPHIQUE. 175

Ambivarites, peuple aux environs de la rivière d'Amblève, I, 508.

Ambligia, la forêt d'Amblise, I, 475.

Ambrones, peuple de la Gaule, I, 180, 311.

Anagnutes, peuple situé à Agnos, dans les Basses-Pyrénées, II, 243.

Anamarori, peuple du nord de l'Italie, I, 126; sa position, 127.

Ananes, Anamares, Anamani, noms substitués à celui d'*Androri*, I, 126, 127. (Voyez *Androri*.)

Anas, la Guadiana, fleuve, I, 205.

Anatili, peuple aux embouchures du Rhône, II, 186.

Anaunium, Castel Nano, II, 55.

Ancona, Ancône, I, 34. Ville des *Umbri*, 41; II, 17.

Anderitum, capitale des *Gabali*, I, 345; position à Anterrieux, 347.

Andes ou *Andecavi*, I, 367, 375; II, 167.

Andomatunum, Langres, I, 319.

Andosiens, peuple des environs d'Altousane, au nord de Balaguer, I, 130.

Androri ou *Andres*, peuple des environs de Casteggio, I, 126.

Anneianum, Montagnano, I, 87.

Anone (lac d'), I, 17.

Anonium, Aunonium, Castel di Nan, II, 146.

Anteis, Draguignan, I, 256.

Antipolis, Antibes, I, 27, 182, 186; capitale des *Deciates*, II, 198.

Antissiodurum, Auxerre, I, 84.

Antium, I, 32, 33; position à Gênes, 34, 40.

Antobroges, peuple des environs d'Antonin, diocèse de Cahors, II, 246.

Apennin (l'), I, 11; chaîne des Apennins, 50.

Apiates, peuple de la vallée d'Aspe, I, 304.

Apponi fontes, sources chaudes d'Abano, au sud-est de Padoue, I, 7. — *Aponus*, Abano, II, 149.

Aprusa fluvius, l'Ausa, rivière, II, 99.

Apta Julia, Apt, I, 279.

Apuani, peuple ligure de la Toscane, I, 156, 157; II, 126.

Aqualia, Aiwaille, I, 506.

Aquæ, Baden, ville bâtie et habitée par les Romains, II, 293.

Aquæ Augustæ, Aquise, I, 296.

Aquæ Borboniæ, Bourbon-l'Archambault, I, 372.

Aquæ Sextiæ, Aix, en Provence, première ville romaine, chez les *Salluvii*, I, 25, 61, 178, 184, 189.

Aquæ Statiellæ, capitale des *Statielli*, I, 122. La ville moderne d'Acqui, capitale du Haut-Montferrat, 123, 143, 161.

Aquenses, peuple du Bigorre, I, 293.

Aquensis vicus, Bagnerre de Bigorre, I, 293.

Aquileia, ville d'Italie, dans le Frioul, I, 2, 68; colonie romaine, 150, 226; II, 152.

Aquinates, peuple des environs d'Acqua viva, II, 102.

Aquis Nisenii, Bourbon-Lancy, I, 372.

Aquis tarbellicis, Aqs, I, 290.

Aquitania, Aquitaine, I, 233, 246, 252, 254. Divisions, 283; II, 231 et suiv. — D'Auguste, 313 et suiv. Métropole et cités, 337. — *Prima*, métropole et cités, 362. — *Secunda*, ibid.

Aquituni, dénomination des *Tarbelli*, I, 296.

Arar, la Saône, rivière confondue avec l'Isère, I, 135, 337.

Arausio, Orange, II, 203.

Arbor Felix, Arbon, I, 312, 321. Arbot-sur-Aube, 419; II, 351.

Arduenna Silva, forêt d'Ardennes, I, 508.

Ardyes, Ardyens, peuple gaulois, I, 139.

Arecomici, partie de la nation des *Volcæ*, I, 132; II, 176.

Argenceio, Archanchy, II, 264.

Argentoria, placé à Artzenheim, II, 350.

Aregenuœ, position à Argentan, 1, 393; 11, 254.

Arelate, Arles, 1, 25, 184, 277, appelée aussi *Constantina*, 279.

Arenatio, Arth, 11, 307.

Argenteus fluvius, Argents, rivière, 11, 10.

Argentoratum, Strasbourg, 1, 319, 520.

Argentuaria, Artzenheim, 11, 316.

Ariminum, Rimini, 1, 85, 86, fondé par les Romains, 121, 147, 150; 11, 17, 94.

Arles, autrefois nommé *Théline*, 1, 114.

Arno, rivière, 1, 33, 34, 40.

Arnum, nom substitué à celui d'*Antium*, par Cluverius, 1, 33.

Arsia fluvius, Arsa, rivière, limite de l'Italie, 11, 158.

Arretini, peuple de l'Arno, 1, 145.

Arretium, Arezzo, ville de Toscane, 1, 89, 91, 145.

Arsia, rivière, 1, 150.

Arusnates, peuple du val Pulicella, canton des *Euganei*, 1, 144.

Arverni, célébrés par Lucain, 1, 21. Peuples puissants de la Gaule transalpine, 53. Leur alliance avec les Romains entraîne la conquête de la Gaule trans., 54, 62, 179, 190, 198. Leur position, 339.

Arvii, peuple de la Bretagne, 1, 58, 390.

Asciburgium, Asbourg; sa fondation attribuée à Ulysse, 1, 21, 505.

Aspa-Luca, Aspe, position à Accou, dans la vallée d'Aspe, 1, 304.

Asta colonia, Asti, 11, 108.

Asseriates, peuple du val d'Arsa, 11, 68, 146, 155.

Astromela, étang de l'Estouma, ainsi appelé par Pline, 1, 118.

Atacini, peuple des bords de l'Aude, *Atax*, 1, 140, 193. — Territoire de Narbonne, 253, 254; 11, 175.

Atacinus vicus, Aussière, lieu de naissance de Varron, 1, 140.

Atax ou *Attagus*, rivière de l'Aude, 1, 40, 109.

Ateste, Este, 11, 147.

Atesui et *Ætusiates*, peuple des environs d'Alteux, en Forest, 1, 336, 394.

Athenopolis, Athènes de la Gaule, 1, 189.

Athesis, Adige, fleuve d'Italie, 1, 7.

Atrebates ou *Atrebatii*, peuple compris dans le *Belgium*, 1, 421. Position et limites, 431.

Atria, voyez *Hadria*.

Atrien (golfe); Golfe adriatique, 1, 48.

Atrianus fluvius, le Tartaro, 11, 153.

Attagus. (Voyez *Atax*.)

Atuatici ou *Aduatici*, peuple confin des *Eburones*, dans le pays de Namur, 1, 505. — *Atuates, Aïtuatoï*, 558. — *Atuatuca*, Tongres, 11, 282.

Aucis, Ausciatis, Ulces, Oulx, dans la vallée de Suse, 1, 559.

Audena fluvius, l'Aulla, rivière, 1, 159.

Augusta, Aoust-en-Diois, capitale du Tricastin, 1, 59.

Augusta Prætoria, Aoste, en Dauphiné, 1, 137, 221.

Augusta Rauracorum, Augst, 1, 314; 11, 316.

Augusta Suessionum, Soissons, 1, 422.

Augusta Taurinorum, Turin, 1, 64, 141, 542.

Augusta Trevirorum, Trèves, 1, 513.

Augusta Vagiennorum ou *Bagiennorum*, Bagienna ou Baienna, nom moderne Bene, 1, 163; 11, 88.

Augusta Veromanduorum, Saint-Quentin, 1, 430, 480.

Augusta Vindelicorum, Augsbourg, 1, 68.

Augustomana et *Augustobona*, Troyes, capitale des *Tricasses*, 1, 54, 413.

Augustodunum, Autun, 1, 53, 319.

Augustodurus, Bayeux, 1, 385, 395.

Augustonemetum, Clermont, capitale des *Arverni*, 1, 53.

Augustoritum, Limoges, I, 54, 340, 360. Sa position déterminée par quatre routes romaines, 370.

Aulerci ou *Cenomanni*, peuple d'Évreux, I, 57, 58, 62. — *Cenomani*, grande nation au-delà des Alpes, 66, 67. — Diocèse du Mans, au temps de César, 390. — *Diablintes*, 391. — *Eburovices*, id. Étendue et limites de leur territoire, 398.

Aurelianorum civitas, *Aurelianum*, Orléans, I, 57.— De l'empereur Aurélien, 400.

Ausuganei, peuple du val Sugana, II, 68.

Autumnacum, Andernach, I, 510.

Ausci, Auch, I, 191, 283, 286.

Ausson, ruisseau qui se jette dans l'Aude, I, 140.

Autissiodurum ou *Autessiodurum*, Auxerre, I, 406; II, 265.

Autricum, Chartres, capitale des *Carnutes*, appelée ensuite *Carnutum*, du nom du peuple, I, 57, 58, 398, 400.

Autura, Eure, rivière, I, 399.

Avantici, peuple des Alpes du diocèse de Digne, II, 42.

Avara ou *Avera*, l'Évre, rivière de Bourges, I, 373.

Avaricum, Bourges, capitale des Bituriges, I, 52.

Avenio, Avignon, I, 279.

Avenna, Avennes, I, 476.

Aventicum, Avenches, I, 82, 195; réuni à la province des *Sequani*, II, 318.

Aventicus pagus, canton d'Avenches, I, 315.

Axima, Aisme, I, 547.

Azania, Azillanet, Azille, départ. de l'Aude, I, 280.

B.

Bachiglione, rivière, I, 13, 31, 68.

Badiocasses, *Bajocasses*, peuple de Bayeux, I, 385; II, 251.

Bagacum, Bavai, capitale des *Nervii*, I, 472.

Bæteris, *Beterræ*, *Bettarra*, *Blitterra*, et *Besara*, Béziers, ville, I, 110. (Voyez *Besara*.)

Barderate, position entre Voghera et Pavie, II, 121.

Bargusia et *Bergusia*, Balaguer, I, 130.

Bargusiens, peuple de Bargusia, I, 130.

Barra. (Voyez *Bergomum*.)

Bartesate, I, 17.

Basacotes, le même peuple que les *Vasates* ou *Vocates*, I, 302.

Basilia, Bâle, I, 322; II, 349.

Bassi ou *Hassi*, peuple du territoire du Bellovaci, I, 429.

Batavi, peuple de l'extrémité septentrionale de la Gaule, I, 458. Sa position et ses limites, 492; II, 283, 305 *et suiv*.

Batavodurum, placé à Vykby-Duürstede, II, 307.

Batiana, Bancs, II, 204.

Bebryces, peuple ligure, I, 38. Ibères mêlés, 39, 62, 141.

Bebrycium mare, mer des Bebryces, ou mer de Narbonne, I, 39.

Bechuni, peuple de la Vénétie, I, 174; II, 145.

Bedularium et *Beolarium*, Beaulard ou Bolard, II, 30.

Belaci, peuple de la vallée de Bardonache, II, 29.

Belendi, petit peuple des Pyrénées, I, 306; II, 243.

Belges (les), I, 180.

Belgica, la Belgique; Belgique seconde, formée d'une partie du territoire des *Menapii*, I, 459 — *Prima*, métropole et cités, II, 331; — *secunda*, métropole et cités, ibid et 348.

Belgique (la), I, 246, du temps de César, 419; II, 267 *et suiv*.

Belgium; district du centre de la Belgique, 1, 420; comprenant les *Bellovaci*, les *Atrebates* et les *Ambiani*, 421.

Bellovaci, peuple du *Belgium*, centre de la Belgique, 1, 420.

Belunum, Belluno, 11, 67.

Benearni, peuple du Béarn, 1, 294. *Beneharnum*, le Béarn, 11, 401.

Beneharum, position aux ruines de Castelnon, 1, 294.

Bercorates, petit peuple des Pyrénées, 1, 306.—Position à Barcou, maintenant Jouanon, 11, 241.

Bergine civitas, ancienne ville dans la plaine de la Crau, 1, 117; capitale des *Nearchi*, ibid.

Bergomum, capitale des *Orobii*, 1, 15; auparavant *Barra*, déjà détruite du temps de Pline, 16; maintenant *Barra Vico*, 17. *Barrus mons*, ibid., 64, 67; fait partie des possessions des *Cenomani*, 92; 11, 128.

Beritini, peuple de la vallée de Saint-Pierre, 11, 40.

Berre, nom d'un étang de la plaine de la Crau, 1, 117.

Berunenses et *Belunenses*, peuple du Bellunèse, 11, 67, 146.

Besançon, 1, 83.

Besara, Béziers, ville rebâtie par les Romains, 1, 110.

Betasii, peuple placé à Beetz; et Biez, près de Bruxelles, 11, 288.

Betiræ et *Bæterra*, Béziers, 11, 176.

Bibona ou *Divona*, Cahors, 1, 352.

Bibracte ou *Augustodunum*, Autun, 1, 56, 327.

Biducesii, peuple confondu par d'Anville avec les *Viducasses* de Pline, au territoire de Bidué, ou de Saint-Brieuc, 1, 382; 11, 256.

Bigerriones, Begerri, peuple du Bigorre, 1, 283.

Bilitio, Bellinzone, près du lac Majeur, 11, 62.

Bituriges, Bourges, 1, 56.

Bituriges, peuple puissant parmi les Celtes ou Gaulois, 1, 52, 53; enlèvent aux Étrusques une grande partie du pays, 95, 199.—*Vivisci*, 304, 360; Celtes et non Aquitains, 305.— *Josci*, ibid.— *Cubi*, peuple de la Celtique au midi de la Loire, 372; 11, 237.

Blanc-Nez, cap, au nord de l'Europe, 1, 98.

Blangiacum, Blangy, 1, 443.

Blannovices et *Brannovices*, Blannot, dans le Brionnais, 1, 331.

Blascon, île de Brescon, 1, 111.

Boates, petit peuple des environs de Buch, 1, 306.

Boetis, le Guadalquivir, 1, 207.

Boiacum, Boui, dans le diocèse d'Auxerre, 1, 83.

Boiatium civitas, Buch, 1, 301.

Boii, Boïens, peuple de la Gaule, 1, 62, 71; s'établissent en Bohême, 75. Leur cinquième expédition, 81, 84. Certitude de leur position géog., 86. Leurs conquêtes, 95. Expulsés par les Romains, 124, 149, 161, 163, 303, 406. Compris dans la grande confédération des peuples appelés *Senones*, 411.

Bodiontice, peuple des Alpes, du diocèse de Digne, 11, 42.

Bonconica, Oppenheim, 11, 278.

Bonnieu, cap, entre Foz et Istres, en Provence, 1, 118.

Bononia, *Bologna*, primitivement *Felsina*, 1, 12; capitale des Étrusques, 150.

Bononia, Boulogne-sur-Mer, 1, 450. (Voyez *Gessoriacum*.)

Borbetomagus, Worms, capitale des *Vangiones*, 1, 523; 11, 277.

Bormanni, peuple placé à Bormes, 11, 191.

Borvonis, Bourbonne, 1, 321.

Boui, près d'Entrain, diocèse d'Auxerre, 1, 83; reste de l'ancien nom des *Boii*, ibid.

Bouhon; analogie du nom de cette localité avec celui de *Bononia* donné par les *Boii* à la ville de Felsina, 1, 83.

Brachbantensis pagus, le pays de Brabant, 1, 476.

INDEX GÉOGRAPHIQUE.

Bratuspantium, la même ville que *Cæsaromagus*, Beauvais, I, 423-428.

Bretina, Brentonico, II, 146.

Breuci, peuple de la Pannonie, II, 50.

Breuni, *Brenni*, peuple des environs du grand Brenner, au-dessus de Trente, II, 48.

Breviodurum, Pont-Autou, I, 395; II, 353.

Briegium, la Brie, I, 415.

Brigantia, Bregentz, I, 308, 323.

Brigantii, peuple de Briançonnet, près des sources de l'Estevon, II, 40. — De la vallée de Bregentz, II, 57.

Brigantium, *Brigomagensium civitas*, Briançon, I, 540; II, 65.

Brigiani, peuple de la vallée de Briançon, II, 37, 65.

Brigieni, I, 251.

Brigobanne, Brugge, sur les bords du Danube, I, 560.

Brigulus, ancien nom de l'*Arar*, rivière qui se jette dans le Rhône, I, 137.

Briniates, peuple des Ligures, I, 158; II, 126.

Brinnonus, Brignon, Brienne, II, 184.

Brioveva ou *Briodurum*, Saint-Lô, I, 387.

Brivates portus, Brivain, près du Croisic, I, 377.

Brixellum, Bressello, II, 96.

Brixia, Brescia; I, 67, 68.

Brocomagus, Brumat, II, 520.

Brodontii, peuple de la montagne de Brodon, vallée d'Olle, II, 38, 65.

Brugetia, *Brugeria*, Brugnière, II, 184.

Brundulus portus, Porto Brondolo, I, 48, 87.

Bruolisela, Bruxelles, I, 476.

Burdigala, Bordeaux, I, 288, 302; capitale des *Bituriges Vivisci*, 304; II, 235, 355.

Burginatio, placé à Schankenschantz, II, 307.

Butrium, *Bedriacum* de Tacite, position à Casal Romano, II, 135.

C.

Cabellio, Cavaillon, I, 175, 187, 282.

Cabillonum, Châlons-sur-Saône, I, 56, 325.

Caburre, Cavor, près Bagnolo, II, 116, 132.

Cadurci, peuple de Cahors, I, 191, 253, 339. Sa position, 351.

Cadurcum et *Civitas Cadurcorum*, Cahors, I, 352.

Cæsarodunum, position à Tours, I, 53, 375, 400.

Cæsaromagus, Beauvais, I, 414, 423.

Cæsena, Césène, I, 563.

Caladunum, Châlons, aux environs de la Mayenne, I, 389.

Calbium promontorium, cap du Raz, en Bretagne, I, 99, 208.

Caldriacum, Caudri, I, 475.

Caleti et *Caletes*, peuple du pays de Caux, I, 434.

Calucones, peuple du val Caleuca, II, 61.

Calydona, forêt de Caldnoven, arrondissement de Thionville, I, 516.

Camatullicorum regio, placé à Ramatuelle, II, 191.

Cambiovicenses, peuple de Combrailles ou Chambon, diocèse de Limoges, I, 372.

Cambolectri, peuple de l'Aquitaine, II, 169, 220, 242.

Cameracensis pagus, le Cambresis, I, 474.

Cameracum, Cambrai, I, 432.

Camerina, Camerana, II, 95.

Camerte, Camero, chef-lieu des *Ca-*

mertes, dans les environs d'Ancône, I, 125.

Camertes, peuplade du territoire des *Senones,* I, 125.

Campanie (la), I, 90.

Camponi, peuple de la vallée de Campan, I, 306; II, 244.

Camuni, peuple du val Camonica, I, 46.

Canini Campi, aux environs de Bilitio, près du lac Majeur, II, 62.

Canninefates, Cannanefates, division des *Batavi,* dans le Rhynland, II, 289.

Cap Sacré, dans l'Ibérie, I, 99.

Caracates, peuple des bords du Rhin, II, 278.

Carbonaria Sylva, la forêt Charbonnière, I, 476.

Carilocus ou *Carus locus,* Charlieu, I, 331.

Carneres, Carnières, I, 475.

Carni, peuple d'Italie, I, 169, 224. — Appelés *Norici,* et autrefois *Taurusci,* II, 71. Son ancien territoire dans le Frioul et la Carniole, 82.

Carnutes et *Carnotes,* peuple de la Gaule, au pays de Chartres, I, 57, 66. Étendue et position de son territoire, 399, 403.

Carnutum. (Voyez *Autricum.*)

Carosio, nommé *Carusco,* confondu avec Carystum, I, 123.

Carpentoracte, Carpentras, II, 182.

Carvone, placé à Rheenen, II, 307.

Carystum, Cartoso, ancienne capitale des *Statielli,* I, 123, 160; II, 117.

Casmonates, peuple du territoire d'Acqui, II, 120. — *Casmonium,* Castellazzo, *ibid.*

Cassitérides, îles à l'ouest de l'Angleterre, I, 204.

Castel-Vecchio, I, 150.

Castellum Ictimuli, I, 168. — *Menapiorum,* Cassel, 451.

Castra Herculis, Hervelt, II, 307.

Castri Lucus ou *Locus,* Mons, I, 472.

Castrum Mutilum, entre Sapinia et Arezzo, I, 89.

Catalauni, peuple de la Belgique, I, 407.

Catalaunum, Châlons-sur-Marne, I, 488.

Catali, peuple des environs de Castua, II, 71.

Catelauni, II, 278.

Catenates, peuple voisin de la Lech, II, 59.

Cattes, peuple voisin des *Ubii,* II, 7.

Caturiges, peuple, I, 227. Sa position et ses limites, 539. — Ville de Chorges, 541; II, 65.

Caturiges, peuple du territoire d'Embrun, I, 260. — Bar-le-Duc, 534. Placés dans l'inscription du trophée des Alpes, II, 26, 30.

Catviaca, Oppodète, I, 259.

Cauloniens (pays des), dans la Calabre, I, 90.

Cavares, peuple des bords du Rhône, division des *Volcæ,* I, 132, 190, 255; II, 200 et suiv.

Cavaturines, I, 165, à Creverina, 166.

Cecylistrium. (Voyez *Citharistium.*)

Celelates, peuple ligure, I, 155.

Cellæ, Celles, I, 506.

Celtes, ou Gaulois, nation vers les embouchures du Pô, I, 42. Gaulois, 49. Leur première irruption en Italie vers 591, *ibid.* Faisaient partie de l'expédition de Bellovèse, 174, 209.

Celtibérie, contrée entre l'Ibérie et la Celtique, I, 131.

Celtique (la), troisième partie de toute la Gaule, à l'époque de la conquête de César, I, 53. Ainsi désignée par les auteurs grecs, 214, et Gaule par les Latins, *ibid.* — *Celtique,* du temps de César, 306. — *Transpadane* et *cispadane,* II, 83. — *Celtica braccata,* 163. — *Lyonnaise,* 250.

Celto-Galatai, Gaule transalpine, I, 230.

Celtorii, peuple de la Gaule; faisaient partie des Salyens, I, 61.

INDEX GÉOGRAPHIQUE.

Celtus, la Garonne, II, 308.
Cemenelium, Cimiers ou Simiers, I, 162; II, 23, 105.
Cenomanni, Cénomans, I, 68 (voyez *Aulerci*). Leur position géographique, 74, 92. Leurs conquêtes, 95. Colonie près de Marseille, 132. Gaulois cénomans, 216, 390. — La ville du Mans, auparavant *Subdimum*, 391; II, 127, 133.
Centrones, peuple des Alpes graies, I, 222, 251; occupaient la Tarentaise, 543. Position et limites, 546; II, 21.
Centronicæ Alpes, portion des Alpes du pays des Centrones, I, 548; nommées Alpes grecques par Pline, *ibid*.
Cercidiates, peuple ligure, I, 155.
Cervaria locus, Cervera, II, 174.
Cessero, Saint-Thyberi, I, 191.
Chalbici, peuple du Valais, et Chablais, I, 114.
Chamari, peuple germain, transplanté dans la Belgique, II, 331, 334.
Chapelle (la) en Vercors, I, 60.
Chauci, peuple placé entre l'Ems et le Weser, II, 303.
Chersonèse cimbrique, I, 98.
Cimbri, Cimbres, I, 98. Compris sous la dénomination de Gaulois, *ibid.*, 180, 195.
Citerior portus, placé à Ambleteuse, I, 449.
Citharistium, Ceveste, substitué mal à propos à *Cecylistrium*, I, 218. *Citharistes promontorium*, La Ciotat, II, 196.
Clarus mons, château fort, Clermont, I, 340.
Classis, aujourd'hui *Classi*, vaste port du temps d'Auguste, I, 45.
Clastidium, ancienne ville du territoire des *Androri*, I, 126. *Casteggio* moderne, 153; II, 86.
Claterna, Quaderna, II, 97.
Clusium, l'antique Camers, aujourd'hui *Chiusi*, I, 89.

Clusura, *Clausa*, Cluse, I, 547.
Cobiomaco, Cambiac, I, 194.
Cocossates, peuple de l'Aquitaine, I, 283.
Cœnicenses, peuple dans la dépendance des Marseillais, I, 281; — position à l'embouchure du Rhône, II, 220.
Cœnus fluvius, bras du Rhône, placé au Gras-de-Foz, I, 281; II, 220.
Cœquosa, Causseque, territoire des *Cocossates*, I, 303.
Cœresi, peuple germain, I, 502. Sa position, 507.
Cœsena, Césène, II, 97.
Coesnou ou *Coueznou*, près de Brest, I, 102.
Colches et Argonautes, colonies d'Asiatiques et de Grecs, I, 2.
Colli Euganei, monts Eugène, I, 9.
Colonia Agrippina, Cologne, I, 497. — Ou *Oppidum Ubiorum*, II, 8, 282.
Colonia Equestris, Nyon, II, 316.
Colonnes d'Hercule, I, 108, 212.
Comenses, peuple des environs de Côme, I, 151.
Comminica, *Commica*, Comminge ou Commenge, I, 290.
Commoni, peuple du midi de la Gaule, I, 279; II, 190.
Comum, Côme, I, 64. Principale ville des *Orobii*, 92, 566; II, 128.
Concordia colonia, Concordia, II, 152.
Condate, Rennes, I, 375.
Conderates, peuple de Condrieux, I, 273, 337.
Condrostensis pagus, Condrust ou Condroz, I, 506.
Condrusi, peuple germain, I, 502.
Confluentes, Coblentz, I, 512.
Consoranni, peuple de la province narbonnaise, I, 196; II, 169, 174. Position dans le Couserans, 244.
Consuanetes et *Consuantoï*, peuple du comté de Kœnigseck, au nord du lac de Constance, II, 57.

Convenæ, Comminges, 1. 191 ; peuple de la province narbonnaise, 196, 285 ; 11, 169, 238.

Cora vicus, La Ville-Auxerre, 1, 411 ; 11, 351.

Corbilo, ville gauloise, florissante, indiquée par Pythéas, 1, 103. Présumée être *Corsep*, à l'embouchure de la Loire, *ibid*.

Corezzo ou Ostarie, au nord-ouest de Langastrino, 1, 47, 48.

Coriallum, Cherbourg, 1, 396 ; 11, 259.

Cortallum, Cherbourg, 1, 385.

Cosedia, la Cousinière, 1, 396.

Cossedia, et *Civitas Constantia*, Coutances, 1, 386.

Cossini, peuple des environs de Crosson, en Bretagne, 1, 102.

Cossio, capitale des *Vasates*, placée à Bazas moderne, 1, 302.

Cottius (royaume de), comprenant les *Segusini* et les *Caturiges*, 1, 541.

Cremonæ, Cremone, 1, 64.

Cremonis jugum, mont Cremon, petit Saint-Bernard, 1, 221.

Crispinum, Crépin, 1, 475.

Crodunum, 1, 194.

Crisopiti, petit peuple du diocèse de Quimper-Corentin, 1, 381.

Crociatonorum portus, port de Barneville, 11, 257.

Crociatonum, *Cronciaconnum*, et *Croneiaconnum*, placé à Turqueyville, à l'ouest d'Audouville, 1, 385.

Cularo, Grenoble, 1, 137, 263.

Culici, nom de petites peuplades des Alpes mentionnées par Pline, 11, 69, 146, 155.

Curia, Coire, 1, 228.

Curianum promontorium, pointe d'Arcachon, 1, 299.

Curiosolitæ, *Curiosolites* ou *Curiosvilites*, peuple de l'Armorique, 1, 381. Incertitude sur le territoire de ce peuple, placé dans le diocèse de Saint-Malo, près de Corseult, 1, 381 ; 11, 255.

Curte Buriadis, Eburias, Burio moderne, 1, 161.

Curtissolre, Consolre, 1, 476.

Curtracensis pagus, le Courtraisis, 1, 462.

Cynètes ou *Cynésiens*, dans l'Algarve, 1, 205.

Cyneticum littus, plage du Rech jusqu'au bourg de Canez, dans les Pyrénées, 1, 108.

D.

Daliterni, peuple du Valais, 1, 114. Torrent de Dala, 115.

Darantasia, Moutiers en Tarentaise, 11, 65.

Dariorigum, capitale des *Veneti* ; position à Vannes, ou Venne, encore appelée Wenet par les Bretons, 1, 378.

Datii, petit peuple du territoire des *Ruteni*, placé aux environs de la Daze, rivière, 11, 249.

Daunites, peuple de l'Italie, 1, 41.

Dea, Die, capitale des *Vocontii*, 1, 258.

Decem pagi, Dieuze, 1, 530.

Deciates, 1, 148. Subjugués par les Romains, 178, 182, 183, 185 ; nommés *Liguri transalpini*, 186 ; réunis à la Province romaine, 537 ; 11, 111, 198.

Dectunines, 1, 165.

Derthona, Tortone, 1, 122, 167.

Desuviates, peuple enclavé dans le territoire des *Salyes*, 11, 215.

Devoluy (le), montagne du Dauphiné, 1, 138.

Diablintes, 1, 58. Position de ce peuple, 387 *et suiv*. Jubleins, ville de la Mayenne, 397.

Diablintum civitas, placé dans le territoire du Mans, 1, 388.

Dibio, Dijon, 1, 418.

Die, Dea, ville du Dauphiné, 1, 60.
Didattium, ville des *Sequani;* La Cité, 1, 321.
Dinia, Digne, 11, 42.
Dionantum, Dinant, 1, 506.
Divitense munimentum, Dientz, 1, 516.
Divodurum, Metz, 1, 82, 488.
Domitius pagus, 1, 164.

Doria-Baltea, rivière d'Italie, 1, 70.
Dripsinum, Tressino, 11, 138.
Durnacus, sur les médailles, Tournay, 1, 460.
Durocotorum, *Duricortora*, Reims, 11, 250, 327.
Duro - Cabillonum, et non *Catalonum*, Châlons-sur-Saône, 1, 82.
Durocasses, Dreux, 1, 57, 400.

E.

Ebrodunum, Ebrodonum, Epeprodunum, Eburodunum, Embrun, 1, 259, 541; 11, 27.
Eborolacum, Eborolanum, Evroligum, Ebreule, 1, 342.
Ebroicæ, Ebroïcorum civitas, Ebroas, Évreux, 1, 399.
Ebrudunum Sapaudiæ, Iverdun, 11, 358.
Eburiates, peuple du comté d'Asti, 11, 120. — *Eburias*, Burio, *ibid.*
Eburones, nation germaine, 1, 502. Position et limites de son territoire, 503 *et suiv.;* 11, 284.
Eburovices, peuple d'Evreux, 1, 57.
Eburovicum civitas, Evreux, 1, 398.
Ectini, peuple du val Saint-Étienne, 11, 66.
Edenates, peuple du val d'Eynau, 11, 39, 65.
Edrani, peuple du Brescian, 11, 137; — *Edruin*, Idro, 138.
Egdini, Ectini, peuple du val Saint-Étienne, 11, 33.
Egitnapolis, 1, 182. Position à Napoule, *ibid.* — Agaye, 11, 198.
Eguituiri, peuple du district d'Entre-Deux, 11, 39, 66.
Elbe (l'), fleuve, 1, 98.
Electrides, petites îles des lagunes du golfe Adriatique, 1, 6.
Electris, la plus considérable des îles *Électrides* dans les lagunes, 1, 6.
Elicocii, même peuple que les *Helvii*, 1, 274; 11, 168.

Elimberris, ou Neuville, capitale des *Ausci*, 1, 286.
Elna, la Liane, rivière, 1, 455.
Elusa, Eause, 1, 287; 11, 356.
Élusates, peuple de l'Aquitaine, 1, 283.
Elysices, nom d'un peuple de la Gaule, 1, 40.
Elysii, nom de peuple ligure, 1, 40.
Émilie (l'), dixième province d'Italie, 11, 518.
Émilienne (route), 1, 91.
Emporiæ, Ampurias, 1, 177.
Emporium, Emporia, sur la côte de l'Ibérie, colonie de Marseille, 1, 29, à la note. Aujourd'hui *Ampurias*, 131, 186.
Entella fluv., Lavagna, riv., 11, 107.
Epanterii, peuple des montagnes, mentionné dans un passage de Tite-Live, 1, 146.
Eporedia ou *Eborelia*, colonie romaine, 1, 164, 167. *Ivrea*, 11, 131.
Eretenos, l'Éridan ou le Pô. (Voyez *Eridanus.*)
Eridan méridional, branche spinétique, 1, 50. *Septentrional*, ou Reteno, *ibid.*
Eridanique, branche du Pô, 1, 44.
Eridanus fluvius, Eridan ou le Pô, 1, 4. *Eretenos*, dans Ælien, 7, *Eritanus*, *ibid.* Ses bouches confondues par les Grecs avec celles de l'Adige et du Pô, *ibid.* Nommé aussi *Rhodanus*, par Eschyle, 31.

Ses différents noms chez les auteurs anciens, 1, 42, 43.

Ernagium, Saint-Gabriel, II, 215.

Esubiani, peuple de la vallée de la Vésubia, II, 65.

Esseium, abbaye d'Essay, I, 393.

Essui, peuple de Seez, I, 57. — Des environs d'Esch, dans la Germanie seconde ou inférieure, 394, 509.

Esterel ou *Sterel*, district au nord d'Antibes, I, 62.

Ethiopiens, I, 209.

Etrurie, Toscane moderne, I, 10. *Etruria nova*, 11. Ainsi appelée par les Romains, 14, *Tyrrhenia*, par les Grecs, *ibid.*, à la note; étymologie de ce nom, *ibid.* Séparée de la Gaule cisalpine par la chaîne des Apennins, 91.

Etrusci ou *Tusci*, s'établissent dans le nord de l'Italie, 1, 94.

Etrusques ou Tyrrhéniens, possédaient presque tout le nord de l'Italie, avant la fondation de Marseille, I, 13. Affaiblis par les Gaulois, sont encore la première puissance de l'Italie, 49. Étendue et limites de leurs possessions, 50. Vaincus par les Gaulois, 64.

Euburiates, peuple du pays d'Asti, I, 161.

Euganei, habitants qui ont précédé les Hénètes, I, 8; nom resté à un petit groupe de montagnes au sud-ouest de Padoue, *ibid.* Limites de leur territoire, 50.

F.

Falmiensis pagus, depuis *Falemannia*, la Famène, I, 506.

Fania, la Fagne, I, 476.

Fanomartis, Famars, I, 575.

Fanum Fortunæ, Fano, colonie romaine, II, 94.

Farraticanus pagus, terra di Farra, ou Farra d'Alpajo, dans le Frioul, II, 139.

Faventia, Faenza, I, 89; II, 97.

Felsina, l'une des colonies tyrrhéniennes ou étrusques, I, 12; son nom changé en celui de *Bononia*, et depuis, *Bologna*, *ibid.* et 83.

Ferrare, I, 44.

Fertini et *Feltrini*, peuple de Feltre, II, 67, 146.

Ficaruolo (le), rivière, limite des Lingones, I, 87.

Fidentia, Borgo San Donino, II, 96.

Fines, Fins, près d'Alise, I, 329.

Fisiacum, Fichau, I, 476.

Fixtuinnum, *fines Jatinorum*, mentionné par Ptolémée, I, 414; incertitude de sa position à Montbout, près de Meaux, 415.

Flaminie (la), onzième province d'Italie, II, 518.

Flamonienses, peuple des environs de Flamassons, II, 68, 146, 155.

Flandrensis pagus, pays de Flandre, I, 462. *Flandrenses*, peuple des environs de Bruges, II, 280.

Florentia, Florence, I, 89, 562.

Focunates, peuple des environs de Focagna, II, 55.

Forensis pagus inferior, le Giarest, position à Saint-Étienne, capitale du Forest, I, 335.

Foretani, peuple des environs de Forforcano, II, 155.

Forli, ville d'Italie, I, 89.

Formio, fleuve d'Italie, I, 4; confondu par Cluverius et d'Anville avec le Risano, *ibid.*, 51.

Forojulienses, surnommés *Transpadani*, habitants de la vallée de Natisone, II, 69.

Forum Cereale, position entre Cartignano et Dronera, II, 117.

Forum Clodii, position à Lojano, II, 101.

INDEX GÉOGRAPHIQUE.

Forum Cornelii, position à Imola, II, 97.

Forum Fulvii, villa del Foro, II, 123.

Forum Gallorum, position à San-Donino, près d'Urbino, II, 12.

Forum Julii, Fréjus, I, 184, 537; II, 9. — *Julium Colonia*, Cividale, 151.

Forum Jutuntorum, ou *Diuguntorum*, position incertaine à Chiari ou Urago sur l'Adda, II, 133.

Forum Licinii, Lissone, II, 128.

Forum Livii, Forli, II, 98.

Forum Neronis, position à Mornas, préférable à celle de Forcalquier, II, 219.

Forum Popilii ou *Populi*, le Forim-popoli, II, 100.

Forum Segusianorum, Feurs, dans le Forest, I, 335.

Forum Segustavarum, Farnay, I, 335.

Forum Tiberii, placé à l'île de Reichnau, dans le lac de Constance, II, 317.

Forum Truentinorum ou *Brintanorum*, position à Bertinoro, II, 101.

Forum Valentinum, Valenza, II, 123.

Forum Vibi, Envie, ou Revello, II, 132.

Forum Voconii, position à le Canet, I, 266; II, 9.

Fossa Corbulonis, canal de Corbulon, de Leyde à Vlaerdingen, II, 324.

Fossæ marinæ, les marais d'Aigues-Mortes, I, 111.

Francia, France, nom substitué à celui de Gaule, après l'entière conquête de Clovis, II, 375.

Francs, leur transplantation dans la Gaule, II, 333. — Nommés *Attuarii*, défaits par Julien, 347.

Friniates, peuple d'Italie, I, 156; II, 126.

Frisii, peuple à l'extrémité de la Gaule, sur les bords du Rhin oriental, II, 295.

Frisones, peuple des bords de la mer jusqu'à l'Escaut occidental, II, 280.

G.

Gabali, Gabaliens, peuple de la Gaule transalpine, I, 54, 339. Au territoire de Saint-Flour, 340. Sa position, 345.

Gabalitanum territorium, *Gavaldanum*, le Gévaudan, I, 345.

Gades, *Gadir*, Cadix, I, 30, 106, 107, 204.

Gæsates, Gaulois d'au delà des Alpes, compris entre le Rhône et les Alpes, I, 123, 124.

Galatie ou *Gaule*, état formé en Asie par les Gaulois du nord des Alpes, I, 78, 210. — Nom donné à la Gaule celtique par les Grecs, 230.

Galitie ou *Gaule d'Asie*; I, 79. (Voyez *Galatie*.)

Galbiate, I, 17.

Gallia proprement dite, surnommée *Comata*, I, 98, 163, 199.

— *Ultima*, la dernière conquise, transalpine, 232. — *Braccata* et *Provincia*, la Provence, *ibid.*, et II, 366. — *Narbonensis*, Narbonnaise, I, 233. — *Togata*, II, 17, 163. — *Riparensis*, Gaule riveraine, division militaire, 359. — *Notitia provinciarum et civitatum*, 377 et seq.

Galliæ tres, les trois Gaules : l'Aquitaine, la Lyonnaise et la Belgique d'Auguste, II, 369.

Gallitæ, peuple au confluent de l'Estevon et du Var, près de Gillette, II, 41, 65.

Galliata, point de la route des Gaulois, I, 89

Gallinaria, Gallinara, II, 107.

Gandavus pagus, le Gantois, I, 462.

Ganodurum ou *Gaunodurum*, ville de l'Helvétie; sa position incertaine, I, 317.

Garda (le lac), 1, 71.
Gargarius locus, Guárguiez, II, 216.
Garites, peuple de la Garonne, 1; 253, 283.
Garoceli, petit peuple des Alpes, 1, 226. Sa position et ses limites, 542.
Garuli, petit peuple du district de Gastagnano, 1, 159.
Garumni, peuple d'Aquitaine, 1, 283.
Gascogne (golfe de), 1, 99.
Gaules, limites des deux pays, II, 16. — Grandes divisions, 360 et suiv.
Gaule cisalpine, 1, 4, 11. Partie de l'Italie, 40. Possédée par les Tyrrhéniens, *ibid.* Son plus grand accroissement, 93, 96, 214. — *Circumpadane, transpadane, cispadane*, 215. — *Gaule togée, ibid.* — *Cisalpine*, 229, 231, 236; II, 92. Divisions générales des deux Gaules, 246 et suiv., 251, 560 et suiv. Ses limites, II, 21, 82. — Ses subdivisions, 90, 321. — Détails géographiques, 457, 485 et suiv.
Gaule transalpine, peuplée par des Germains d'origine scythique, 1, 16. Désignée par le nom général de *Celtique*, à l'époque de la conquête de César, 53; lacune dans son histoire, 178, 229, 236. — Division générale des Gaules, 251. — Sous Auguste, II, 162, 310 et suiv. — Divisions civiles et militaires, 413. — Civiles, 416. — Militaires, 425.
Gaule narbonnaise, 1, 180. — *Transmontana*, 229. — Supérieure, *ibid.* — Ultérieure, *ibid.* et II, 368. — Citérieure, *ibid.* et II, 368. — Subalpine, *ibid.* — Lyonnaise, 1, 248.
Gaulois, 1, 13. Leurs grandes émigrations au delà des Alpes datent du VIe siècle avant Jésus-Christ, 1, 23. Emigrations, 37. Leur première irruption en Italie, vers 591, 49. Position et limites de leur territoire, 50. Leur marche en Italie, 60. *Gaulois cénomans*, 67. — *Transalpins*, 75. Appelés *Cimbres* par des auteurs latins, 99. — *Tectosages*, 219. — *Ligures, ibid.* — Leur origine scythique et orientale, 469.
Gelduba, Geloub, 1, 505; II, 282.
Genabum, Orléans, une des principales villes des *Carnutes*, 1, 57, 375, 400, 484.
Genaunes, Anaunes et *Naunes*, peuple du Val de Non, II, 47, 52.
Geneva, Genève, 1, 249, 262.
Genèvre (mont), appelé *Alpes cottiennes*, 1, 59.
Genua, Gênes, 1, 13. Position à *Antium*, 34. Ancienne capitale des Ligures, 35, 36, 40, 122, 160, 562.
Genuenses, 1, 165.
Cergovia, ancienne ville détruite en Auvergne, 1, 341. Montagne de Gergoie, *ibid.*
Germania inferior ou *secunda*, 1, 491. Entre l'Escaut et le Rhin, II, 314. — *Superior*, 315.
Germanie, ses diverses nations sous des noms liguriens, 1, 40, 98, 181. — Première et seconde Germanie; deux commandements ou provinces militaires des Romains, II, 13. — *Première*, métropole et cités, 330. — *Seconde, ibid.*, 346.
Gesates, Gaulois transalpins, 1, 214.
Gesocribate, Brest, 1, 377.
Gesoriacum et *Bononia*, Boulogne, 1, 431, 450. *Gesoriucus pagus*, Boulonais, II, 267.
Giaresium, Giers, Jarest, dans le Forest, 1, 335.
Glanum, Saint-Remi, 1, 281, 282; II, 214.
Gobeum promontorium, cap Gobestan, 1, 102; II, 254.
Gottolengi, peuple du territoire du Brescia à Godalazzo, II, 136.
Grandesia, Grand, 1, 534.
Gratianopolis, Grenoble, 1, 263.
Grecs de l'Asie; leurs établissements à Marseille, 1, 23.

Grinnibus, placé à Warich, II, 307.
Griselum, Greoulx, I, 258.

Gugerni, peuple à l'orient de l'Escaut, I, 459, 464; II, 279.

H.

Hadria ou *Atria*, Atri, dans le Picenum, détruite l'an 340 de Rome, I, 5, 9. Sa fondation attribuée aux Etrusques, 12. A donné son nom à la mer Adriatique, *ibid.* Golfe, 48, 74; II, 148.

Halys, fleuve de l'Asie-Mineure, I, 219.

Hassi ou *Bassi*, peuple placé à Hair, dans un canton du diocèse de Beauvais, II, 269.

Helcebus, Elle, I, 520.

Helena, Elneya, I, 131.

Helis palus, étang d'Hélice ou de la Bobine-d'Aude, I, 40, 109.

Helisyes, ancien peuple d'Asie, probablement une division des *Bebryces*, I, 39, 62, 109, 141.

Helvetii, les Helvétiens, faisaient partie de l'armée de Bellovèse, I, 78, 181, 306 et suiv.; II, 316.

Helvii, habitans de Viviers, I, 54, 250, 273; II, 168, 247.

Hénètes, peuple de la Paphlagonie, I, 8, 9, 206; distincts des Liguriens et des Celtes, II, 83.

Henetia ou *Venetia*, I, 3, Hénétie ou Vénétie, 8.

Heraclea, à l'embouchure du Rhône, dont l'existence est douteuse, I, 21.

Heraclea Caccabaria, la pointe Cavalaire, I, 280.

Hercates, petit peuple d'une vallée voisine de Gastagnano, I, 159.

Hercinie, montagne et forêt d'Allemagne, I, 75, 309.

Herculis Monœci portus, Monaco; sa fondation attribuée à Hercule, I, 21; *Herculis portus*, position à Eza, II, 106.

Hestiones, *Æstiones*, peuple des environs de Kemptem, sur les bords de l'Iller, II, 57.

Hispanie, I, 31.

Histri, peuples histriens, I, 42.

Hostilia, Ostiglia, II, 140.

Hunulphicurtes, Hennecourt en Picardie, I, 475.

I.

Ibères, les premiers peuples de l'Europe, selon Scylax, I, 30; Ibères mêlés, 39, 62.

Ibérie ou *Hispanie*, I, 31, distincte de la Celtibérie, 131, comprise dans la Celtique par Ephore, 210.

Icidmagus, Issengeaux, I, 334.

Ictimuli, peuple des environs de Verceil, I, 168; II, 133.

Idanusa, Indaüs, canton de Mauléon, I, 301.

Idice (l'), rivière d'Italie, I, 86; limite des *Boii* et des *Lingones*, ibid.

Iles des côtes méridionales de la Gaule, II, 225 et suiv.

Illerda, Lérida, I, 300.

Illergetes, peuple des environs d'Ilerda, ou Lérida, I, 130.

Illibérris, ville de Pyrène, nom basque et primitif qui signifie *ville nouvelle*, I, 108. — Ville d'Alneya, 287. — *Helena*, aujourd'hui Elne, II, 170.

Ilvates, I, 149, peuple ligure, 152.

Industria, *Allustria*, autrefois *Bodincomagus*, sur le fleuve *Bodincus*, le Pô, II, 122.

Ingaunes, peuple ligure, I, 143, 146, 161.

Insubres, peuple au nord du Pô, I, 64, nommés *Isumbri* par Polybe,

66; et *Symbrici* ou *Symbri*, par Strabon, *ibid.* Leur position déterminée, 74, 142 *et suiv.* Dénomination générale sous ce mot, 145, 151, 163. Gaulois *insubres*, 216; II, 127.

Insubrius ager, Insubrie, territoire de Milan, I, 64.

Intemelii, peuple ligure des côtes d'Italie, I, 162.

Iria, Voghera, I, 110.

Isara, Isère, rivière, I, 134.

Isarci, peuple situé entre les deux rivières de Sarca, II, 51.

Ister, fleuve; le Danube, I, 2, 207.

Istrie, ainsi nommée du fleuve Ister, I, 2, 204. Comprise dans la Celtique transpadane, II, 83.

Istriens, peuples de l'orient des Vénètes, I, 50.

Isumbri. (Voyez *Insubres*.)

Itinéraires anciens pour les Gaules cisalpine et transalpine, tom. III, p. 2 à 139. (*Voyez* la Table de ces *Itinéraires*, p. 148 à 167 du même tome III.)

Itium promontorium, cap Griz-Nez, I, 452.

Itius portus, Wilsand, Isten, Essen, I, 449; II, 268.

Iturissa, Iturin, I, 297.

J.

Japyges, peuples du midi de l'Italie, I, 41.

Japygie, pays des bords de l'Adriatique, entre la Pouille et la Calabre, I, 90. *Japygium*, promontoire, 213.

Jatinum, Meaux, I, 488.

Jemerii, petit peuple des Alpes; position à Vaumielles-lès-Jaumes, II, 34.

Jemmis, Saint-Jemmes, II, 34.

Jontora, Jonquières, II, 197.

Julia materna, colonie d'Arles, I, 278.

Juliobona, Lilebone, capitale des Caleti, I, 434.

Juliomagus, Angers, I, 375.

Julium Carnicum, Zuglio, I, 169, 228; II, 91, 151.

Junonis fontes ou *Aquæ*, II, 145.

L.

Lactora, Lectoure, I, 196, 287.

Lactorates, peuple de Lectoure, I, 196, 305.

Lævi, peuple au nord du Pô, II, 120.

Lævi-Ligures, peuple des environs du Tessin, I, 66, 70; leur position déterminée, 74, 142.

Lago Maggiore, lac Majeur, I, 17.

Ladio, petite rivière de Laion, I, 376.

Lambrani, peuple des rives du lac Lambra, I, 565.

Langenses, peuple ligure, I, 167.

Latufates, peuple des environs de Latus, département de la Vienne, II, 247.

Laurion, Lauron, II, 195.

Lapicini, petit peuple, à Picciana, I, 159.

Lapurdum, pays de Labourd, emplacement à Bayonne, I, 298.

Larius lacus, lac de Côme, I, 13, 72.

Lassuni, peuple de la vallée de Baïgorry, II, 242.

Latobrigi, peuple des environs de Donau-Eschingen, I, 559; II, 58.

Laude Pompeia, Lodi-Vecchio, II, 128.

Laumellum, Gaumellum, Laumello, II, 132.

Lauriacum, Lauri, I, 312.

Lauro, Laurès, dans la vallée de Barcelonette, I, 226.

Ledus, le Lez, rivière, I, 110.

Legedia, Lezeau, près Villebandon, 1, 396.
Lemovices, peuple du Poitou, 1, 134.
— *Lemovices Armoricani*, 367 et suiv. Position de leur territoire, 370.
Lepontii, petit peuple des Alpes, près des sources du Rhin, 1, 251, 556; 11, 64.
Lesura mons, mont Lozère, 1, 345.
Letes, Læti, tribu de Sarmates établis dans la Belgique, 11, 332.
Leuceris, Lovère, 11, 138.
Leuci, peuple du diocèse de Nancy et de Saint-Dié, 1, 532.
Leuni, peuple des environs de Leutkirch, 11, 58.
Lexovii, Lexuvii, 1, 387. Position de ce peuple, 394; 11, 251.
Lexoviorum civitas, Lisieux, 1, 395.
Libarna, Lavezzara, 11, 109, 125.
Libarnenses, pays qui appartenaient à ce peuple, 11, 480.
Libici, peuple sorti des *Salluvii*, 11, 132.
Libui, Ligures, ou *Libici*, peuple de la Gaule cisalpine, 1, 65, 69, 70. Ses conquêtes, 95, 142.
Liburni, Liburniens, 1, 10, 42.
Libye (la), ou Afrique, 1, 113.
Licates, Licatii, peuple des bords de la Lech, dans les environs d'Augsbourg, 11, 56, 59.
Licinii forum, dans le Milanais, autrefois l'entrepôt du commerce des Gaulois avec les Orobiens, 1, 74. — Lissone, 11, 128.
Ligauni, peuple des environs de Saint-Vallier, 11, 42.
Ligirrus pagus, position aux environs de Reyrolles, 11, 199.
Ligures (pays des), 1, 4. Comprenait tous les habitants des Alpes maritimes, 19. Synonyme de *Taurisci*, ibid. Trajet maritime des Ligures, 32, 36. Leurs limites avec les Tyrrhéniens, 50. Tous les peuples méridionaux de la Gaule appelés *Ligures*, 59, 145, 161.

Ligures capillati, 1, 162; 11, 22.
Ligures montani, 1, 163.
Ligurie, 1, 20, 32, 34. Ses limites fixées sous Auguste à la Magra, 36. Seconde des divisions de l'Italie, 11, 83. — Neuvième région d'Auguste, 88, 160.
Liguri transalpini, 1, 186.
Liguriens, 1, 176; — salyens, 178.
Liguriens eleates, 1, 153.
Liguriens ilvates, 1, 153.
Ligustine, pays des Liguriens, 1, 37.
Ligustinus sinus, golfe de Gênes, 1, 152.
Lingones, Langres, 1, 82.
Limonum, Poitiers, 1, 53, 362.
Lingones, peuples de la Gaule, partie de la Bourgogne, 1, 71, 75. Leur cinquième expédition, 81. Sa position géographique certaine, 86. Incorporés avec les *Senones*, ibid. Leurs conquêtes, 95. Expulsés par les Romains, 124. Ligures mêlés, 141. Position et limites de ce peuple, 416; 11, 165.
Liquentiæ portus, position à Porto di Margharita, 11, 150.
Lissone, petit village au nord de Milan, présumé l'*Orobium forum*, 1, 74.
Litana silva, forêt de Litane, près de Lizzano, 1, 149.
Litubium ou *Ritubium*, Retorbio, 1, 155.
Lobacus, Lobes, 1, 475.
Luca, Lucques, 1, 561.
Lucenses, pays qui appartenaient à ce peuple, 11, 482 et suiv.
Lucus Augusti, Luc, 1, 259.
Lugdunensis provincia, la Lyonnaise d'Auguste, 11, 313. — *Prima*, Lyonnaise première, métropole et cités, 335. — *Secunda*, Lyonnaise seconde, métropole et cités, 337.
Lugdunum, Lyon, nom celtique ou gaulois, 1, 196, 262, 325. La ville la plus considérable des *Segusiani*,

et de toute la Gaule celtique, 1, 333. — Leyde, 453; 11, 250.

Lugdunum clavatum, Laon, 1, 481.

Luna Dirutta, sur la côte de Ligurie, bâtie par les Étrusques, 1, 12; ville étrusque, 34, 158, 160.

Lucques, placé par Frontin dans la Ligurie, 1, 92.

Lutecia, Paris, 1, 54, 57, 400. Preuves de sa position à Paris moderne, 404, 435, 483.

Luteva, Lodève, 11, 182.

Luxovium, Luxeuil, 1, 320.

Lydiens, donnent le nom à la ville de *Pise*, 1, 19.

Lygies, les mêmes peuples que les Ligures, 1, 30. — *Comati*, 162; 11, 22.

Lyonne, petite rivière, 1, 60.

Lyonnaise première, 11, 329. (Voyez *Lugdunensis provincia*.)

M.

Macri, peuple entre Reggio et Quaderna, 11, 103.

Magelli, petit peuple du val Pragelas et de la vallée de Fénestrelle, 1, 542; 11, 39, 119.

Magellum, Majers, 11, 39.

Magra (la), rivière de la Ligurie, 1, 36, 94, 157; 11, 19, 108.

Magri campi, vallée formée par la Magra, 1, 158.

Maiensis, Merano, 11, 150.

Majanis, au lieu nommé Marano, limite de la Gaule cisalpine, 11, 46.

Malbodium, Maubeuge, 1, 475.

Manicelum, Maniceno, 1, 165.

Mansa vicus, 1, 112.

Mandubii, Mandubiens, peuple de l'Auxois, 1, 54, 199, 328.

Mantebrum, placé à Mantoy, près de Reims, 1, 490.

Mantua, Mantoue, capitale des possessions transpadanes des Étrusques, 1, 12, 67.

Marazzi (petra), Marengo, 11, 120.

Marca, Marche, 1, 506.

Marchia Lemovicina, la Marche du Limousin, ou frontière Lemovienne, 1, 371.

Marciliacum villa, Marcilly-la-Ville, 1, 389.

Marici, peuple de la Ligurie, 11, 120.

Maricus vicus, Marengo, sur la route d'Alexandrie à Tortone, 1, 127.

Maritima Colonia, le Vieux-Rhône, 11, 186.

Martin en Vercors, 1, 60.

Martreio, Martrey, 11, 55.

Massalia, Marsaglia, 1, 127.

Massilia, Marseille. Sa fondation par les Phocéens, l'an 600 avant J.-C., 1, 1, 24, 34; époque où cette ville était renfermée dans une presqu'île, 119.

Mastramela, *Astromela* et *Mastromela*, étang de l'Estouma ou de Berre, 1, 118, 188.

Matisco, Mâcon, 1, 318.

Matrona, la Marne, rivière, 1, 246; 11, 352.

Mattiaci fontes, placé à Wisbaden, 11, 294.

Medalgicus pagus, cant. des Mauges, 1, 376.

Medeletensis pagus, le Mélanthois, 1, 462.

Mediolano, Meylieu, 1, 335.

Mediolanum, capitale des *Aulerci-Eburovices*, placé à Évreux, 1, 398.

Mediolanum, Milan, 1, 60, 65; 11, 128. — Saintes, 236. — Évreux, 351.

Mediomatrici, peuple au midi des *Treviri*, diocèse de Metz, 1, 517 et suiv.

Medoacus, le Bacchiglione, rivière d'Italie, 1, 68. *Medoaci*, peuple de la plaine de Vicence, 11, 149.

INDEX GÉOGRAPHIQUE.

Medulli, peuple de la Maurienne, I, 543; II, 31, 65, 200.

Mein (le), rivière, I, 78.

Meldi, peuple voisin des *Parisii*, au territoire de Meaux, I, 55, 403, 408; faisait partie de la grande Confédération des peuples compris sous le nom de *Senones*, 411. — Autre peuple de ce nom, 413. — Peuple près de Bruges, à Meld-felt, 468; II, 265.

Melo, Mella, rivière, II, 136.

Melodunum, Melun, I, 409; confondu avec *Metiosedum*, ibid.

Melpum, ancienne ville, I, 81.

Memini, peuple du midi de la Gaule trans., I, 61, 185, 260.

Memmate ou *Mimate*, Mende, I, 344.

Mempiscus pagus, la Ménapie, capitale Tournay, I, 443.

Menapia, ville de la Bactriane, à l'ouest de Bactres, I, 470.

Menapii, peuple limitrophe des *Morini*, I, 440 *et suiv.* Position sur la rive orientale du Rhin, 458. Son territoire, 501; II, 280.

Menapiorum castellum, Cassel, I, 431, 467.

Mentovines, I, 165.

Mer Ligurienne, I, 121.

Mer de Toscane, ou *Inférieure*, ou mer Tyrrhénienne, I, 93.

Merula, rivière, l'Arosoja moderne, II, 126.

Mevania, Bevagna, lieu de naissance de Properce, II, 95.

Mer Tyrrhénienne ou *Inférieure*, I, 49, 93.

Mesiates, peuple du val Misox ou Messacine, II, 62.

Mimeni, peuple de la Narbonnaise II, 218.

Modigliana, I, 89.

Monesi, peuple de Moneins, II, 244.

Monocalini, peuple de Montana, II, 71.

Monœci portus, Monaco, II, 20.

Mogontiacum, Mayence, I, 510.

Montani, peuple de la Gaule, aux environs du Var, I, 537.

Morini, peuple de la Belgique, I, 420. Position et limites, 437; II, 3; son territoire subdivisé en deux cités, 333.

Mons Barrus, voyez *Bergomum*.

Mons Joventius, Monte-Giovo, I, 165.

Mosa fluvius, la Meuse, I, 446.

Muntianicum, Montigny, I, 475.

Musa Vecchia, rivière, I, 51.

Mutina, Modène, I, 67. Colonie romaine, 124.

N.

Nabalia flumen, branche orientale du Rhin ou l'Yssel, II, 296.

Namnetes, peuple de Nantes, I, 364, 375. Position de son territoire, 376; II, 262.

Namnetum portus, Nantes, I, 377.

Nantuates, ancien peuple confondu avec les *Chalbici*, I, 115, 173. A l'est des Allobroges, 273, 547. Position et limites, 548. Même peuple que les *Chalbici*, 550; II, 56, 64.

Nar fluvius, Néra, rivière, II, 87.

Narbo Martius, Narbonne, capitale des *Bebryces*, I, 39, 139, 190; colonie des *Atacini*, 193.

Narbonnaise (Gaule), partie de la Gaule transalpine, désignée sous le nom de Celtique, I, 53.

Narbonensis provincia, la Narbonnaise d'Auguste, II, 313, 356. — Secunda, métropole et cités, 370.

Narbonesse, village près d'Aussière, I, 140.

Nasium, Naix, I, 488.

Nassonacum, Nassogne en Ardennes, I, 509.

Nauportus, Neustadt, II, 71.

Naustalo oppidum, I, 112.

Neapolis, Napoule, au XIIIe siècle, I, 183.

Nearchi, peuple à l'embouchure du Rhône, 1, 116.

Nemaloni, *Nemalones*, peuple des environs de Miolan, vallée de Barcelonette, 11, 37, 65.

Nemanturi, peuple des environs de Demandols, 11, 41, 66.

Nemausus, Nîmes, 1, 22. Colonie romaine, capitale des *Arecomici*, 132, 140; 11, 180.

Nemetacum et *Nemetocenna*, capitale des *Atrebates*, Arras, 1, 421, 430.

Nemetes, peuple de la rive droite du Rhin, 11, 277, 319.

Nemosus, capitale des *Arverni*, depuis *Augustonemetum*, Clermont, 1, 53.

Nerusii, peuple des Alpes, au diocèse de Grasse, 11, 43.

Nerusi, peuple de Vence, 1, 183, 255; 11, 66.

Nervii, peuple de la Belgique, 1, 420, 467. Position et limites de son territoire, 470 *et suiv.*; 11, 333.

Nesactum, ville des Istriens, 1, 150; emplacement de Castel-Vecchio, *ibid.* et 158.

Nevirnum, Nevers, 1, 325, 400.

Nicæa, Nice, 1, 27, 162, 186; 11, 20, 106.

Nîmes, ville des Arécomiques, 1, 193.

Nitiobriges, 1, 254; peuple de la Celtique, 305, 359, 398.

Nœomagus, Néville, près Barfleur, 11, 256.

Noiodunum colonia, Nyon, 1, 316.

Noreia, Noring, près de Gmund, en Allemagne, 1, 76, 82, 224. Sa position discutée, 11, 71 à 82.

Norici, appelés *Taurisci* ou *Taurini*, différents des *Taurini* de la Ligurie, 1, 172, 224. — Les mêmes que les *Carni*, 11, 71.

Norique (la), partie de l'Allemagne, 1, 75; 11, 22.

Novaria, Novarre, en Italie, fondée par les *Vertacomicori*, 1, 59.

Novempopulania, province de la Gaule, 1, 287; la Novempopulane, 11, 338; métropole et cités, *ibid.*, 356.

Novesium, Nuitz, 1, 505.

Noviodunum Biturigum, Neuvy-sur-Baranjon, 1, 373.

Noviomagus, Lisieux, ancien nom de la capitale des *Lexovii*, 1, 395. — Noyon, 485. — Nimègue, 496. — Spire, capitale des *Nemetes*, 523; 11, 277.

Nuceria, position à Luzzara, 11, 96.

O.

Obringa fluvius, placé à l'Ahr, 11, 315.

Oceanus Tarbellicus, golfe d'Aquitaine, 1, 295.

Ocella ou *Ocela*, l'Auxois, 1, 543.

Ocelum, *Uxellum*, *Oscellum*, *Ocellum*, *Occelia*, Uxeau ou Ocello, vallée de Fénestrelle, limite de la Province citérieure, ou Gaule cisalpine, 1, 538; 11, 64. — Domo d'Ossola, *ibid.*

Ocriculum, Ocricoli, 11, 87.

Octodurenses, peuple du Valais, 1, 251.

Octodurus, position à Martigny, 1, 552, ou Martinaels, 11, 64.

Octudurus, Sion, capitale du Valais, 1, 139.

Odiates, 1, 165; situation à Obieta, 166.

OEaso promontorium de Ptolémée, cap Machicaco, 1, 100, 300.

OEnotrie, situation de ce pays, 1, 207.

OEaso, Ea, ou Hea, petite ville près du cap Machicaco, 1, 299.

OEstrymnii, peuples qui habitaient les îles Scilly ou Sorlingues, 1, 102.

Olarso, Oïarço, ou Oliarçon, village près d'Irun, 1, 300.

Olbia, Eoubo, 1, 27, 186.

Olina fluvius, l'Orne, rivière, 1, 386, 397; 11, 257.

Oltis, le Lot, 1, 348.

Ombrie, sixième région de l'Italie, d'après la division d'Auguste, 11, 87.

Onabrisates, peuple du Nébousan, 1, 306; 11, 240.

Onesii, peuple des environs d'Ozon, 1, 306; 11, 239.

Opitergium, Oderzo, 11, 55, 147.

Opisci, ou *Osci*, 1, 94.

Oppidum Deciatum, Saint-Paul de Vence, 1, 184.

Oratelli, peuple des environs de la montagne d'Orel, à l'est d'Embrun, 11, 37, 66.

Origiacum, Orchies, 1, 433.

Orobii, Orobiens, habitants des montagnes de la Ligurie, 1, 13. Signification de leur nom, *ibid.* et 18; près du lac de Côme, 72, 73. Leur territoire envahi par les Insubres et les Cénomans, 92, 151; 11, 128.

Orobis, l'Orbe, rivière, 1, 110.

Orobium fanum, ville au nord de Milan, 1, 74.

Oromarsaci, peuple d'un canton des *Morini*, 1, 441, 458.

Osismii, peuple de l'extrémité de la Bretagne, 1, 379.

Osquidates campestri, peuple de la vallée d'Ossau, 1, 302; 11, 243.

Ossidates campestri, au territoire d'Aquitaine, 1, 283.

Ostidamnii et *Osismii*, les mêmes peuples que les *Timii* et les *Sismii*, 1, 101. (Voy. *Timii*.)

Ostimii, *Ostionestimii*, *Ostsimii*, mêmes peuples que les *Timii*, 1, 101. (Voyez ce mot.)

Ostiones, *Ostiæos*, même peuple que les *Ostidamnii*, 1, 101. (Voyez ce mot.)

Ostrani, habitants d'Ostra; position à Cormaldo, 1, 93.

Otesini, peuple des environs de Bondeno, 11, 10.

Oximus civitas, *Oximum*, Exmes, Eximes, 1, 392; 11, 253.

Oxybii, 1, 147, 177, 182; réunis à la Province romaine, 537.

P.

Pabulensis pagus, le pays de Pevele, 1, 462.

Paderenus. (Voyez *Portus Eridani*.)

Padinum, *Padinates*, ville et peuple des environs de Bondeno, peut-être à Mirandola, 11, 101.

Padus, le Pô, 1, 5, 43; 11, 98.

Pagus Insuber, 1, 65.

Pagus Trojanus, doit être placé près du village moderne d'Adria, 1, 9.

Palsatium, placé à Pallaziola, 11, 154.

Pampelo, Pampelune, 1, 300.

Parentium, Parenzo, 11, 157.

Parisiis, Paris, 11, 351. (Voyez *Lutecia*.)

Parisii, les Parisiens, ne formaient originairement qu'un même peuple avec les *Senones*, 1, 55. Position et limites de leur territoire dans la Celtique, 403.

Parmenses, pays qui appartenaient à ce peuple, 11, 480.

Patavium, Padoue, 1, 9, 93.

Pedona, Borgo di San Dalmazzo, 11, 116.

Pedyli, peuple des environs de Piégu, à l'est de Tallard, 11, 40.

Pélasges (les), abordent en Italie, vers 1376 avant J.-C., 1, 5; originaires du Péloponèse, 6, Grecs-Tyrrhéniens, 15, à la note.

Penpedunni, peuple placé au port Pinède, 11, 242.

Pergantium, Breganson, 11, 196.

Petrocorii, peuple du Périgord, 1, 254, 360.

Phéniciens (les); leurs premières navigations vers le Rhône, I, 113.

Phocéens (les) forment un établissement commercial dans le royaume de *Tartessus*, Cadix, I, 22. Autres établissements, 27, 37.

Phrudis, la Somme, rivière, ainsi nommée dans Ptoléméc, I, 430.

Picenum, région de l'Italie du milieu, Marche d'Ancône, I, 41. District du territoire des Sénonois, 121; II, 17.

Pictones et *Pictavi*, peuple du Poitou, I, 364. Limites exactes de son territoire, 366.

Pietas Julia, Pola; *Polenses*, les habitants, II, 157.

Pignerol, I, 142.

Piplas, petites îles de l'étang de *Rubresus*, I, 109.

Piquentum, Pinguente, II, 159.

Pisaurum, Pesaro, I, 150; II, 94.

Piscenæ, Pesenas, II, 179.

Pise, primitivement *Teuta*, occupée par les *Teutanes*, avant l'arrivée des Tyrrhéniens, ses seconds fondateurs, I, 19. Signification du mot *Pise*, qui lui est donné par les Lydiens, *ibid.*, 34, 40.

Placentia, Plaisance, I, 64, 128; II, 96.

Placentini, nom des pays qui ressortaient de ce peuple, II, 474.

Pœmani, peuple germain, I, 502.

Pœni, les Carthaginois, I, 220.

Po di Levante, l'une des deux branches du Pô, I, 9.

Po di Maestra, l'une des deux branches du Pô, I, 9.

Po di Primaro ou *Eridanus*, I, 46.

Podium ou *Anicium*, le Puy en Velay, I, 344.

Po Grande, branche du Pô, I, 44.

Pola, ville d'Istrie, I, 2, 4, 94.

Pollentia, Polenza, II, 108, 114.

Polygium, I, 112.

Pomponius Portus, le Port, dans la presqu'île de Gien, I, 280.

Pons Drusi, Botzen, II, 55.

Pont-Euxin, mer Noire, I, 2.

Porto Primaro, branche du Pô ainsi nommée, I, 44.

Porto di Brinto, I, 43.

Portum Bucinum ou *Abucinum*, Port-sur-Saône, I, 321.

Portus Classis, port de Ravenne au IVe siècle, I, 45.

Portus Eridani, port à l'embouchure du *Paderenus*, le Pô, I, 45.

Portus Veneris, Port-Vendre, I, 174.

Potentia, Santa Maria di Potenza, dans le *Picenum*, I, 150. — Carrù, II, 123.

Pouille (la), I, 90.

Preciani, peuple de l'Aquitaine, I, 283, 293; nommé aussi *Ptiani*, *Pitanii*, *Prociani*, *Laciani*, 295.

Province ultérieure, Province romaine, I, 258.

Provincia Alpium graiarum et penninarum, II, 391. — Ses villes, *ibid.*

Provincia Alpium maritimarum, II, 411.

Provincia Aquitanica prima, métropole et cités, II, 398. — *Secunda*, 399.

Provincia Belgica, la Belgique d'Auguste, II, 314. — *Prima*, 384. — *Secunda*, 385.

Provincia Germania prima, métropole et cités, II, 388. — *Secunda*, ibid.

Provincia Italiæ, l'Italie proprement dite, II, 507.

Provincia Lugdunensis, *Prima*, II, 377. — *Secunda*, 380 et seq. — *Tertia*, 382. — *Senonia*, 383.

Provincia maxima Sequanorum, la grande Séquanaise, II, 326. Métropole et cités, 389.

Provincia Narbonensis, la Narbonnaise; métropole et cités, II, 339. — *Prima*, 411. — *Secunda*, ibid.

Provincia Novempopulana, métropole et cités, II, 399.

Provincia Viennensis, la Viennaise; métropole et cités, II, 341, 396 et suiv.

Provinciæ consulares, II, 498; — *præsidiales*, ibid. et suiv.

INDEX GÉOGRAPHIQUE.

Prusianum, *Bresium*, Bresis, II, 185.
Pucinum, Pisino vecchio, II, 158.
Pyrenæus summus, Castel-Pinon, I, 301.

Pyrene civitas, Pyrène, I, 108, 207.
Pyrénées, montagnes limites de l'Ibérie, I, 31. *Promontorium Pyrenæum*, cap Creuz, 196.

Q.

Quadiatii, peuple de la vallée de Queyras, I, 34.
Quariates, peuple des environs de Forcalquier, I, 35.
Quarqueni, peuple des environs de Quer, II, 69, 155.

Quarrgina, Quarrzina, II, 124.
Quatuorsignani, surnom des *Turbelli*, I, 295.
Quatrième Lyonnaise, comprenait la *Senonia*, I, 55.

R.

Radanusia et *Rodanusia*, ville qui appartenait aux Marseillais, I, 26, 27.
Rame, *Rama*, Casse-Rom, commencement de l'Italie, I, 540; II, 27.
Ratiatum et *Vicus Ratiatensis*, position à Saint-Pierre de Retz, I, 366.
Raudeno villianum, II, 29.
Rauraci, peuple de la nation des *Sequani*, I, 309, territoire de Bâle, 322; II, 265.
Rauraris et *Arauris*, l'Hérault, II, 177.
Ravenna, Ravenne, fondée par les Thessaliens, chassés à leur tour par les Tyrrhéniens, I, 9, 44, 563; II, 98.
Rodones ou *Rhedones*, peuple de l'Armorique, I, 382.
Regiates, par corruption *Velejates*, position incertaine, I, 102.
Regiodola, village de Réol, I, 515.
Reii, même peuple que les *Albici*, de la nation des *Volcæ Tectosages*, I, 256. — Riez, ville, *ibid*.
Remi ou *Rhemi*, peuples de la Belgique, I, 420, 477. — Nommés *liberi* et *fœderati* par Pline, 483, 486; position et limites de leur territoire, 487 *et suiv.*, II, 278.
Rentica, Renty, I, 443.
Reteno, rivière qui coule à Vicence,

I, 7; son nom moderne est *Revone* par corruption, 7, 31.
Retorinum, Retovio ou Rebbio, II, 130.
Retzun, I, 67.
Revone, voyez *Reteno*.
Rhætia, Rhétie, I, 67. — *Rhæti*, peuple montagnard, 560; II, 22; position et limites, 63. — *Prima*, 492. — *Secunda*, 493.
Rhasenæ, peuple du nord de l'Italie, I, 94.
Rhegium Lepidum colonia, Reggio, II, 96.
Rhin (le), fleuve, I, 78.
Rhoda, ville près d'Agde, fondée par les Rhodiens, I, 25.
Rhodanus, nom donné au Reteno, rivière, I, 5, 43.
Rhode, sur la côte de l'Ibérie, colonie marseillaise, I, 29.
Rhodiens (les) paraissent sur les côtes méridionales de la Gaule, I, 25.
Rhône (le), I, 25; a pris son nom des Rhodiens, selon Pline, *ibid*. Rhône Ibérien, 31. Rhône mort ou le petit Rhône, 34. Description de ce fleuve dans Avienus, 113; sort d'un rocher appelé la *Colonne du soleil*, *ibid*.
Riensis pagus, territoire de la cité de Tongres, I, 477.

Rigomagus, Rimagen, II, 282.
Risano, confondu par Cluverius et d'Anville avec le *Formio flumen*, I, 4.
Rodumna, Roanne, I, 333.
Romatinum portus, Porto di Caorle, II, 155.
Rome, I, 13, 33, petite étendue de son territoire, 41, 49.
Roschinus, la rivière du Tet, I, 108.
Rotomagus, Rouen, I, 395, capitale des *Vellocasses*, 435; II, 351.
Rubico, Rubicon (le), rivière près de Rimini, I, 85; formait la limite de la Gaule cisalpine au temps de César, 562; II, 98.
Rubresus lacus, étang de Sigean et de Gruissan, I, 109.
Rucinates et *Rucantii*, peuple des environs de Reusach, II, 58.
Rugusci, peuple des environs de Rogoreto, II, 61.
Ruscino, Castel-Roussillon, I, 108, 131; II, 173.
Ruteni, peuple de la Gaule transalpine, I, 179. — *Provinciales*, 190, 250, 345. — Position déterminée, 358; II, 169.
Rutuba fluvius, Rotta, rivière, II, 126.

S.

Sabata, Savone, II, 108.
Sabium, Sabio, II, 138.
Saint-Julien en Vercors, I, 60.
Saint-Paul-des-trois-Châteaux, n'était pas la capitale du Tricastin, I, 59.
Salassii et *Salassi*, peuple entre la Sesia et la Doria, I, 169 *et suiv.*, 221, 251; II, 64, 130 *et suiv.*
Saletio, Seltz, I, 523; II, 347.
Salinæ, capitale des *Suetri*; position à Castellane, II, 105.
Sallugia, village d'Italie, I, 70.
Salluvii. (Voyez *Salyi*.)
Salluzola, village d'Italie, d'origine Salluvienne, I, 70.
Saltus gallianus, route des Gaulois dans l'Apennin, I, 89.
Saltus graius, défilé des Alpes graies, I, 222.
Saltus taurinensis, le mont Genèvre, I, 224.
Salyi ou *Salluvii*, Sallyens ou Salluviens, peuples ligures, I, 60, 69, 70, 95, 152, 195, 255; aux environs du Var, 537. — *Salyes*, *Salices*, peuple ligure, au-delà des Alpes, I, 37, 152; II, 214 *et suiv.*
Sammara, *Sumina* ou *Somma*, la Somme, rivière, I, 430.
Sammarobriva, Amiens, I, 422.
Samnages et *Samnagenses*, peuple de la dépendance des Marseillais, I, 281. Position à Senas, II, 225.
Samnium (le), I, 157.
Sanitium, Senez, II, 42, 106.
Santones, peuple de la Saintonge, I, 254. Saintes, 360; II, 249.
Santonum portus, position à La Rochelle, I, 363.
Santonum promontorium, position à la pointe d'Aiguillon, I, 363.
Sabaudia et *Saboia*, nom qui a remplacé celui d'Allobrogie, I, 268. La Savoie, II, 358.
Sapinia, ville d'Italie, I, 89.
Sardones, habitans du Roussillon, I, 131, 196, 255.
Sarnios, Sarniga, I, 171.
Sarsina, chef-lieu des *Sarsinates*, le *Sarsino* des cartes modernes, I, 126.
Sarsinates, peuple des environs d'Ariminum, I, 126.
Sarraca ou *Caracca*, Sarca, I, 174; II, 47, 147.
Savincatii, petit peuple des Alpes, II, 29. Sa position, 32.
Scaldis, l'Escaut, I, 447.

INDEX GÉOGRAPHIQUE. 197

Scarpona, Scarpone, I, 534; position à Charpaigne, II, 348.

Scingomagus, position à Servières, près de Briançon, II, 25.

Sconii, *Siconii*, peuple du val d'Oysans, II, 38.

Scoras ou *Scaras*, ancien nom de l'Isère, rivière, I, 133.

Sculteri ou *Selteri*, peuple du territoire des Salyens, I, 61.

Scythie (la) et *Scythes*, I, 98, 209.

Sebinus lacus, lac d'Iseo, I, 72.

Sebudinum ou *Vindinum*, capitale des *Aulerci-Cenomani*, le Mans, I, 58.

Secusses, peuple des Alpes istriennes, aux environs de *Saguria*, II, 70.

Sedelaucum et *Sidolocum*, position à Saulieu, I, 328, 411; II, 351.

Sediboniates, peuple placé à Sebi, dans les Basses-Pyrénées, II, 241.

Seduni, peuple du val d'Aoste, I, 551; *Sedunum*, Sion, 553; position et limites, *ibid.* et suiv.; II, 64.

Segalauni, peuple à l'orient du Rhône, I, 255, 267; II, 200 et suiv.

Segesta, Sestri di Levante, II, 121. — *Tigulliorum*, ibid.

Segni, peuple germain, I, 502; sa position, 507.

Sogobrigia, I, 37.

Segobrigii, les Segrobrigiens habitaient la partie de la Gaule qui environne Marseille, avant l'arrivée des Phocéens, I, 37; étaient de la nation ligurienne ou lygienne, *ibid.* et 61.

Segodunum, Rhodez, I, 344; capitale des *Ruteni*, 359.

Segovia, colonie des *Segobrigii*, I, 37.

Segovina ou *Segoiina villa*, Seguin ou Chamlas-Seguin, II, 29.

Segusiani ou *Sebusiani*, *Segusini*, Ségusiens, peuples de la Gaule trans., comprenant le Lyonnais, I, 54, 273; leur position, 332; territoire et limites, 544.

Segusini, *Segugini*, peuple de la vallée de Suze, en Italie, I, 337, 540. — *Segusio*, capitale, Suze, II, 28.

Segusio, Suze, I, 64, 262, 337.

Segusterone, Sisteron, II, 184.

Sempronii forum, Fossombrone, II, 95.

Sennates, peuple des environs de Sennac, II, 243.

Sena Gallica, *Senogallia* et *Sena*, colonie romaine établie dans le pays des *Senones*, I, 120; première colonie romaine au-delà de l'Apennin, 121; *Sinigaglia* des modernes, *ibid.*

Sena Julia, Sienne, en Toscane, I, 121.

Sena, Sêne, île, I, 102.

Sena Gallica, Sinigaglia, capitale des *Senones*, I, 91.

Senomagus, Saint-Pierre-de-Senos, II, 204.

Senones, les Senonois, I, 54. Voisins des *Carnutes*, 66, 71, 74. Incorporés aux *Lingones*, 86. Leurs conquêtes, 95, 404. — Ont eu la gloire de prendre Rome, 406; II, 48, 53 *et suiv*, 265.

Senonia, province des *Senones*, comprise dans la quatrième Lyonnaise, I, 55, 406.

Sentii, peuple des Alpes, au diocèse de Senez, II, 42, 222.

Sentinates, peuplade du pays des *Senones*, voisins des *Carnutes*, I, 125.

Sentinum, capitale des *Sentinates*, actuellement *Sasso Ferrato*, I, 126. — *Sentino*, rivière, *ibid.*

Septimania, I, 254. Nom attribué à une partie de la Narbonnaise, II, 368.

Sequana, la Seine, I, 246.

Séquanais, peuple de la Seine, I, 247.

Sequani, peuple à l'extrémité méridionale du Jura jusqu'à Coblentz, 308. Réunis à la Belgique, 316. Territoire de Besançon, 318; II, 165, 316 *et suiv.*, 354.

Sequanorum (*Maxima*), la Grande-Séquanaise, métropole et cités, II, 334.

Sestimates, Sestino, II, 95.

Sesuvii ou *Saii*, peuple du territoire de Séez, I, 391.

Setium promontorium, Sette moderne, I, 111, 112.

Sette Comuni, groupe de petits peuples des Alpes, II, 69.

Sexsignani, surnom des *Cocossates*, I, 295, 303.

Sextantio, *Sostentio*, Castelnau, II, 183.

Sibutzates, peuple de l'Aquitaine, I, 283. Position entre Dax et Bayonne, à Sobusse, 303.

Sibyllates, peuple de la vallée de Soule, I, 305; II, 343.

Sicambres, peuple établi sur la rive occidentale du Rhin, II, 279.

Siculi ou *Sicani*, peuples de Sicile, repoussés de leur territoire par les Pélasges, I, 16, 94.

Siga, Sause, dans le val di Sesana, II, 29.

Sigodunum, Rhodez, II, 182.

Sigynnes, nation au nord de l'Allemagne, I, 206.

Sismii. Voyez *Timii*.

Sita, Sete, Cette, II, 178.

Sithiu, Saint-Omer, I, 443.

Sodobria, village romain, au pays des *Carnutes*, I, 403.

Sogiontii, peuple des environs de Sigonce, au nord-est de Forcalquier, II, 39, 65.

Solimariaca, Soulosse, I, 535.

Solodurum, *Salodorum*, Soleure, ou *Solothurn*, véritable nom, I, 314.

Solona et *Solonates*, ville et peuple de Solaria, II, 101.

Solonium ou *Solonum*, Scillonaz, près de Belley, I, 198.

Sordi, *Sordiceni* ou *Sordones*, peuples en deçà des Pyrénées, I, 108; II, 170.

Sordicen stagnum, l'étang de Leucate, I, 109.

Sordus amnis, ruisseau qui coule à l'étang de Leucate, I, 109.

Sorlingues ou *Scilly*, îles, I, 102.

Sotiates, peuple de l'Aquitaine, I, 283.

Sotium, Sos, dans le Gabaret, I, 283.

Spina, ville à l'une des embouchures du Pô, bâtie par les Pélasges, I, 6, 8. Sa position déterminée, 41, 43, 44. Ses vestiges submergés, 47. *Volta di Spina*, *Dorso di Spina*, anciens restes de cette ville, *ibid.* et 74.

Spinetique, branche du Pô, aujourd'hui appelée *Porto di Primaro*, I, 44.

Stœchades, petites îles sur la côte de la Gaule, entre le Rhône et le Var, I, 5. — Iles d'Hyères, II, 225.

Stœni, *Stunici*, partie des *Euganei*, I, 169. Au pied des Alpes tridentines, 170; II, 47.

Staliocanus fluv., rivière de Morlaix, II, 256.

Statumæ, Sumènes, II, 184.

Statielli, l'un des principaux peuples ligures, I, 122, 153; II, 117.

Stoma-Limne de Strabon, embouchure de Foz, I, 118.

Stoni, peuple des environs de Stenico, II, 145.

Stuinus urbs, capitale des *Stœni*, Storo, I, 172.

Stura (la), rivière, I, 71. Confondue avec le Pô, par Polybe, *ibid.*

Sturii, peuple à l'orient du lac Flevo, II, 303.

Suanitæ, *Suanetes* de Ptolémée, I, 173. Peuple du val Seriana, II, 61.

Suasani, habitants de Suasa, position à Castel-Leone, II, 93.

Subanecti, *Ubanecti*, *Sylvanectes*; leur position discutée, II, 270 à 274.

Subdinnum, Le Mans, I, 389, 400.

Subocrini, peuple des environs du mont Ocra, II, 70.

Succases, peuple à Succos, dans les Basses-Pyrénées, II, 242.

INDEX GÉOGRAPHIQUE.

Suessiones, peuple de la Belgique, I, 407. Position et limites de son territoire, 483.

Suetrii, Suetri ou *Suelteri*, peuple de la Provence, I, 255; II, 43, 66, 105; distinct des *Sueltri*, 197.

Suevi, peuple à l'occident de l'Escaut, I, 458; II, 279.

Sunici, peuple placé entre la Roër et la Meuse, II, 288.

Suindinum ou *Cenomanni*, Le Mans, I, 57.

Sulgas, la Sorgue, rivière, I, 179.

Symbrii et *Symbri*. Voyez *Iusubres*.

Sylvanectes, petit peuple, diocèse de Senlis, I, 429.

T.

Tabernæ, Zaberne, I, 523.

Tablæ, Ablas, dans l'île des Bataves, I, 472.

Tabuda flumen, cours de l'Aas, I, 446.

Tablis, placé à Ablas, II, 307.

Taïfalgi, peuple du territoire des *Pictavi*, dans le district de Tifauge, I, 367.

Tanetani, habitants de *Tannetum*, ou *Canetum*, II, 96.

Taphros et *Taphron*, marais d'Aigues-Mortes ou de Mauguis, I, III.

Taracunonienses, *Tarusconienses*, peuple du comté de Foix, II, 174.

Tarantasia et *Darantasia*; position à Moustier en Tarantaise, I, 547.

Tarasco, Tarascon, I, 259.

Tarnaia, *Tarnadæ*, Saint-Maurice, II, 64.

Tarraco, Tarragone, I, 300.

Tarbelli, peuple de l'Aquitaine, I, 283, 295.

Tarbellicum æquor, golfe d'Aquitaine, I, 295.

Taruenna, Térouanne ou Thérouenne, I, 432. — Détruite par Charles-Quint en 1553, 457.

Tarusates, peuple de l'Aquitaine, I, 283. Au territoire de Tursan, 301.

Tartessus (royaume de), en Espagne; florissant à l'arrivée des Phocéens, 580 ans avant J.-C., I, 22. — Détroit, 106; le *Bœtis*, Guadalquivir, fleuve, 207.

Tarvisium, Tarvis, I, 228.

Tasconi, peuple des environs de la rivière Tescon, II, 174.

Taurasia, et *Augusta Taurinorum*, Turin, capitale des *Taurisci*, I, 141.

Taurasini, peuple montagnard du centre de l'Italie, I, 157.

Taurentium, Taurenti, I, 186.

Taurini ou *Taurisci*, Tauriniens, habitants des Alpes rhétiennes, I, 18; synonyme du nom d'*Orobii*, et de *Bergomenses*, ibid. et 63. D'origine ligurienne, 72, 96, 163. — *Norisci*, 557; II, 131.

Taurinus saltus, col de la Rousse, I, 538.

Taurisani ou *Tavrisani*, peuple de Tarvis, II, 70. — *Tarvisium*, Tarvis, capitale, ibid.

Taurisci, Taurisques, nom générique qui signifie habitants des montagnes, I, 141.

Tauroentium, *Tauroentum*, *Tauroïs*, Tarento, près de la Ciotat, I, 27; bâtie par les Phocéens, 28. Origine de ce nom, 29; II, 195.

Taurus, chaîne de montagnes de l'Asie, I, 18; a la même étymologie que le nom des *Taurini*, ibid., à la note.

Tebavii, peuple de la vallée d'Allevard, près de l'Isère, II, 32.

Tectosages. (Voy. *Volcæ Tectosages*.)

Telo Martius, Toulon, II, 195.

Temenicum agrum, et *Cemenicum agrum*, vallée du Simmenthal, I, 115.

Tergestum colonia, Tergeste, Trieste, 1, 564; 11, 156.
Terluinum, Terlon, 1, 476.
Tervanensis ou *Ternanensis pagus,* district de Thérouenne, 1, 442.
Tessin, rivière, 1, 70.
Tête-de-Buch (la), en Aquitaine, 1, 77, 301.
Tetus, le Tet, rivière des Pyrénées, 1, 108. — Rivière de Tréguier, 11, 256.
Teuta. (Voyez *Pise.*)
Teutanes ou *Teutas,* peuple originaire de la Grèce, 1, 19.
Teutoni, Teutons, 1, 98, 180, 194.
Théline, Arles, 1, 114.
Tibre (le) rivière de Rome, 1, 13, 34.
Ticinum, Pavie, 1, 64, 70; 11, 120, 128.
Tidone ou la *Trebbia,* 1, 50, 86.
Tigulia, Trigosa et Segeste, 11, 107.
Tigurini, peuple de l'Helvétie, 1, 180, 194.
Tigurinus pagus, canton de Zurich ou d'Uri, 1, 310.
Tilavempti fluvius, le Tagliamento, 11, 154.
Timave, Timao, rivière d'Italie, qui se jette dans le golfe de Venise, 1, 2.
Timii ou *Sismii,* peuple des environs du cap *Calbium,* 1, 100.
Tinurtium, Tournus, 1, 328.
Togrinses, placés à Torsa, 11, 155.
Tolbiacum, Colbiacum ou *Calbiacum,* célèbre par la victoire de Clovis, au nord de Zulpich, 11, 283.
Tolistobii, peuple de la Gaule d'Asie, 1, 79.
Tolosa, Toulouse, 1, 77, 140, 191; *Tolosates,* peuple, 196; 11, 175.
Tolosanus pagus, distinct de la Septimania, 1, 254.
Tolosates, peuple de Toulouse, grande division des *Volcæ Tectosages,* 1, 253.
Tornates, petit peuple des environs de Tournay, près de Bagnères, 1, 306; 11, 240.

Toxandri, peuple à l'orient de l'Escaut, 1, 459, 464.
Trajectum, Utrecht, 1, 498.
Transpadani, peuple d'au-delà du Pô, 1, 565.
Trebbia (la), rivière, 1, 86.
Trevidon, Saint-Laurent de Trèves, 11, 185.
Treviri et *Treveri,* peuple de Trèves, 1, 243. — De la Belgique, 420, 490; position et limites, 510; 11, 274 *et suiv.*
Tribocci, peuple des *Sequani,* 1, 323, 519; 11, 319.
Tricassii, Tricasses, habitants du territoire aux environs de Troyes, 1, 55, 407, 413; 11, 265.
Tricastini, peuple de la rive orientale du Rhône, 11, 200 *et suiv.*
Tricastin moderne (le); n'était pas habité par les *Tricastini,* 1, 59.
Tricastenoi, 1, 172.
Tricastini, peuples du Tricastin, dans la Gaule, 1, 59; position de leur pays, *ibid.,* 63, 137, 255.
Tricoriens, peuple du Dauphiné, 1, 138.
Tricorii, peuple des Alpes, 1, 258; 11, 199.
Tridentini, peuple de Trente, 1, 169; 11, 67, 146.
Tridentinum, Tridentum, Trente, 1, 67, 68; 11, 67.
Tridentum Villa, Trent, 1, 389; 11, 55.
Trieste, ville de l'Istrie, 1, 2.
Trittis, Tretz, 11, 217.
Triulatti, peuple des bords du Var, 11, 41, 66.
Triutella, Trinquetaille, à l'ouest du Rhône, 1, 279.
Triumpili, peuple du val Troppia, 11, 45.
Trœzen, Troïzen, Trezen, Trœzenide, pays de Massilia, vallée au nord des Alpes maritimes, 1, 128, 281. — District de Bobbio, 11, 197.
Trophæa Augusti, la Turbia, 11, 106.
Tublinatium, Toblino, 11, 55, 146.

Tugeni, peuple de l'Helvétie, 1, 311. Tugen, village, *ibid.*
Tulingi, peuple du district de Tiengen, au-delà du Rhin, 1, 559; 11, 59.
Tullum, Toul, 1, 417, 533.
Tungri, peuple qui remplaça les *Eburones*, 1, 459, 464, — et le nom de *Germani*, 502, 504; 11, 281.
Tungrorum civitas, Tongres, 1, 459.
Turba, *Tarba*, *Tarvia*, Tarbes, 1, 292.
Turnacum, Tournai, 1, 432.
Turones, *Turonii*, peuple de la Celtique, entre la Seine et la Loire, 1, 374; 11, 167.
Tusci ou *Tyrrheni*, peuple d'Italie, Toscans, 1, 71; dans la Marche d'Ancône, 87. (Voy. *Etrusci*.)

Tusciana, Toscane, 1, 67.
Tusculanum, Toscolano, 11, 138.
Tylangii et *Tulangii*, peuple du Valais, 1, 114. Vallée de Turnange, au Valais, *ibid.*
Tyriens (les), fondateurs de Carthage, 1, 97. Leurs premières navigations vers le Rhône, 113.
Tyrrhénie, troisième des grandes divisions de l'Italie de Strabon, 11, 83.
Tyrrhéniens, venus de Lydie, expulsent les Pélasges de l'Italie, 1, 6. Leurs émigrations, 10. (Voyez *Étrusques*), 13, à la note; 15, 33, 35, possesseurs de toute la Gaule cisalpine, 40, 50, *Tyrrhénie*, 207.

U.

Ubii, peuple à l'orient de l'Escaut, 1, 459, 464, 514; 11, 7, 278, 281.
Uceciense, Uzès, 11, 339.
Uceni, peuple des Alpes, 1, 251, 272, dans la vallée d'Oz; 11, 38.
Ucetia, Uzès, 11, 183.
Ugernum, position à Beaucaire, 11, 183.
Uliarius, île d'Oléron, 11, 249.
Ulmanetes, peuple des bords du Rhin, 1, 512, placé à Ulmersbach, 11, 275.
Umbranici, peuple du diocèse d'Albi, 11, 175.
Umbri, peuples d'Italie, chassés de leur territoire par les Pélasges, 1, 5, 10, 41; combattent contre les Gaulois, 87, 94.

Unelli ou *Venelli*, peuple armoricain, mentionné par César, 1, 385; dans le Cotentin, 11, 251.
Uræ fons, source de l'Eure, 11, 181.
Urba, Orbe, 1, 315.
Urbanetes et *Umbranates*, peuple des environs de Panaro, 11, 103.
Urbin (duché d'), 1, 88.
Urbinum hortense, Urbino, 11, 95.
Ursidongus, 1, 475.
Usipetes, nation germanique, 1, 458.
Utis, le Val Torto, rivière de Ravenne, 1, 88.
Uxellodunum, ville du territoire des *Cadurci*, 1, 353; position à Capdenac, 358.
Uxisama, île d'Ouessant, 1, 102, 208.

V.

Vada Sabatorum, Vado, II, 84, 108, 109.

Vadicassii, peuple placé dans le Valois, II, 270.

Vadimonis lacus, lac formé par une lagune du Tibre, lac de Bassano, I, 122.

Vagienni, peuple ligure, I, 163; expulsé de la Gaule cisalpine par les *Insubres*, 542; II, 23, 112.

Valentia, Valence, en Dauphiné, I, 137, 260, 262, 542; II, 201.

Valentianas, Valenciennes, I, 475.

Vallis Pennina, le Valais, I, 317.

Vangiones, peuple des bords du Rhin, I, 522; II, 276. — Worms, capitale, 277, 319.

Vanienses, peuple de Venzone, aux environs de Gemona, II, 68, 146, 155.

Vannia ou *Vaunia*, position à Lavezine, II, 145.

Vapincum, Gap, I, 267, 540; II, 220.

Varbani ou *Varvani*, peuple des environs de Valvasone, II, 70, 155.

Vardacatium, *Gavardatensium*, Gavardo, II, 138.

Varduli, peuple de la nation des *Aquitani*, I, 299.

Vasates, Bazas, I, 283, 398.

Vasconia, Gascogne, I, 254.

Vasio, Vaison, dite capitale des *Vocontii*, I, 258; II, 371.

Vassei, peuple aux environs de la montagne de Vassia, dans les Hautes-Pyrénées, II, 242.

Vatrute, Valleraugue, II, 184.

Veamini, petit peuple des Alpes, II, 33; dans le Toramenos, 65.

Vediantii, peuple ligure, I, 162, 185, 255. Aux environs du Var, 537.

Veii, nom que prirent les Romains après la conquête des Gaulois, 81.

Veiturii langenses, I, 165.

Velauni, peuple des environs de Vevelause, sur les bords du Verdon, II, 41, 66.

Veleiates, même peuple que les Liguriens eleates, I, 153.

Veliates, surnommées *Vecteri*, peuple des confins de la Ligurie, II, 102, 121.

Veliocasses, *Velocasses*, peuple de la Normandie, I, 396; et de la Belgique, 397. Position et limites de ce peuple, 434.

Vellaudunum, incertitude des auteurs sur la position de cette ville des *Senones*, I, 410.

Vellauni, peuple du Velay, I, 274.

Vellavi, habitants du Puy-en-Velay, I, 54, 274; réunis aux *Arverni*, 344.

Vellejates; noms des pays dans le territoire desquels ils possédaient des fonds de terre, II, 462.

Vellejus pagus, Velleïa, I, 154.

Vendelgiæ, Cateau-Cambresis, I, 475.

Veneni, peuple près des sources de la Stura; position à Vinadio, I, 33, 112.

Venerisportus, porto Venere, II, 108.

Vénètes, habitants de la Vénétie, I, 13, 42. Délimitation de leur pays, 50.

Veneti, peuple des environs de Vannes en Bretagne, I, 100. Position déterminée, 378; II, 262.

Venetia, pays des Vénètes, I, 150, 169, 204; II, 91. Dixième région d'Auguste, 161.

Veneticæ insulæ, îles des côtes de la Celtique, Belle-Ile, Houat, Hedic, Groa ou Grouaix, II, 265.

Venetus lacus, Boden-See, ou lac Constance, II, 301.

Venicamori, petit peuple des Alpes, aux environs du col Morin et du col Lautaret, II, 33.

Venidates ou *Nedinates*, peuple des environs d'Udine, 11, 69.

Vennones, *Vennonetes*, peuple du val Telline, 11, 47.

Venostes, peuple du val di Venosta, Winthgau Thal des Allemands, 11, 46.

Ventia et *Ventium*, Vence, 1, 183, 197.

Veragri, peuple de l'extrémité occidentale du Valais, 1, 115, 227, 273; position et limites, 550 *et suiv.*; 11, 64.

Verbigenus, et *Urbigenus pagus*, Oudendorp, 1, 310.

Vercellæ, Verceil, 1, 60.

Vercorium, Vercors, district du Dauphiné, 1, 59.

Vergunni, peuple de Vergon, à l'ouest d'Entrevaux-sur-Vaix, 11, 41, 66.

Vermeria, Verberie, 11, 273.

Vernaison, petite rivière, 1, 60.

Verodunensium civitas, Verdun, 1, 524.

Veroduni ou *Veruni* et *Verodunenses*, peuple du diocèse de Metz et Verdun, 1, 524; 11, 278.

Veromandui, peuple du Vermandois, 1, 479 *et suiv.*

Verona, Vérone, 1, 50, 67, 68; fondée par les *Rhæti* et les *Euganei*, 11, 140.

Vertacomicori, au lieu de *Vertacomiri* et *Vertaconieri*, une des peuplades des *Vocontii*, 1, 59, 70, 261; 11, 127.

Vervassium, Vervo, 11, 55, 146.

Vesontio, Besançon, capitale des *Sequani*, 1, 316, 318.

Vesubiani, *Esubiani*, peuple de la vallée de Vesubia, 1, 34.

Vesulus mons, Mont-Viso, 11, 117.

Vesunna, Périgueux, 1, 352, 360; 11, 236.

Vettiani, peuple du territoire de Vezzano, 11, 55, 146.

Veturi, peuple de la Gaule d'Asie ou Galitie, 1, 79.

Vetus Stœnicum, Vestone ou Vestino et Stine, 1, 170.

Vialoscencis pagus, *Volovicum*, *Vulvicum*, Volvic, 1, 343.

Vibelli, peuple des environs de Saluzzo, 11, 118.

Viberi, petit peuple à l'extrémité orientale du Valais, 1, 554; 11, 64.

Vibericus, Wisbach ou Wispach, près du Simplon, 1, 555.

Vicence, 1, 50, 67.

Vicentins (les) détournent le cours du *Reteno*, dans le xiie siècle, 1, 7.

Victumvias, Vicevano, 1, 142.

Vidinates, peuple d'Udine, 11, 155.

Viducassium civitas, village de Vieux, près de Caen, 1, 395. — *Viducasses*, 11, 252, 325.

Vienna, Vienne en Dauphiné, capitale des Allobroges, 1, 137, 261; 11, 201.

Vigenna in Viziennis, *Viazenis* et *Viagena*, Viozena, 11, 116.

Viennaise (la), ses principales villes, 11, 356, 371.

Villarium, Valluvoire, 11, 34.

Vindalium, Ouandalon, 1, 179.

Vindelici, Vindéliciens, peuple des Alpes, 11, 48. — *Vindélicie*, province réunie à la Rhétie, 58. Position et limites, 63.

Vindinum, le Mans, 1, 58. (Voyez *Sebudinum*.)

Vindomagus, Vindémiase, 11, 180.

Vindonissa, Vindisch, 1, 312.

Ventium, Vence, 11, 66.

Virinn, rivière de Virinque, limite du Vigan, 11, 184.

Vitodurum, Winterthur, 1, 312.

Voberna, Voharno, 11, 137.

Vocates, peuple de l'Aquitaine, 1, 283.

Vocontii, peuples de la Gaule Narbonnaise, 1, 59, 137, 190, 258; gouvernement de ces peuples, 11, 21.

Volcæ, Gaulois des deux rives du Rhône, 1, 131.

Volcæ Arecomici, 1, 132, 190; leur territoire, 253; 11, 180.

Volcæ Cavares, I, 132, 190.
Volcæ Tectosages, peuples de la Gaule méridionale, Languedoc, I, 62, 75. Faisaient partie des troupes de Gaulois qui passèrent en Germanie, 77, 132, 190; II, 170.
Volaterræ, Volterra, I, 333.
Vordenses, petit peuple placé à Gordes, du côté d'Apt, II, 221.
Vorganium, ou *Vorgium*, capitale des *Osismii*, placée à Concarneau, à Tréguier, à Carhaix, par différents auteurs, I, 380.
Vorincus, *Brocincus*, Brocen, II, 185.
Vosavia, Uber-Wesel, I, 523.
Vulcassinus pagus, le Vexin, I, 436.
Vulchalo, I, 194.
Vulgientes, peuple de la Gaule méridionale, partie de la Provence, I, 61, 185, 260; II, 220.

W.

Wallare, Waslers, I, 476.
Walis, *Wahalis*, *Wachalis*, le Wahal, bras du Rhin, I, 492.

FIN DE L'INDEX.

CORRECTION.

Tome I, page 32, lignes 20 et 21, *au lieu de* : « La navigation du Rhône à *Antium* est de quatre nuits », *lisez* : « La navigation du Rhône à *Antium* est de quatre jours et de quatre nuits. »

www.ingramcontent.com/pod-product-compliance
Lightning Source LLC
Chambersburg PA
CBHW070546160426
43199CB00014B/2388